TEXTS AND STUDIES

CONTRIBUTIONS TO
BIBLICAL AND PATRISTIC LITERATURE

EDITED BY

J. ARMITAGE ROBINSON B.D.
HON. PH.D. GÖTTINGEN   HON. D.D. HALLE
NORRISIAN PROFESSOR OF DIVINITY

VOL. III.

No. 2. THE FOURTH BOOK OF EZRA

THE FOURTH BOOK
OF
EZRA

THE LATIN VERSION EDITED FROM THE MSS

BY THE LATE

ROBERT L. BENSLY M.A.

LORD ALMONER'S PROFESSOR OF ARABIC
IN THE UNIVERSITY OF CAMBRIDGE

WITH AN INTRODUCTION

BY

MONTAGUE RHODES JAMES LITT.D.

FELLOW AND DEAN OF KING'S COLLEGE
DIRECTOR OF THE FITZWILLIAM MUSEUM

Wipf & Stock
PUBLISHERS
Eugene, Oregon

Wipf and Stock Publishers
199 W 8th Ave, Suite 3
Eugene, OR 97401

The Fourth Book of Ezra
with an Introduction by Montague Rhodes James
By Bensley, Robert L.
ISBN: 1-59244-893-3
Publication date 9/29/2004
Previously published by Cambridge, 1895

IN · MEMORIAM
VIRI · ERVDITISSIMI
AMICI · DESIDERATI

PREFACE.

THIS edition of the Latin Version of the Fourth Book of Ezra has been long expected. For many years before his happy discovery of the celebrated 'Missing Fragment' the late Professor Bensly had been engaged upon the text of this remarkable Book. His promise to edit it carried with it the conviction that the edition of so accurate a scholar, peculiarly furnished as he was for the task of grappling with the languages which have contributed to its preservation, must inevitably supersede the labours which others might in the meantime bestow upon its text. The consequence of this has been that, although the long lost section has been in the hands of scholars for twenty years, the Latin Version, so far as I am aware, has never until now been printed as a complete whole.

When Mrs Bensly put into my hands the materials gathered by the late Professor for his edition, I supposed that my task in preparing them for the Press would be a light one. A specimen of the text and of its apparatus had been in type for nearly ten years: all, as it seemed, was fully prepared for printing. But it presently appeared that, after a second or a third fair copy had been made, Professor Bensly had collated some of the MSS yet again upon this copy, adding certain minutiae and sometimes altering or querying the text which he had constructed. Moreover in one or two of the most difficult passages he had still held his judgment in reserve, and had not written out his work in a final form.

That the edition has suffered in consequence of the intervention at some points of another than the master's hand is an inevitable result. I can only say that the points in question are but few[1];

[1] The principal passage is the *Confessio Esdrae* (viii. 20—36).

that I have endeavoured to be scrupulously faithful to his latest judgments, so far as they could be ascertained; and that the facts at any rate upon which the decision depends are carefully presented.

A far more serious loss is the absence of the introductory matter and of the notes in which he would have discussed the many problems which the Book presents. Of these nothing but stray jottings were forthcoming. I accordingly appealed to one who loves the Book, and venerates the great scholar who spent so large a portion of his life upon it, to introduce it in his own way to what I believe will be a large circle of readers. That the appeal has not been in vain the following pages will shew.

In conclusion I wish to express my grateful thanks to Mr H. St John Thackeray of King's College for the careful Index which closes this volume.

J. A. R.

August 22, 1895.

TABLE OF CONTENTS.

		PAGE
PREFACE .		v
INTRODUCTION		xi
1.	The Manuscripts	xii
2.	The other Versions	xxii
3.	Name of the Book	xxiv
4.	Ancient quotations of 4 Esdras (iii—xiv)	xxvii
5.	Quotations from the Additional Chapters	xxxviii
6.	The text of the Additional Chapters	xliv
7.	Character of the Additional Chapters	lxxviii
8.	The two texts of the *Confessio Esdrae*	lxxx
9.	Other Apocryphal Literature attributed to Ezra	lxxxvi
10.	Concluding remarks	lxxxix
LIBER EZRAE QUARTUS .		1
APPENDIX I		
	4 Esdras i—ii, xv—xvi.	
	The text of C, with the variants of M .	83
APPENDIX II		
	4 Esdras viii 20—36	
	(1) In the Mazarine MS	93
	(2) In the Lyons MS .	93
INDEX OF LATIN WORDS .		95
INDEX OF PROPER NAMES		106

INTRODUCTION.

THE text of the Latin version of the Fourth Book of Esdras, printed in this volume, is in a certain sense an *editio princeps*. For the first time the book appears in print as a whole, including the long-lost passage in the seventh chapter. It is, moreover, at length presented to the reader in the form attested by the best available manuscripts. It is only within the last thirty years that the mutual relations of our existing authorities for the Latin text have been ascertained; and previous editors have in consequence fallen into the mistake of using manuscripts which have in fact no independent value of their own. Moreover, in quite recent years, the number of known MSS. which present a complete text of the book has been, by the discoveries of M. Berger, increased from one to five; and, in the construction of the present text, four of these have been employed. The existence of the fifth, as we shall see, was made known so lately that it was impossible to obtain a full text of it in time to be used in the present edition.

The text as here given is the work of the late Professor Bensly. His unique achievement—the discovery of a lost chapter of the Bible, in the shape of a long passage in the seventh chapter of this book—is familiar to many who are not professed students of apocryphal literature. It was communicated to the world in a volume entitled *The Missing Fragment of the Fourth Book of Ezra*, published by the Cambridge University Press in 1875: and to that publication constant reference will be made in this Introduction. Much of the information contained in it I shall not reproduce; for the book is one which no student of 4 Esdras can dispense with. In particular, the notes upon the text of the

Fragment are of the nature of a full commentary upon the passage, and it does not enter into the plan of this book to furnish any commentary upon the text.

I propose in this Introduction to deal shortly with the following topics:

> The Manuscripts of the Latin Version.
> The other Versions.
> The name of the Book.
> Early quotations.
> The additional chapters (i., ii., xv., xvi.).
> Other literature current under the name of Esdras.

1. *The Manuscripts.*

These are four in number, and are denoted by the letters S, A, C, M. Of certain subsidiary authorities, which are employed in the constitution of a small portion of the text, more will be said hereafter. We will in the first place confine ourselves to the four main authorities.

(1) S. This is the *Codex Sangermanensis*, formerly in the Library of the Benedictine Abbey of S. Germain des Prés at Paris, now in the Bibliothèque Nationale, where the two volumes of which it consists are numbered 11504, 11505 Fonds Latin. It is dated in the eighth year of Louis le Débonnaire (A.D. 822), and consists of 414 leaves, measuring $19\frac{1}{2} \times 13$ inches, in quires of 8 and 10 leaves (the quires being numbered continuously from the beginning of Vol. I.), in double columns of 54—56 lines each. It is numbered 1273 in C. R. Gregory's list of MSS. of the Vulgate. Sabatier used it for his text of 4 Esdras in his monumental work *Bibliorum Sacrorum Latinae Versiones Antiquae* (Rheims, 1743—1749)[1]. It was collated by Dr Hase for Volkmar's *Esdras Propheta*, and by Dr Zotenberg for Hilgenfeld's *Messias Judaeorum*. Professor Bensly collated it afresh for the text now printed.

---

[1] The Fourth Book of Esdras appears at the end of Tom. iii., along with the Prayer of Manasses and 3 Esdras. Sabatier died in 1742. This volume was printed in 1749.

In 1865 Professor Gildemeister had also collated this MS., and discovered that the "Missing Fragment" had been at one time contained in it, on a leaf which had been (no doubt purposely) cut out in early times; and from this and other indications he drew the indisputable and highly important conclusion that *all MSS. of 4 Esdras which do not contain that passage were ultimately derived from the Codex Sangermanensis*: his evidence is given at length by Professor Bensly (pp. 5, 19 sqq.), with additions. This discovery was made before the "Missing Fragment" had been found by Professor Bensly.

Codex S. is the oldest known manuscript of 4 Esdras, and is the parent of the vast majority of extant copies.

The mutilated quire is no. XXXVIII., and the sixth leaf has been cut out.

(2) A, *Codex Ambianensis*, is the MS. numbered 10 in the Bibliothèque Communale of Amiens. This is the book in which Professor Bensly discovered the Missing Fragment. His description of it, put into a short and technical form, will run thus:

Vellum, 11×7 inches, ff. 84, in double columns of 30 lines each; the lines not ruled: ff. 32 *b* and 84 *ab* are blank.

Collation: A^8—$G^8 H^6 I^8 K^8 (L^6)$: 84 leaves.

The signatures to the quires are in an early hand, and run from A to K: they are on the lower margin of the last page of the quires, save in the case of B, which is on the first page.

The hand is a Carolingian minuscule of cent. ix.: a photograph of a page forms the frontispiece to Professor Bensly's volume.

Contents: 1 Esdras (= the canonical Ezra and Nehemiah).
          2 Esdras (= 3 Esdras of the Vulgate, or 1 Esdras of our Apocrypha).
          3 Esdras (= 4 Esdras i., ii.).
          4 Esdras (= 4 Esdras iii.—xiv.).
          5 Esdras (= 4 Esdras xv., xvi.).

The volume was formerly in the Library of the Benedictine Abbey of Corbie, not far from Amiens, and was transferred to Amiens probably in 1791.

Its relation to S is fully discussed by Professor Bensly (pp. 24

sqq.), and the conclusion arrived at by him is that, though closely allied to S, A is independent of it, and is in fact "a coordinate authority with it in settling the text."

(3) C, *Codex Complutensis*, formerly at Complutum—Alcalá de Heñares—now MS. 31 in the Library of the Central University at Madrid. Known as the Bible of Alcalá. It is of cent. ix.—x., and seems to have come from Toledo. It was bequeathed to the University of Alcalá by Cardinal Ximenes. The handwriting is Visigothic. The text is independent of SA.

It was from this MS. that Professor Palmer had copied the Missing Fragment in 1826 (*Journal of Philology*, 1877, vii. 264). His transcript, it may be remembered, was not printed until after Professor Bensly had independently discovered the fragment in the Amiens MS. Professor Bensly afterwards collated it himself at Madrid.

In this MS.
  1, 2 Esdras = Ezra, Nehemiah.
  3 Esdras = 4 Esdr. iii.—xiv.
  4 Esdras = 4 Esdr. xv., xvi., i., ii.
  (Berger, *Histoire de la Vulgate*, p. 22, 392, etc.)

(4) M, *Codex Mazarinaeus*. In the Bibliothèque Mazarine at Paris, numbered 3, 4 (formerly 6, 7). A Bible in two volumes, of cent. xi.

It comes from the Cordeliers, at Paris, and is written in double columns of 39—41 lines. The initials are fine throughout.

The contents of the whole Codex are:
 Vol. i. Genesis—2 Chron., Prophets, to the beginning of Ezekiel.
 Vol. ii. Baruch, Ep. Jer., beginning of Ezekiel (all this added in cent. xiii.), the rest of the Prophets, Job, Psalt. Gallicanum, Sapiential books, Tobit, Judith, Esther, *Esdras*, 1, 2 Macc., Acts, Epp. Cath., Apoc., Epp. Paul. (Laodiceans follows Colossians: Heb. is mutilated).

The Books of Esdras are thus arranged:
 Prol. Ezra, Nehemiah.
  3 Esdr. iii.—v. 3. Exp. Liber i. Esdre Inc. Liber ii.
  4 Esdr. iii.—xvi., i., ii.

The text of 4 Esdras is unmutilated.

M. S. Berger discovered the existence of this MS. and published an account of it in the *Revue de Théologie et de Philosophie*, 1885, 414 ff. He also communicated his discovery with characteristic generosity to Professor Bensly, who examined the text fully in 1885. The text is of the same type as that of C. See Berger, *Histoire*, 411 etc.

To these principal MSS. we must add:

(5) V, *Codex Abulensis*, now MS. E. R. 8 in the Biblioteca Nacionale at Madrid, and known as the Bible of Avila. It is of cent. xiii. (early), and contains 4 Esdras complete, but seems, in this book, to be only a copy of Codex C, and to have no independent value. It will be found to be cited chiefly in the *Apparatus* to the Missing Fragment.

M. Berger was the discoverer of this authority also. He found it in 1886, and handed over to Professor Bensly the extracts he had made from the text. See also *Histoire*, p. 23.

(6) L, *Codex Legionensis*, marked no. I. 3 in the Library of San Isidro de Leon, at Leon. Its date is 1162, and it was first seen by M. Berger in 1886. Unfortunately Professor Bensly was never able to make a second journey to Spain to examine this MS., which, according to M. Berger, contains a very remarkable text of 4 Esdras.

It is in three volumes, and is for the most part a copy of the more famous Codex Legionensis of 960. The text of 4 Esdras is at the end of the New Testament: chapters iii.—xvi. are followed by i., ii. See the *Histoire*, p. 21. The opening and closing words, as noted by M. Berger, will be given later.

M. Berger has also, in his important *Notice sur quelques textes Latins inédits de l'Anc. Testament* (1893, *Notices et extraits*, xxxiv. 2), given some particulars of the Leon MS. The whole of his remarks upon the text of 4 Esdras and its history are well worth quoting, and I give them here *in extenso* as they appear on pp. 29—31 of the pamphlet I have named.

"Quant au IV⁰ livre d'Esdras, l'étude de ce livre aussi curieux qu'important doit être entièrement renouvelée. On sait, en effet, que tous les manuscrits qui étaient connus jusqu'à ces dernières années présentent une lacune étrange au milieu du chapitre VII, entre les versets 35 et 36. Chose singulière, tous ces manuscrits proviennent du seul manuscrit Bibl. nat., lat. 11505, dans lequel un feuillet a été arraché. Ce feuillet contenait un passage qui semblait peu favorable à la prière pour les morts : ce fut la cause de sa condamnation. Mais comment se fait-il que la tradition du IVe livre d'Esdras, dans toutes les bibles du monde, ait dépendu pendant six cents ans d'un seul manuscrit mutilé ? Voici comment je m'expliquerais la chose. Le manuscrit 11505 semble avoir été copié à Saint-Riquier, en Picardie, presque en face des côtes d'Angleterre. C'est en Angleterre que le IVe livre d'Esdras semble avoir été copié d'abord (en dehors des quelques manuscrits dissidents et anciens que nous allons indiquer). Il était naturel que, dans les temps qui suivirent la conquête, les couvents anglo-normands empruntassent leurs textes aux manuscrits de la côte normande ou à ceux des bords de la Somme.

M. Bensly, de Cambridge, s'était consacré avec un zèle infatigable à la recherche et à l'étude des manuscrits du IVe livre d'Esdras. Il convenait donc que ce qu'on pourrait dire aujourd'hui à ce sujet fût réservé à l'édition qu'il préparait. Cet excellent savant vient d'être enlevé subitement à nos études, mais l'œuvre à laquelle il a attaché son nom ne saurait tarder à voir le jour. M. Bensly a retrouvé le texte complet de notre livre dans un manuscrit de Corbie, écrit au IXe siècle, Amiens 10, et il a été collationner à Madrid le texte du *Codex complutensis*, souvent nommé. A ces deux manuscrits on peut ajouter les manuscrits Mazarine 7, du XIe siècle, et Madrid E. R. 8 (d'Avila, déjà nommé). Ce dernier manuscrit n'a que peu d'importance pour le livre qui nous occupe ; il semble en effet copié, à cet endroit, sur le *Codex complutensis*. Tout autre est la valeur d'un manuscrit, du reste fort incorrect, que je n'ai malheureusement pu voir que pendant quelques instants et qui paraît représenter une tradition entièrement différente : je parle du manuscrit 1. 3 de San Isidro de Léon, qui est daté de 1162. M. Bensly n'a pas eu le temps, je le crains, d'étudier de près ce manuscrit comme il a fait pour tous les autres. C'est pourquoi je citerai ici, d'après le manuscrit de Léon, quelques lignes seulement du texte du IVe livre d'Esdras. Je les prendrai dans le passage qui manque dans la Vulgate, au milieu du chapitre VII :

> Dies uero iudicii audax est et omnibus signaculum ueritatis demonstrans. Quemadmodum nunc non mittit pater filium uel filius patrem aut dominus seruum uel fidus karissimum et pro eo intelligat aut dormiat aut manducet aut curetur, sic numquam quisquam pro aliquo rogauit. Tunc enim portauit unusquisque iustitias aut iniustitias suas. Respondi et dixi : Et quomodo inuenimus quoniam rogauit primus Abraham propter Sodomitas...

J'ajouterai encore que la 'confession d'Esdras', c'est-à-dire IV Esdras, VIII, 20ᵇ—36 (*Domine qui habitas in æternum*), se lit dans un assez grand nombre de manuscrits, dont le plus ancien est le manuscrit Lyon 356, dont il sera encore question plusieurs fois ici."

THE MANUSCRIPTS. xvii

As I have said, Professor Bensly was never able to examine the Leon MS. himself. I was therefore forced to apply to D. Eloy Diaz Ximenes, Director of the Institute at Leon, whom M. Berger kindly recommended to me, for a transcript of the MS., to be published, if possible, as an appendix to Professor Bensly's work. Unfortunately, however, this gentleman has found himself unable to undertake at present the task of transcribing the whole of 4 Esdras. He has, however, had the great kindness to send me the opening and closing words of each chapter: and from these it seems clear that the text is one which in cc. (i., ii.) xv., xvi. closely agrees with the other Spanish MSS. CM, while in iii.—xiv. it probably presents a revision of the text analogous to the Spanish text of xv., xvi.

The details of the Leon text of 4 Esdras, as given by M. Berger, are as follows:

Inc. premium prefatio in libro Esdre...Hesdre filius Chusim hystorias. Inc. brebis capitulacio in libro Esdre prophete...Anno tricesimo ruine civitatis Iherusalem et Iudea ego Sarathias qui est Esdre...quanta mirabilia a Domino audivit. [*This must be the end of a preface to chapters i., ii.*] Inc. liber Esdre filius Cusi prophete sacerdos. verbum quod factum est...a Domino Deo audisti et vidisti.

The details we owe to Don Eloy Diaz Ximenes are these:

f. 217 a. Inc. Premium prefatio in libro Esdre, Filius Cusi prophete.
Hesdre filius chusim hystorias librorum scribens...
f. 217 b....de captivitate sunt ferme inter ambos anni quinquaginta.
f. 217 b. Inc. brebis capitulatio in libro esdre prophete.
f. 218 b. Inc. liber Esdre filius cusi prophete.
Anno tricesimo ruine ciuitatis iehrusalem et iudea...(iii. 1).
f. 219 b....gn̄s (genus) autem unum ex eis non inuenies (iii. 36).

CAP. I.

f. 219 b. Et respondens ad me angelus qui missus est ad me cui nomen est huriel (iv. 1).
f. 220 a....nunc tibi demostrabitur de his quae concupiscis audire (iv. 45).

CAP. II.

f. 220 a. Et respondi et dixi ad eum. si inueni gratiam ante oculos tuos (iv. 46).
f. 220 b....et statuit me super pedes meos et conualuit spiritus meus in me (v. 15).

INTRODUCTION.

Cap. III.

f. 220 b. Et factum est in nocte secunda uenit ad me Salatiel (v. 16).
f. 221 a....pro his qui ante nos fuerunt et post nos erunt minus quam nos (v. 54, 55).

Cap. IV.

f. 221 a. Et dixi ad eum. Rogo domine si inueni gratiam ante oculos tuos (v. 56).
f. 221 b....ut non properes in nouissimis temporibus exquirere erecta (vi. 34).

Cap. V.

f. 221 b. Et factum est post hec mox fleui iterum (vi. 35).
f. 222 a....quare non hereditatem possidemus nostram (vi. 59).

Cap. VI.

f. 222 a. Et cum finissem loqui (vii. 1).
f. 222 b....et in legitimis illius fidem non habuerunt et opera eius non perfecerunt (vii. 24).

Cap. VII.

f. 222 b. Propter hoc esdre uacua est uacuus (vii. 25).
f. 222 b....et quidem non   , si pene omnes creati (vii. 48).

Cap. VIII.

f. 222 b. Et dixit ad me audi me et instruam te (vii. 49).
f. 223 a....sunt propter ea que prouidit tempora tibi succedentia (vii. 74).

Cap. IX.

f. 223 a. Respondi et dixi ei ad hec (vii. 75).
f. 224 a....iustitias aut inimicitias suas (vii. 105).

Cap. X.

f. 224 a. Respondi et dixi, et quomodo inuenimus (vii. 106).
f. 224 b....sic et futura est salus et exultatio iustorum (vii. 131).

Cap. XI.

f. 224 b. Respondique et dixi, scio domine (vii. 132).
f. 225 a....intellige sermones meos. et loquar coram te (viii. 19).

Cap. XII.

f. 225 a. Initium uerbi orationis esdre (viii. 20).
f. 225 b....sic et que in hoc seculo sunt seminati non omnia saluabuntur. et pauci ex eis fructificant (viii. 41).

Cap. XIII.

f. 225 b. Respondi et dixi si inueni gratiam coram te (viii. 42).
f. 226 a....et ueniam ego ad te et loquar tibi (ix. 25).

Cap. XIV.

f. 226 a. Et profectus sum et oportet sicut dixit michi urihel (ix. 26).
f. 227 a....et requiem faciat tibi deus altissimus pro omni labori tuo (x. 24).

Cap. XV.

f. 227 a. Et factum est dum loquebar ad eum (x. 25).
f. 227 b....qui habitant super terram in nouissimis diebus (x. 59).

Cap. XVI.

f. 228 a. Et dormiui illa nocte et alia sicut dixerat urihel angelus (x. 60).
f. 228 b....et magno timore quod uidebam euigilaui (xii. 3).

Cap. XVII.

f. 228 b. Et dixi spiritui meo (xii. 3).
f. 229 a....et cum hec dixisse michi angelus urihel proffectus est a me (xii. 40).

Cap. XVIII.

f. 229 a. Et factum est autem cum audisset (xii. 40).
(? 229 b)
f. 230 a....expergefactus sum et timore nimio eram fatigatus (xiii. 13).

Cap. XIX.

f. 230 a. Et deprecatus sum altissimum (xiii. 14).
f. 230 b....et exponantur tibi magna et grandia mirabilia (xiii. 56).

Cap. XX.

f. 230 b. Et profectus sum et transiui in campo (xiii. 57).
f. 231 a....tum adoraui coram domino pronus in terram (xiv. 26).

Cap. XXI.

f. 231 a. Et profectus sum sicut michi precepit dominus (xiv. 27).
f. 231 b....incredulitate sua morietur. et omnis qui credit per fidem suam saluus erit in eternum (xv. 4).

Cap. XXII.

f. 231 b. Hec dicit dominus (xv. 5).
f. 232 a....et inconstancia in reges ipsorum (xv. 33).

Cap. XXIII.

f. 232 a. Ecce nubes ab oriente et ab occidente (xv. 34).
f. 232 b....et gloria faciei tue, exterminabunt et tunc humiliaberis (xv. 63).

INTRODUCTION.

Cap. XXIV.

f. 232 *b*.   Ue uobis babilon et esaye.   ue uobis egiptum et sÿrie (xvi. 1).
f. 233 *a*....sponsi earum in bello consumentur et uiri earum fame interient (xvi. 35).

Cap. XXV.

f. 233 *a*.   Audite et intelligite serui domini (xvi. 36).
f. 233 *b*....et fit in deuoratione ignis (xvi. 78).

Of Chapters i, ii, which follow here, I have no particulars from Don Diaz Ximenes.

In several of these readings L stands alone: e.g. in viii. 41, ix. 26, x. 60, xii. 40 (the name of Uriel being inserted in all these last three passages), xv. 4, xv. 63, xvi. 1; so that it is on all accounts to be regretted that a full text of the MS. is not at present procurable.

Besides the five MSS. already described (S, A, C, M, V), it will be noticed that in one passage (viii. 20^b—36) certain other authorities are quoted. This passage, as the reader has already gathered from the words of M. Berger, quoted above, was often copied separately in collections of *Cantica*, under the name *Confessio Esdrae*.

The oldest book which contains this document is the MS. 356 in the Town Library at Lyons, first noticed by M. Berger, who gives a brief description of it in the *Histoire*, 62, 391. It is of the beginning of cent. ix. The contents are: Ezra, Nehemiah, Esther, " Confessio Haesdre: Domine qui habitas in aeternum" (ff. 30, 31), 1, 2 Macc., Esther again, in the old version. The text of the *Confessio* resembles that of C. Professor Bensly had not at first used this MS., which was, in fact, only made known, I believe, in 1893 by M. Berger in his *Notice*. M. Berger, however, with his wonted goodness, had previously communicated the text to Professor Bensly: yet it does not seem to be preserved among his papers. M. Berger has, therefore, been at the pains to re-copy the text and send it to me. A collation of it appears in the Appendix.

The authorities cited for this passage in the *Apparatus* are as follows:—

(1) *Vat.* Codex Vaticanus Reginae Sueciae 11, said to be of cent. viii. A full account of this volume has been sent to me,

THE MANUSCRIPTS.

most kindly, by the Rev. Father F. Ehrle, S.J., Prefect of the Vatican Library. I condense it here.

Vellum, 310 × 230 mm., ff. 236, beginning of cent. ix. (1) ff. 1—21, Jerome ad Sunniam et Fretelam, and Prol. to Psalter. (2) ff. 21—213 Psalter (double version) with Ps. cli. in one version. (3) 213—230, Cantica. The *Confessio*, here called simply *Canticum*, intervenes between the *Canticum Hierimiae* and *Canticum Azariae*, occupying ff. 228 *b*, 229 *a*, and is followed by a Hymnarius (230 *b*—236 *b*). It was used by Sabatier in 1743, and by subsequent editors, including Hilgenfeld.

(2) *Colb.* Codex Colbertinus or Aniciensis Velaunorum (*i.e.* of Le Puy en Velay), known as the Bible of Le Puy. Now no. 4 Fonds Latin in the Bibliothèque Nationale at Paris, of cent. ix., x. Formerly Colbertinus 157, 158. First used by Sabatier. Berger, *Histoire*, p. 400.

(3) *Jen.* Codex Jenensis; a Bible of cent. xiv. (no. 11) in the University Library at Jena, first used by Hilgenfeld (*Messias Judaeorum*, p. xxxi); the *Confessio* occurs between 1, 2 Esdr. (Ezra, Nehemiah) and 3 Esdr.

(4) *Dub.* Codex Dubliniensis, also of cent. xiv. at Trinity College, Dublin (A. 1. 12). The *Confessio* was transcribed for Professor Bensly by the Rev. R. B. Dickson, and again collated for Professor Robinson by Dr J. H. Bernard.

(5) *Moz.* Breviarium Mozarabicum, printed in Migne, *Patrol. Lat.* lxxxvi. (Canticum lxi., p. 878). This text was first used by Sabatier.

Other MSS. which contain the *Confessio*, but have not been used for this edition, are

Bibl. Nat. 6 (the Bible of the Maréchal de Noailles or of Rosas, cent. x.). Bibl. Nat. 167. Grenoble, 3. 4. 25. So M. Berger (*Histoire*, p. 62 note).

Of the general characteristics of the four principal authorities which have been here used, it will be enough to say that they fall into two groups, S A on the one hand representing a "French" text (as we may presumably call it), and C M on the other representing a Spanish text. Of L it would be premature to speak. So too would it be premature to try to frame in this place any complete history of the text of the four added chapters (i., ii., xv., xvi.). But certain facts about them must be stated by way of preliminary to the more complete study, which will be attempted later on.

In the first place, the differences between S and A are more marked in chapters xv., xvi. than elsewhere in the book, and Professor Bensly has established the fact that the type of text in A is closely allied to the text used by Gildas, the Briton, in his *Epistle*: for Gildas quotes at some length from the denunciations contained in these chapters (*Missing Fragment*, 35—40).

Next, in CM(V)—and the same is true of L—we find a text of these four chapters so widely divergent from S A that it has been found necessary to print it separately as an Appendix. It is more especially in i., ii. that the text assumes the character of a different recension. From xv. 1 to xvi. 35 the two groups are in much closer agreement; but in and after xvi. 36 the differences again increase in number.

A large proportion of the MSS. which contain the *Confessio Esdrae* by itself show connexions with Southern France or with Spain or Italy. This is certainly the case with the Bible of Rosas, with that of Le Puy, with the Lyons and Grenoble MSS.; of the Vatican, Dublin, and Jena MSS. I cannot speak with any certainty. A Bodleian MS., Canon. Bibl. Lat. 78 (O. 8 in Bensly), is Italian of cent. xv.

For the present, then, we seem to be justified in speaking of a French and a Spanish family of texts for this book. And from the particulars, small as they are, of the text of L in chapters iii.—xiv., we may perhaps conclude that that MS. presents throughout the book a form of text analogous to the Spanish text of the supplementary chapters. Whether this form of text ought to be called a revision or not must for the present remain uncertain.

2. *The Other Versions.*

Some account of the other versions of 4 Esdras, to which repeated reference is made in the *Apparatus Criticus*, is indispensable here; but it will be as short as is compatible with clearness. Further particulars may be found in Hilgenfeld's *Messias Judae-*

orum (Leipzig 1869), or in the Speaker's Commentary on the Apocrypha (i. 72). Something too is said by Professor Bensly in the *Missing Fragment*.

Syr. The Syriac version, which, next to the Latin, is the best authority for the text, exists only in the famous Syro-Hexaplaric Codex in the Ambrosian Library at Milan (B. 21. Inf.). It was edited by Ceriani in his *Monumenta sacra et profana*, vol. v., fasc. 1 (1868). A Latin version by Ceriani had already appeared in 1866, in vol. i. fasc. 2 of the *Monumenta*. This Hilgenfeld reprinted with some improvements in *Messias Judaeorum*, pp. 212 ff. In this unique MS. 4 Esdras immediately follows the Apocalypse of Baruch—beginning, indeed, on the same column in which that book ends—and is followed by the canonical Ezra and Nehemiah, which appear as one book, and are called "The second book of Ezra," no number being attached to 4 Esdras.

Like all the versions, save the Latin, it consists of chapters iii—xiv. only.

Ar.[1] The first Arabic version. Of this an English translation, made by Simon Ockley from an Oxford MS. (Bodl. 251, of A.D. 1354), appeared in William Whiston's *Primitive Christianity reviv'd* (1711, vol. iv.). The Arabic text was first published by Ewald in *Abhandlungen d. königl. Gesellsch. d. Wissensch. zu Göttingen* (1863, vol. xi., and also separately), from the same MS. A transcript of this MS. exists in the Vatican.

A Latin version, made from Ockley's English, and corrected by Steiner in accordance with the Arabic, is in Hilgenfeld (*l. c.* pp. 323 ff.).

Ar.[2] The second Arabic version. This is an independent version from the Greek. Extracts from it are contained in a Bodleian MS. (260), and the whole in a Vatican one (Arab. 462). The Oxford extracts were published by Ewald (*l. c.*, p. 4) in 1865; the whole version by Gildemeister in 1877 with a Latin translation (*Esdrae liber quartus Arabice e cod. Vat.*, Bonn, 1877).

Ar.[2] is not reproduced by Hilgenfeld; when the *Messias Judaeorum* was published, only the Oxford extracts were accessible to him; he makes use of these.

Aeth. The Ethiopic version, first published by Richard Laurence (afterwards Archbishop of Cashel; editor of the Book of

Enoch and of the Ascension of Isaiah) in 1820, from a MS. now in the Bodleian (Aeth. 7). Various readings from other MSS., contributed by Dillmann, are given by Ewald at the end of his edition of the Arabic. The Latin translation in Hilgenfeld (pp. 262 ff.) is Laurence's, corrected by Praetorius.

A revised text of this version has just appeared in the posthumous volume of Dillmann's great edition of the Ethiopic Old Testament.

Arm. The Armenian version, printed in the Armenian Bible of 1805 (Venice), was perhaps made from the Syriac: a Latin translation by J. H. Petermann is in Hilgenfeld (pp. 378 ff.).

The Armenian version which appears in Uscan's Bible (Amsterdam 1666, S. Petersburg 1815) was most certainly, says Gildemeister (p. 43), made from the Latin vulgate text, and seemingly by Uscan himself.

We may also mention here the retranslation into Greek made from the Latin, with the help of the other versions, by Adolf Hilgenfeld (Paul de Lagarde and Hermann Rönsch contributing their assistance), and printed in *Messias Judaeorum*, pp. 36 ff. It includes only chapters iii—xiv., and is a most valuable piece of work—one among many important services which this scholar has rendered to early Jewish and Christian literature.

3. *Name of the Book.*

We have no early record of the name of 4 Esdras in its original Greek form. That which Hilgenfeld has prefixed to his Greek version is simply Ἔζρας ὁ προφήτης. This rests upon (*a*) a quotation by Clement of Alexandria from Ἔσδρας ὁ προφήτης: (*b*) the name "propheta Ezra," which is employed both by S. Ambrose and the author of the *Opus Imperfectum in Matthaeum:* (*c*) the opening of cc. i., ii. "Liber Ezrae prophetae secundus": (*d*) the subscription in Ar.^{2}, and the title in some Ethiopic MSS. (*Mess. Jud.* xviii.).

Dr Westcott suggested Ἀποκάλυψις Ἔσδρα as the probable title of the Greek original of 4 Esdras.

Among Greek lists of Apocryphal books there are two which mention an Apocalypse of Esdras. The first is the list of the

Sixty Books (which may be seen in Westcott *On the Canon*, and Zahn, *Gesch. d. N.-T.lich. Kan.* II. § 1, 289). Here, among the Apocrypha of the Old Testament, fourteenth in the list, is Ἔσδρα ἱποκάλυψις, following Ζαχαρίου ἀποκάλυψις, and followed by Ἰακώβου ἱστορία: thus holding the last place among Old Testament Apocrypha—a position determined by the date of Ezra, the supposed author.

The other list is contained in a Canon of Nicephorus Homologeta (850 A.D.), printed by Fabricius (*Cod. Apocr. N. T.* i. 951), where we find it coupled in a condemnation with the Apocalypse of Paul. The list consists of

1. Books called Brontologia (for predicting storms).
    Selenodromia (for divination by the Moon?).
    Kalandologia (auguries for the year, such as exist under the name of Esdras in many forms).
2. Apocalypse of Esdras.
3. Apocalypse of Zosimus, etc.

The books named are all of late date, so far as they can be identified, and I hold the view that the Apocalypse of Esdras here named is not 4 Esdras, but the late farrago of Apocalyptic matter published by Tischendorf in *Apocalypses Apocryphae* from a Paris MS. (gr. 929).

In a list of canonical and apocryphal books made by John of Haghbat, surnamed Sarcavaga (of cent. xii.) and incorporated in the chronicle of Mechithar of Aïrivank, we find between Esther and Job the name "*Ezdras, Salathiel*" (Zahn, *Forschungen* v. p. 150). This is most likely 4 Esdras. The Armenian version of that book begins with the words "I Salathiel, who am also called Esdras."

In all probability the Greek original had no number attached to it such as "second" or "fourth." But in almost all the versions such a number is attached; and the numbers range from one to four. We are at present considering cc. iii.—xiv., since the other chapters appear only in the Latin version.

The facts are these: cc. iii.—xiv. are called

The *First* Book of Ezra in Ar.[1] and Aeth.

INTRODUCTION.

The *Second* Book of Ezra in some Latin MSS. and the English A.V., which follows the Genevan Bible in this particular.

The *Third* Book „ in Arm. (apparently) and Ambrose (*de Spiritu Sancto*).

The *Fourth* Book „ by most of the Latin MSS., including SA (see Bensly, 82—86).

Syr. and Ar.² attach no number to the title.

We have now to consider the names and numbers attached to the four later chapters. In a majority of MSS. these are detached from iii.—xiv. and marked off as separate books.

Thus in A.
- 3 Esdr. = 4 Esdr. i., ii.
- 4 Esdr. = 4 Esdr. iii.—xiv.
- 5 Esdr. = 4 Esdr. xv., xvi.

in S.
- 1 Esdr. = Ezra.
- Nehemiah.
- 3 Esdr. iii., iv., v. 1—3.
- 2 Esdr. = 4 Esdr. i., ii.
- 3 Esdr. = 3 Esdr. i., ii. 1—15.
- 4 Esdr. = 4 Esdr. iii.—xiv.
- 5 Esdr. = 4 Esdr. xv., xvi.

in C. (V.)
- 1 Esdr. = Ezra.
- 2 Esdr. = Nehemiah.
- 3 Esdr. = 4 Esdr. iii.—xiv.
- 4 Esdr. = 4 Esdr. xv., xvi., i., ii.

in M.
- 1 Esdr. = Ezra, Nehem., 3 Esdr. iii.—v. 3.
- 2 Esdr. = 4 Esdr. ii.—xvi., i., ii.

in L
The whole book follows the New Testament, and appears to have no numbering; the order of the chapters is the same as in CMV, namely iii.—xvi., i., ii.

A very common arrangement in the later MSS., probably the commonest, is this:
- 1 Esdr. = Ezra, Nehemiah.
- 2 Esdr. = 4 Esdr. i., ii.
- 3 Esdr. = 3 Esdr.
- 4 Esdr. = 4 Esdr. iii.—xiv.
- 5 Esdr. = 4 Esdr. xv., xvi.

ANCIENT QUOTATIONS OF 4 ESDRAS (III.—XIV.). xxvii

For further notices of the arrangement of the various portions of the book, see Bensly, pp. 85, 86.

There is also MS. authority for the fusing of all the three portions into one book. A Zurich MS. (Turicensis C. 16, 5) of cent. xii., xiii., first used by Volkmar, calls the united chapters "Liber Esdrae iv."; a Sloane MS. (1521) calls it "Esdras iii." The printed editions of the Vulgate agree in the fusion; and to them we owe the popular use of the name 2 Esdras as applied to the whole book. The opening words of c. i. in the French text, "Liber Esdrae prophetae secundus," are responsible for this practice.

Among modern editors Hilgenfeld has called the four later chapters "Esdras propheta II.": and Fritzsche, "Liber Esdrae quintus." I think it would be well to keep the distinction between the two fragments clear, and to designate them by the name found in the MSS. 2 Esdras would then mean cc. i., ii.; and 5 Esdras cc. xv., xvi.

4. *Ancient quotations of* 4 *Esdras* (iii.—xiv.).

I propose to collect in this section the quotations from 4 Esdras which are found in early writings, together with such allusive passages as appear to imply a knowledge of the book. There are a good many cases in which it must be reckoned very doubtful on which side the obligation rests. Thus Hilgenfeld has cited

Sibylline Oracles, iii. 46—52.
Assumption of Moses, x. 28.
The Pauline Epistles: 1 Thess. iv. 15—17; Gal. iv. 25; 1 Cor. ii. 9; Rom. x. 7, xi. 17 sq.
The Apocalypse of John, i. 15, vi. 9, xiv. 1, 2, 6, 13, xix. 6, xx. 12, xxi. 2, 23.
The Gospel of Matthew, vii. 13, 14, x. 16, xiii. 3, xvi. 28, xx. 16, xxiv. 7, 8.
Acts i. 3. Ascension of Christ after 40 days: cf. 4 Esdr. xiv. 23 sqq.
1, 2 Peter, 1 P. v. 8; 2 P. i. 19.
Apocalypse of Baruch *passim*.
Epistle of Barnabas, iv. 7, 8 (14), vi. 20, 21 (13), xii. 1.

B. E.   *d*

Shepherd of Hermas, general resemblance in *Vis.* i.—iv. Ascension of Isaiah, iv. 5.

Of these the only passages which a majority of critics agree in referring to the influence of 4 Esdras are some in the Epistle of Barnabas[1], which we will proceed to examine.

Barn. iv. 4 (Gebh. and Harn.) λέγει δὲ οὕτως καὶ ὁ προφήτης· βασιλεῖαι δέκα ἐπὶ τῆς γῆς βασιλεύσουσιν καὶ ἐξαναστήσεται ὄπισθεν αὐτῶν μικρὸς βασιλεύς, ὃς ταπεινώσει τρεῖς ὑφ᾿ ἓν τῶν βασιλέων. ὁμοίως περὶ τοῦ αὐτοῦ λέγει Δανιήλ· καὶ εἶδον τὸ τέταρτον θηρίον κ.τ.λ. (Dan. vii. 7 sq.). For the first of these two quotations the editors refer to Dan. vii. 24. The Constantinople MS. has a marginal note, Δανιὴλ καὶ Ἔσδρας ἀπόκρυφος, one of the rare references to 4 Esdras in a Greek document. The reference is to xii. 10 sqq.

iv. 14. μήποτε, ὡς γέγραπται, πολλοὶ κλητοί, ὀλίγοι δὲ ἐκλεκτοὶ εὑρεθῶμεν. Matt. xxii. 14 is usually allowed (as by Gebh. and Harn.) to be the passage referred to. Hilg. would refer both Matth. and Barn. to 4 Esdr. viii. 3.

vi. 13. λέγει δὲ κύριος· Ἰδοὺ ποιῶ τὰ ἔσχατα ὡς τὰ πρῶτα. 4 Esdr. iv. 42, the supposed source, does not really resemble these words at all intimately.

xii. 1. ὁμοίως πάλιν περὶ τοῦ σταυροῦ ὁρίζει ἐν ἄλλῳ προφήτῃ λέγοντι· Καὶ πότε ταῦτα συντελεσθήσεται; λέγει κύριος· Ὅταν ξύλον κλιθῇ καὶ ἀναστῇ καὶ ὅταν ἐκ ξύλου αἷμα στάξῃ. Hilg., Gebh. and Harn. quote other occurrences of these words, or part of them:

(1) Greg. Nyss. Ἐκλογαὶ πρὸς Ἰουδαίους, 7, which in Zacagni's edition (*Coll. Mon. vet.* 309) reads

καὶ πάλιν καὶ τότε ταῦτα συντελεσθήσεται λέγει κύριος, ὅταν ξύλον ξύλων κλιθῇ, καὶ ἀναστῇ, καὶ ὅταν ἐκ ξύλου αἷμα στάξει.

Zacagni's note here says: In Vaticano recentiori (i.e. Vat. 451, as explained on p. 288) et in alio Siphani codice legitur: λέγει κύριος, ὅτι ἐκ ξύλων αἷμα στάξει. Siphanus had edited the tract before, in Latin only: see p. xvii. in Zacagni's preface. But in a Milan MS. (C. 135 Inf.) is read καὶ πότε—κύριος· ὅτ᾿ ἂν ξύλον

---

[1] I omit for the present any examination of the relation of the Apocalypse of Baruch to our book: the connexion between the two is undoubtedly a very close one.

ξύλῳ κλιθῇ καὶ ὅτ' ἂν ἐκ ξύλου αἷμα στάξῃ. (Cerian, *Monumenta*, v. i. 108.)

(2) Ps.-Hieron. *Comm. in Marc.* xv. 33 hic stillauit sanguis de ligno.

For a discussion of this passage in its relation to the book called the *Rest of the words of Baruch* see Dr Rendel Harris's edition of that document (pp. 42—46). He conceives the source of Barnabas and of Baruch to be 4 Esdr. iv. 33, v. 5, 9, and agrees with Le Hir, who finds the ultimate source of the idea in Hab. ii. 11. This is undoubtedly the most plausible of the supposed references in Barn. to 4 Esdr. Yet it is not so plain as to be unmistakable. The clause which speaks of a tree or beam lying down and rising up has no equivalent in 4 Esdr.: and it is an exceedingly important one. To myself the passage has a fundamentally Christian aspect. It seems to me clear that the author of the words meant them to be understood as Barnabas has interpreted them. Take the words: " When a tree (the tree of Life, we might perhaps supply) lies down and rises up." Here the tree is Christ, and the Passion and Resurrection are indicated very plainly. But it would be difficult to find a meaning for this clause if it occurred in a Jewish book. The second clause ".when blood drops from a tree" (or from wood) does occur in 4 Esdras. It is there coupled with other prodigies, as a stone speaking, salt water being found in fresh springs, monstrous births, and other such phenomena, which have merely the character of portents. It is quite possible that the author of the Barnabas quotation may have drawn this image from 4 Esdr. and amplified it; and it is also possible that the image may not be original with 4 Esdr., just as some of the others which accompany it are not.

On the whole, the evidence for a direct knowledge of 4 Esdr. by the author of the Epistle of Barnabas is not conclusive.

The first certain and express quotation is that made by Clemenr of Alexandria, *Strom.* iii. 16 (p. 556).

Διὰ τί γὰρ οὐκ ἐγένετο ἡ μήτρα τῆς μητρός μου τάφος, ἵνα μὴ ἴδω τὸν μόχθον τοῦ Ἰακὼβ καὶ τὸν κόπον τοῦ γένους Ἰσραήλ; Ἔσδρας ὁ προφήτης λέγει. This is from 4 Esd. v. 35.

Another document which has plainly used our book is the Hippolytean fragment περὶ τοῦ παντός. The description of the future state in this draws upon two Apocryphal books, 4 Esdras and the Apocalypse of Peter. Three passages are quoted by Bensly in his notes on the Missing Fragment (pp. 64, 65, 72), in which, though nothing like a verbal quotation occurs, ideas from 4 Esdras are taken and worked out in greater detail. The points so treated are (1) the contemplation of their future torment by the wicked; (2) the office of the presiding angels; (3) the impossibility of intercession.

In the *Apostolical Constitutions* are two passages in point, one of which is a quotation:

ii. 14. On intercession, where the similarity of idea to vii. 103 sqq. is remarkable. Bensly (p. 72) quotes the passage.

viii. 7. In the Episcopal intercession for energumens;

οὗ τὸ βλέμμα ξηραίνει ἄβυσσον καὶ ἡ ἀπειλὴ τήκει ὄρη καὶ ἡ ἀλήθεια μένει εἰς τὸν αἰῶνα, words which occur exactly in 4 Esdr. viii. 23, that is, in the *Confessio Esdrae*, which, as we have already seen, is included in some early collections of *Cantica* intended for liturgical use, as in Vat. Reg. 11 and the Mozarabic Breviary.

With this the list of Greek testimonies to the book is wellnigh exhausted. Two late Apocalypses, those of Esdras (ed. Tischendorf) and of Sedrach (ed. James, *Apocrypha Anecdota*), have made use of 4 Esdras. But it may be possible to examine their relations to it in detail later on.

For the present we will in like manner defer the enumeration of those passages which quote the legend of Ezra's restoration of the sacred books; for it is possible that some at least of these are referring merely to floating traditions.

Among Latin writers, Tertullian and Cyprian are the earliest who are supposed to quote 4 Esdras. Tertullian is sometimes mentioned as quoting 4 Esdr. viii. 20 in the tract *de praescr. haeret.* 3.

Tu, ut homo, extrinsecus unumquemque nosti: putas quod uides, uides autem quousque oculos habes; sed *oculi*, inquit, *Domini alti*.

This seems a possible, though not a certain, allusion: and the same must be said of a supposed quotation from xv. 1, which will be given in its proper place.

The passage from Cyprian is in the Letter to Demetrianus, and is quoted by Hilgenfeld on 4 Esdr. v. 54, 55.

Illud primo in loco scire debes, senuisse iam saeculum, non illis uiribus stare, quibus prius steterat, nec uigore et robore ipso ualere, quo antea praeualebat.

Commodianus, the Christian poet of the 3rd century, has two remarkable passages which his editors suppose to be derived from 4 Esdr. xiii. 40 sqq. They occur in the *Instructiones* II. 1 and the *Carmen Apologeticum* 941 sqq., and describe, largely in identical terms, the abode and the return of the Lost 9½ Tribes. The reference to 4 Esdras does not seem to me certain: and what is certain about the passage is that another apocryphal source has been freely employed. Great emphasis is laid on the happy and righteous life of the lost tribes, and on the phenomena that will accompany their return. The lines which most recall our book are these:

Instr. II. i. 28.	4 Esdr. xiii.
Omnia complentes legis.	42. ut uel ibi observarent legitima sua.
29. Transire iubentur ad Dominum partibus istis. Exsiccat fluuium quibus sicut ante traiectis.	47. Iterum altissimus statuit uenas fluminis ut possint transire.

Carm. Apol. 943:
   Sunt autem Iudaei; trans Persida flumine clausi
   quos usque in finem uoluit Deus ibi morari.
   Captiuitas illos ibidem redegit ut essent;
   Ex duodena tribu noue<m> semis ibi morantur.
959. Hic ergo populus, qui nunc est extra repostus,
   Siccato fluuio repetet in terra Iudaea.

Not much stress can be laid on the difference between 9½ (Commod.) and 10 tribes (4 Esdr.) for the Amiens MS. *prima manu* and the Complutensian both read 'nouem.'

It is not unlikely that Commodian should have known 4 Esdras: indeed, as we shall see, he has been thought to quote the additional chapters. But as the description of the Tribes is not solely dependent on our book, it is better to class this witness among the uncertain ones. See on this passage *Apocrypha Anecdota*, p. 91.

Ambrose of Milan is, of all patristic writers, the one who makes the clearest and most copious use of 4 Esdras. Hilgenfeld gives references to almost all the passages: and Bensly (p. 74) has printed those which relate to the Missing Fragment in a revised text.

The passages, transcribed at length, are as follows:

Ambr. *de bono Mortis*, x.

Siquidem et in Esdrae libris legimus quia cum uenerit iudicii dies, reddet terra defunctorum corpora, et puluis reddet eas quae in tumulis requiescunt reliquias mortuorum : et habitacula, ait, reddent animas quae his commendatae sunt, et reuelabitur Altissimus super sedem iudicii (4 Esdr. vii. 32, 33). Hae sunt habitationes de quibus dicit dominus multas mansiones esse apud patrem suum, quas suis pergens ad patrem discipulis praepararet. Sed Esdrae usus sum scriptis ut cognoscant gentiles, ea quae in philosophiae libris mirantur, translata de nostris. ...Denique et scriptura habitacula illa animarum promptuaria nuncupauit ; quae occurrens querelae humanae, eo quod iusti qui praecesserunt uideantur usque ad iudicii diem, per plurimum scilicet temporis, debita sibi remuneratione fraudari, mirabiliter ait coronae esse similem illum iudicii diem, in quo sicut non nouissimorum tarditas, sic non priorum uelocitas (4 Esdr. v. 42). ...Illud quoque non reliquit occultum, eo quod superiores uideantur qui ante generati sunt, infirmiores qui postea. Comparauit enim utero mulieris partus huius saeculi, quoniam fortiores sunt qui in iuuentute uirtutis nati sunt, infirmiores qui in tempore senectutis. Defecit enim multitudine generationis hoc saeculum, tanquam uulua generantis, et tanquam senescens creatura robur iuuentutis suae velut marcenti iam uirium suarum uigore deponit (4 Esd. v. 50—55). Ergo dum expectatur plenitudo temporis, expectant animae remunerationem debitam. Alias manet poena, alias gloria ; et tamen nec illae interim sine iniuria, nec istae sine fructu sunt. Nam et illae uidentes seruantibus legem dei repositam esse mercedem gloriae, conseruari earum ab Angelis habitacula, sibi autem dissimulationis et contumaciae supplicia futura, et pudorem et confusionem ; ut intuentes gloriam Altissimi erubescant in eius conspectu uenire cuius mandata temerauerint (4 Esdr. vii. 80—87). Sicut enim praeuaricatio Adae, ita et confusio ; quoniam sicut ille per incuriam mandatorum caelestium lapsus est, etc...ita et animae peccatorum uibrantis luminis eius splendorem non sustinebunt, quo teste se reminiscentur errasse.

xi. (Cf. 4 Esdr. vii. 91—101.)

Iustarum autem animarum per ordines quosdam digesta erit laetitia. Primum, quod uicerint carnem, nec illecebris eius inflexae sint. Deinde, quod pro pretio sedulitatis et innocentiae suae, securitate potiantur, nec quibusdam sicut impiorum animae erroribus et perturbationibus implicentur, atque uitiorum suorum memoria torqueantur, et exagitentur quibusdam curarum aestibus. Tertio, quod seruatae a se legis diuino testimonio fulciantur, ut factorum suorum incertum supremo iudicio non uereantur euentum. Quarto, quia incipiunt intelligere requiem suam, et futuram sui gloriam praeuidere, eaque se consolatione mulcentes, in habitaculis suis cum magna tranquillitate requiescent stipatae praesidiis Angelorum. Quintus autem ordo exsultationis uberrimae habet suauitatem, quod ex hoc corruptibilis corporis carcere in lucem libertatemque peruenerint, et repromissam sibi possideant hereditatem......Denique sexto ordine demonstrabitur iis, quod multus earum sicut sol incipiat refulgere, et stellarum luminibus comparari; qui tamen fulgor earum corruptelam iam sentire non possit. Septimus uero ordo is erit, ut exsultent cum fiducia, et sine ulla cunctatione confidant, et sine trepidatione laetentur, festinantes uultum eius uidere, cui sedulae seruitutis obsequia detulerunt : de quo innoxiae conscientiae recordatione praesumant gloriosam mercedem laboris exigui, quam incipientes recipere, cognouerunt indignas esse huius temporis passiones, quibus remunerationis aeternae gloria tanta refertur. Hic ordo, inquit, animarum, quae sunt iustorum, quas etiam immortales non dubitauit dicere in quinto ordine; eo quod spatium, inquit, incipiunt recipere fruentes et immortales. Haec est, inquit, requies earum per septem ordines, et futurae gloriae prima perfunctio (? perfructio), priusquam in suis habitationibus quietae congregationis munere perfruantur. Unde ait Propheta ad Angelum : Ergo dabitur tempus animabus, postquam separatae fuerint de corporibus, ut uideant ea quomodo dixisti [?] Et dixit Angelus : Septem dies erit libertas earum, ut uideant, in septem diebus, qui praedicti sunt sermones, et postea congregabuntur in habitaculis suis. Haec ideo plenius de iustorum ordinibus expressa sunt, quam de passionibus impiorum; quia melius est cognoscere quomodo innocentes saluentur, quam quomodo crucientur flagitiosi.

...... Non timeamus igitur recipi ab hominibus, non uereamur illum debitum ab omnibus finem in quo Esdras remunerationem suae deuotionis inuenit, dicente ei domino : Tu enim recipieris ab hominibus et conuersaberis residuum cum filio meo et cum similibus tuis (4 Esdr. xiv. 9)....Quis utique prior, Esdras an Plato? Nam Paulus Esdrae, non Platonis, secutus est dicta. Esdras reuelauit secundum collatam in se reuelationem iustos cum Christo futuros, futuros et cum sanctis (? vii. 28).

xii. (4 Esdr. vii. 36—42.)

Ibimus eo ubi paradisus est iucunditatis,......ubi nullae nubes, nulla tonitrua, nullae coruscationes, nulla ventorum procella, neque tenebrae, neque uesper, neque aestas, neque hyems uices uariabunt temporum. Non frigus, non grando, non pluuiae, non solis istius erit usus, aut lunae, neque stellarum globi : sed sola Dei fulgebit claritas. Dominus enim erit lux omnium.

De Spiritu Sancto, ii. 6.

Quia creatur spiritus Hesdras nos docuit, dicens in tertio (*vulg.* quarto) libro : Et in die secundo iterum creasti spiritum firmamenti (vi. 41).

De excessu Satyri, i. 2 (4 Esdr. x. 6—24).

Scriptum est enim, in communi dolore proprium uacare debere : neque enim prophetico sermone uni illi mulieri, quae figuratur, sed singulis dicitur, cum ecclesiae dictum uidetur.... Stulta (*v. l.* Stulte), inquit, super omnes mulieres, nonne uides luctum nostrum, et quae nobis contigerunt ? quoniam Sion mater nostra omni (*v. l.* omnium) tristitia contristatur (*v. l. add.* et humilitate humiliata est) et luget (*v. l.* lugete) ualidissime et nunc, quoniam omnes lugemus et tristes sumus (*v. l.* sitis), quoniam omnes contristati sumus, tu uero contristaris in filio (*v. l.* fratre). Interroga terram, et dicet tibi, quoniam haec est quae debeat lugere tantorum casum super ea germinantium (*v. l.* tantorum superstes germinum) ; et ex ipsa, inquit, ab initio omnes nati, et alii uenient, et ecce pene omnes in perditionem ambulant, et in exterminium fit multitudo eorum. Et quis (*l.* ecquis) ergo debet lugere magis, nisi quae tam magnam multitudinem perdidit, quam tu, qui pro uno doles ?...

Sed iam audiamus quae scripta sunt : Nunc, inquit, retine apud temetipsum dolorem tuum, et fortiter fer, qui tibi contigerunt casus. Si enim iustificaueris terminum Dei, et filium tuum recipies in tempore, et in mulieribus collaudaberis....

Sed ecce dicentem scripturam audio : Noli facere hunc sermonem, sed consenti persuaderi. Qui enim casus Sion! Consolare propter dolorem Hierusalem. Vides enim, quia sancta nostra contaminata sunt, et nomen quod inuocatum (*v. l.* nominatum) est super nos, pene profanatum est, et iuuenes (*v. l.* illi : *for* filii, ed. Bened.) nostri contumeliam passi sunt, et sacerdotes nostri succensi sunt, et Leuitae nostri in captiuitate fuerunt, et mulieres nostrae contaminatae sunt, et uirgines nostrae uim passae, et iusti nostri rapti, et paruuli nostri proditi (*l.* perditi, Hilg.) sunt, et iuuenes nostri seruierunt, et fortes nostri inualidi facti sunt, et quod omnium maius, signaculum Sion, quoniam resignata est de gloria sua, nunc et tradita est in manibus eorum, qui nos oderunt. Tu ergo excute tuam multam tristitiam et depone abs te multitudinem dolorum, ut tibi repropitietur Fortis, et requiem faciat tibi Altissimus requietione (*v. l.* requietionem) dolorum.

Ep. ad Horontianum, Ep. xxxiv. (4 Esdr. iii. 5, vii. 78).

Ambrosius Horontiano salutem...De quo tibi Esdrae librum legendum suadeo, qui et illas philosophorum nugas despexerit ; et abditiore prudentia, quam collegerat ex reuelatione, perstrinxerit eas (animas) substantiae esse superioris.

Comm. in Lucam (i. 60) :

Sic dominus noster Iesus nominatus est antequam natus, cui non angelus sed pater nomen imposuit. Reuelabitur enim, inquit, filius meus Iesus cum iis qui cum eo iucundabuntur qui relicti sunt in annis quadringentis. Et erit post annos hos et morietur filius meus (+Christus Iesus : ed. Bened.) et convertetur seculum (vii. 28—30).

A Pseudo-Ambrosian fragment is published by Caspari

(*Kirchenhistor. Anecdota*, p. 228) under the title Altercatio S. Ambrosii contra eos qui animam non confitentur esse facturam, aut ex traduce esse dicunt. I owe the reference to Harnack, *Altchristl. Litteratur*, 852. It has two quotations from 4 Esdr.

Et Esdras similiter testatur : Nunc de morte sermo est : Quando profectus fuerit terminus sententiae (MSS. terminos terrae sententiae *and* terminus terrae sententia. Caspari gives Bensly's text) Altissimi ut homo moriatur, recedente spiratione de corpore, ut reuertatur ad eum qui dedit ei adorare gloriam Altissimi (vii. 78).

Item Esdras : Solus enim tu es deus, et una plasmatio nos sumus manuum tuarum sicut locutus es. Quoniam uisitas nunc in matrice plasmatum corpus et praestas membra, conseruatur in igne et aqua tua creatio. Nouem mensibus patitur plasmatio creaturae tuae ea quae in ipso (M of 4 Esdr. has eam quae in ipsa) creata est ut seruetur. Et quando iterum reddit matrix quae in ea creata fuerint, imperasti ut ex his (so CM) membris, hoc est mammillis, praebeatur lac, fructum mammillarum ut nutriatur, quod plasmatum est in utero (viii. 7—11).

Spain contributes two writers—the next in date—who show a knowledge of 4 Esdras, Priscillian and Vigilantius. Priscillian in his 3rd tract (*de fide et apocryphis*, p. 52, ed. Schepss) has the following passage :

Sed argutior diuini mysterii natura quam diabuli, quae, ut quid deus in homine posset ostenderet, reseruari Hesdram uoluit qui illa quae fuerant incensa rescribsit. Quae si uere incensa et uere credimus fuisse rescribta, quamuis incensum testamentum legatur in canone, rescriptum ab Hesdra in canone non legitur, tamen, quia post incensum testamentum reddi non potuit nisi fuisset scribtum, recte illi libro fidem damus, qui Hesdra auctore prolatus, etsi in canone non ponitur, ad elogium redditi diuini testamenti digna rerum ueneratione retinetur ; in quo tamen legimus scriptum spiritum sanctum ab initio saeculi et hominum et rerum gesta retinentem cor electi hominis intrasse et, quod uix ad humanam memoriam scribti forma retineret, ordine numero ratione repetita, cum *per diem loquens et nocte non tacens* scriberet, omnia quae gesta uidentur esse uel legimus scribta ad humanam memoriam condidisse.

Of Vigilantius we have not the written words, but only the evidence of Jerome, whose language, not so courteous as it might be, seems to impute to him Priscillianist opinions, which there is no evidence to shew that he entertained.

Dicis in libello tuo, quod dum uiuimus, mutuo pro nobis orare possumus, postquam autem mortui fuerimus, nullius sit pro alio exaudienda oratio, praesertim cum Martyres ultionem sui sanguinis obsecrantes, impetrare non quiuerint (cf. 4 Esdr. vi. 35).

INTRODUCTION.

Tu uigilans dormis, et dormiens scribis : et proponis mihi librum apocryphum, qui sub nomine Esdrae a te, et similibus tuis legitur : ubi scriptum est, quod post mortem nullus pro aliis audeat deprecari : quem ego librum nunquam legi. Quid enim necesse est in manus sumere, quod Ecclesia non recipit? nisi forte Balsamum mihi, et Barbelum, et Thesaurum Manichaei, et ridiculum nomen Leusiborae proferas, et quia ad radices Pyrenaei habitas, uicinusque es Iberiae, Basilidis antiquissimi haeretici, et imperitae scientiae, incredibilia portenta prosequeris, et proponis quod totius orbis auctoritate damnatur. *Hieron. contra Vigilantium.* (*Opp. ed. Vallarsius*, II. col. 392, 393.)

It is quite possible that to Priscillian may be due the existence of the Spanish text of 4 Esdras. Isidore of Seville, as we shall see, also knows the story of the restoration of the sacred books.

Jerome in another passage expresses his views about our book:

Prol. in Esdr., etc. Nec quemquam moueat quod unus a nobis liber editus est, nec apocryphorum tertii et quarti somniis delectetur, quia et apud Hebraeos Esdrae Nehemiaeque sermones in unum uolumen coarctantur; et quae non habentur apud illos, nec de uiginti quattuor senibus sunt, procul abicienda.

His other allusions are to the story of the restoration of the books.

Last among the patristic authorities who quote 4 Esdras must be placed the unknown Arian who wrote the *Opus imperfectum in Matthaeum.* In *Hom.* xxxiv. he says:

Dicit enim propheta Ezra (*v.l.* Iesaias) uolens omnium sanctorum unam ostendere uocationem et nullam inter eos esse differentiam temporis causa, dicit omnium sanctorum numerum esse quasi coronam ; sicut enim in corona, cum sit rotunda, nihil inuenias quod uideatur esse initium aut finis, sic inter sanctos, quantum ad tempus in illo saeculo, nemo nouissimus dicitur, nemo primus (4 Esdr. v. 42).

We have already seen[1] that the Pseudo-Hieronymian *Comm. in Marcum* quotes our book.

I am unable to extend the list of patristic quotations from this portion of the book any further; but in the evidence which I have brought together the greater part of the patristic period is represented.

For the legend of the rewriting of the sacred books by Esdras there is early and copious evidence. I have thought it well to

[1] See p. xxix.

ANCIENT QUOTATIONS OF 4 ESDRAS (III.—XIV.). xxxvii

separate those passages which allude to it from the other quotations, because, as I have said, it is possible that the author of 4 Esdras and the writers who quote the story were both of them employing a current Jewish tradition. However, in the case of some we have distinct evidence, either that they drew from 4 Esdras directly (as Priscillian, who cites a phrase from the book and whose words I therefore placed among the express quotations), or that they knew the book (as Clement of Alexandria). The writers who mention the legend are :

Irenaeus, iii. 21. 2 (24. 1, Harvey):

καὶ οὐδέν γε θαυμαστόν, τὸν Θεὸν τοῦτο ἐνηργηκέναι, ὅς γε καὶ ἐν τῇ ἐπὶ Ναβουχοδονόσορ αἰχμαλωσίᾳ τοῦ λαοῦ διαφθαρεισῶν τῶν γραφῶν,...ἔπειτα ἐν τοῖς χρόνοις Ἀρταξέρξου τοῦ Περσῶν βασιλέως ἐνέπνευσεν Ἔσδρᾳ τῷ ἱερεῖ ἐκ τῆς φυλῆς Λευί, τοὺς τῶν προγεγονότων προφητῶν πάντας ἀνατάξασθαι λόγους, καὶ ἀποκαταστῆσαι τῷ λαῷ τὴν διὰ Μωσέως νομοθεσίαν.

Clement of Alexandria, *Strom.* i. 22 (p. 410), in practically the same words "ex illo ipso Irenaei loco," as Fabricius says :

ἐπεὶ κἂν τῇ Ναβουχοδονόσορ αἰχμαλωσίᾳ διαφθαρεισῶν τῶν γραφῶν, κατὰ τοὺς Ἀρταξ. τοῦ Περσ. βασ. χρόνους, ἐπίπνους Ἔσδρας ὁ ἱερεὺς γενόμενος πάσας τὰς παλαιὰς αὖθις ἀνανεούμενος προεφήτευσε γραφάς.

And again *Strom.* i. 21 (392):

μετὰ Ἔσδρα...δι' ὃν γίνεται ἡ ἀπολύτρωσις τοῦ λαοῦ καὶ ὁ τῶν θεοπνεύστων ἀναγνωρισμὸς καὶ ἀνακαινισμὸς λογίων.

Tertullian, *de cultu feminarum*, i. 3 :

Hierosolymis Babylonia expugnatione deletis omne instrumentum Judaicae literaturae per Esdram constat restauratum.

Jerome, *adu. Heluidium*, 7 :

siue Moysen dicere uolueris auctorem Pentateuchi, siue Ezram, eiusdem instauratorem operis, non recuso.

Basil, *Ep. ad Chilonem* :

ἐνταῦθα (i.e. in solitude) πεδίον ἐν ᾧ ἀναχωρήσας Ἔσδρας πάσας τὰς θεοπνεύστους βίβλους προστάγματι θεοῦ ἐξηρεύξατο.

A passage quoted by Fabricius from Chrysostom (*Hom.* viii. *in Ep. ad Hebr.*) speaks of the Scriptures having been collected from their remains by Esdras (ἀπὸ λειψάνων συντεθῆναι). This is hardly to be called a reference to our story.

Similarly, the Pseudo-Athanasian *Synopsis* says that Ezra

preserved copies of the Scriptures privately and afterwards published them.

Leontius Byzantinus, *de sectis*, p. 428 :

ὁ δὲ Ἔσδρας ἐλθὼν εἰς τὰ Ἱεροσόλυμα καὶ εὑρὼν ὅτι πάντα τὰ βιβλία ἦσαν καυθέντα ἡνίκα ᾐχμαλωτίσθησαν, ἀπὸ μνήμης λέγεται συγγράψασθαι τὰ κβʹ βιβλία ἅπερ ἐν τοῖς ἄνω ἀπηριθμησάμεθα.

Isidore of Seville, *Origines*, vi. 3 :

Bibliothecam ueteris testamenti Esdras scriba post incensam legem a Chaldaeis...diuino afflatus spiritu reparauit...totumque uetus testamentum in uiginti duos libros constituit.

De Offic. Eccles. ii. 12 : practically the same words.

De vita et morte Sanct. lxi. :

Esdras sacrae scriptor historiae atque alter lator legis post Moysen. Hic etiam legem incensam ex gentibus renouauit.

The passages from Irenaeus, Basil (most certainly), Leontius, and Isidore, seem to shew a knowledge of the form of the story as contained in 4 Esdras.

Hilgenfeld also quotes a passage from Jacob of Edessa (cent. vii., Ep. xiii. ed. Wright, *Journ. Sacred Literature*, 1867), which plainly presupposes 4 Esdr. xiv. 44.

5. *Quotations from the Additional Chapters.*

For chapters i. and ii. the list is a short one. Practically only two authorities known to me make quotations from them. I am not here speaking of possible obligations to them in other Apocalypses. There is one quotation which, though perhaps noticed before now, has not been traced to its true source in these chapters.

In the Acts of Silvester's Dispute with the Jews (largely quoted by George Cedrenus, p. 482 : i. 525 Migne), the following among other prophecies is cited :

Λέγει ὁ Ἔσδρας· Ἐδήσατέ με οὐχ ὡς πατέρα τὸν ῥυσάμενον ὑμᾶς ἐκ γῆς Αἰγύπτου. κράζοντες ἐπὶ τοῦ βήματος τοῦ κριτοῦ ἐταπεινώσατέ με· κρεμασθῆναι ἐπὶ τοῦ ξύλου παρεδώκατέ με.

In the Latin version of these Acts (I copy the passage from a xiith century MS. in the Library of Peterhouse, Cambridge, no. 2. 4. 4) the quotation runs thus : "Dixit sanctus Esdras :

Vinxisti me non sicut patrem qui liberaui uos de terra Egypti, Clamantes ante tribunal iudicis humiliasti me: suspensum in ligno tradidisti morti me." It is plainly a translation from the Greek just quoted.

Now this passage does not appear in the Vulgate text of the first two chapters: but in one of the MSS. (M) of the Spanish recension of these chapters we find it in the following form (p. 84 of this edn.) i. 33:

> Hec dicit dominus omnipotens. Nouissime et in me manus uestras iniecistis acclamantes ante tribunal iudicis ut me traderet uobis. Accepistis me tanquam iniquum, non ut patrem, qui uos liberaui de seruitute et suspensum ligno morti tradidistis. Hec est opera quam operati estis. Ideoque dicit dominus. Redeat pater meus et angeli eius et iudicent inter me et uos. Si patris mandatum non feci, si non feci quae pater meus iussit. iudicio uobiscum contendam, dicit dominus. Hec dicit dominus omnipotens. Domus uestra deserta est. Proiciam uos sicut venti stipulam.

This plainly Christian passage is not to be at once rejected as an interpolation because it is Christian. Not less Christian are the whole two chapters. But it must be pointed out:

(a) That the Acts of Silvester's Dispute with the Jews are not a translation from the Latin.

(b) That, while the Latin of M goes back to a Greek original, its Greek original is not identical with the passage in the Acts. In other words, the passage in the Acts seems to be a shortened form of the text in M. I had at first imagined that *accepistis* in M was a rendering of ἐδέξασθε, which was a corruption of ἐδήσατε: but I do not think this will stand.

The possible explanations of the phenomena are:

(1) That the passage is an interpolation from the Acts of Silvester into the Greek or into the Latin text of Esdras.

(2) That the passage is an interpolation into the Greek text of Esdras, used by the author of the Acts.

(3) That it is an integral portion of the Spanish text of Esdras omitted in C by homœoteleuton between the two occurrences of *Hec dicit dominus omnipotens.*

(4) That it is borrowed from a common source by the authors of 4 Esdras i. ii. and the Acts respectively. This, though a possibility, has no evidence in its favour.

Both the second and third explanations have some plausibility; but the first is put out of court by the fact that there is more (and that of the same kind) in the Latin text than is quoted in the Acts, and that the variations of the Greek from the Latin are more easily explained if the Greek is a partial quotation than if it is the original. Further, all the other quotations in the Acts are genuine save one (which immediately follows this from Esdras, it is true) namely :—

ὅτι δὲ καὶ ταφήσεται Ἰερεμίας λέγει· Ἐν τῇ ταφῇ αὐτοῦ ζωοποιηθήσονται οἱ νεκροί.

which I have not as yet traced, though a very similar passage is attributed to Jeremiah in a Latin Passion of St James the Great (*Historia Apostolica* Pseudo-Abdiae iv. 6); and we must remember that it is not often found to be the case that passages such as this are merely the invention of the authors who quote them.

There is a supposed reference to these chapters in Commodian (*Carm. Apol.* 897) in the line :

Captiuatque prius Tyrum et Sidona subactas (cf. i. 11),

which, however, refers not to an act of God on behalf of the Jews—as does the passage in Esdras—but to the exploits of a king from the East, who is the Antichrist of the Jews.

The only other authority known to me which clearly employs these two chapters is liturgical. In the Roman Breviary and Missal there are several responses, etc., taken from this source : e.g. the

(1) Antiphon for feasts of Martyrs in the Paschal season,

Lux perpetua lucebit sanctis tuis, Domine, et aeternitas temporis.

which agrees rather with the Spanish text of ii. 35 than with the other. The MSS. CM read et eternitas temporum uobis parata est : SA per aeternitatem temporis.

(2) Common of Apostles,

Modo coronantur et accipiunt palmam (ii. 46).

(3) Office of the Dead,

Requiem aeternam dona eis, Domine, et lux perpetua luceat eis (ii. 35).

QUOTATIONS FROM THE ADDITIONAL CHAPTERS. xli

(4) Introit on Whit Tuesday,

Accipite iucunditatem gloriae uestrae, gratias agentes Deo qui uos ad caelestia regna uocauit (ii. 36, 37).

I should also like to call attention to the general similarity of i. 7—23 to the *Improperia* or Reproaches, which the Roman Church recites on Good Friday. It will be found, I think, worthy of remark.

But this liturgical use does not help us to a date, interesting as it is in showing that the chapters were popular and well-known, and far-reaching as the influence has been of the phrases borrowed from Esdras.

It is just possible, though not really probable, that Irenaeus and Justin may have drawn from these chapters a quotation which is found four times in the works of the former, and once in those of the latter; it is expressly referred by both to Isaiah or Jeremiah. Whatever the source whence they drew it, it will be as well to put the facts together. The passage from Justin is in *Dial.* 72, and is introduced as a passage which was removed from the book of Jeremiah by the unbelieving Jews.

Ἐμνήσθη δὲ κύριος ὁ θεὸς ἀπὸ Ἰσραὴλ τῶν νεκρῶν αὐτοῦ τῶν κεκοιμημένων εἰς γῆν χώματος, καὶ κατέβη πρὸς αὐτοὺς εὐαγγελίσασθαι τὸ σωτήριον αὐτοῦ.

Irenaeus has it in the following forms:

iii. 20. 4. Esaias ait : Et commemoratus est dominus sanctus Israel mortuorum suorum qui dormierant in terra sepultionis, et descendit ad eos euangelizare salutem quae est ab eo ut saluaret eos.

iv. 22. 1. Hieremias ait: Reconmemoratus est...praedormierant in terra defossionis...salutare suum ad saluandum eos.

iv. 33. 12. Alii autem dicentes : Rememoratus...(*om.* Israel)...dormierant in terra limi...salutare suum ut erigeret ad saluandum eos.

vi. 31. 1. Propheta ait de eo : Commemoratus est dominus sanctorum suorum, eorum qui ante dormierant in terra sepelitionis...salutare suum extrahere eos et saluare eos.

The fullest Greek original which we deduce from these several passages is:

Ἀνεμνήσθη δὲ κύριος (ὁ) ἅγιος Ἰσραὴλ τῶν νεκρῶν (*v. l.* ἁγίων) αὐτοῦ τῶν προκεκοιμημένων εἰς γῆν χώματος, καὶ κατέβη πρὸς αὐτοὺς εὐαγγελίσασθαι τὸ σωτήριον αὐτοῦ (*v. l.* τὸ ἀπ' αὐτοῦ) εἰς τὸ ἐγεῖραι αὐτοὺς καὶ σῶσαι (ῥύσασθαι) αὐτούς.

With this quotation (which strongly recalls a situation in the Gospel of Peter) two passages in 4 Esdr. ii. should be compared:

ii. 16. Et resuscitabo mortuos de locis suis et de monumentis educam illos, quoniam cognoui nomen meum in illis.

31. Filios tuos dormientes memorare (memorabor CM) quoniam ego eos educam de latibulis terrae et misericordiam cum illis faciam quoniam misericors sum, dicit Dominus omnipotens.

It will be seen that the point of these verses is very different from that of the quotation in Irenaeus. There the descent into Hell is the central fact; here it is the raising up of the saints out of their graves. The resemblance is really a superficial one. The text of the Esdras passage will be treated further on.

There are very few early references to chapters xv., xvi. The first is a supposed one by Tertullian (*adversus Marcionem* iv. 16):

Sed uobis dico, inquit, qui auditis, (ostendens hoc olim mandatum a creatore : *loquere in aures audientium*) diligite inimicos vestros, etc.

The editors refer these italicised words to xv. 1,

Ecce loquere in aures plebi meae :

but the resemblance is to my mind not at all convincing, though I cannot point to the true source of the quotation.

The next authority is equally, if not more, doubtful. In xvi. 60 the words occur 'qui extendit caelum quasi cameram,' and similar phrases are found in Hippolytus (*contra Noetum* 18, ὁ πήξας ὡς καμάραν τὸν οὐρανόν), and the Apostolical Constitutions

vii. 34 οὐρανὸς δὲ ὡς καμάρα πεπηγμένος : vii. 35 οἶδεν οὐρανὸς τὸν ἐπὶ μηδενὸς αὐτὸν καμαρώσαντα ὡς λίθῳ κύβον : viii. 12 ὁ τὸν οὐρ. ὡς καμ. στήσας.

But all the passages find a more probable source in Isa. xl. 22

ὁ στήσας ὡς καμ. τ. οὐρ. καὶ διατείνας αὐτ. ὡς σκηνὴν κατοικεῖν.

Ambrose (Ep. xxix.) comes to our aid again here :

Non utique de hoc tecto dicit, sed de illo: extendit caelum sicut cameram[1].

These are his words; and it has been pointed out (Bensly, p. 36 n.) that he is not quoting the passage from Isaiah, since in *Hexaemeron* (vi. 2) he cites that in the form

'qui statuit caelum ut cameram.'

---

[1] SA read quasi cameram : CM ut cam.

QUOTATIONS FROM THE ADDITIONAL CHAPTERS.   xliii

It seems, then, that in his time these chapters were already current in the version in which we possess them; and it is probable that they were also attached to chapters iii.—xiv.

Gildas, however, is the most copious quoter from these chapters. Professor Bensly has printed the passages *in extenso* (pp. 36—40) and has shewn that they agree with the text of Cod. A as against that of Cod. S.

The document which as a whole most intimately resembles these two chapters is part of the Sibylline Oracles, namely the books xi. (ix.) and xii. (x.), which also approach them in date. But here the resemblances are scattered over an area too wide to admit of full quotation.

Some characteristic lines, however, may be given here:

For the *sidus* of xv. 13, 35, 39, etc. compare:

Sib. Orac. ii. 35.   λάμψει γὰρ στεφάνῳ λαμπρῷ παρομοῖιος ἀστήρ.
       iii. 334.   ἐν δὲ δύσει ἀστὴρ λάμψει ὃν ἐροῦσι κομήτην,
                ῥομφαίης, λιμοῦ, θανάτοιό τε σῆμα βροτοῖσιν.
       v. 155.   ἀλλ' ὅταν ἐκ τετράτου ἔτεος λάμψει μέγας ἀστήρ.
       v. 158.   ἥξει δ' οὐρανόθεν ἀστὴρ μέγας εἰς ἅλα δεινήν.
       xii. 30 (Rzach.)   ἀλλ' ὁπότ' ἂν ἀστὴρ παντείκελος ἠελίοιο
                λαμπρὸς ἀπ' οὐρανόθεν προφανῇ ἔνι ἤμασι μέσσοις.
and xiv. 181.

The sudden plenty in xvi. 22.
       ii. 29.   καὶ τότε δ' εἰρήνη τε βαθεῖά τε σύνεσις ἔσται
              καὶ γῆ καρποφόρος καρποὺς πάλι πλείονας οἴσει.

The diminution of men xvi. 28.
       ii. 25.   λεῖψις δ' ἀνθρώπων ἔσται κατὰ κόσμον ἅπαντα,
              ὡς ἴχνος εἰ κατίδοι τις ἐπὶ χθονί, θαυμάσσειεν,
              ἀνθρώπου.

The 'rumpheae uolantes' of xv. 41.
       iii. 672.   ἀπ' οὐρανόθεν δὲ πεσοῦσαι
              ῥομφαῖαι πύρινοι κατὰ γαῖαν.

It will thus be seen that, with the possible exception of the Sibylline Oracles, we have no Greek evidence for chapters xv, xvi at all.

B. E.

6. *The Text of the Additional Chapters.*

I have already called attention to the fact that these chapters exist in two recensions, which differ from each other materially. One is represented by the French MSS. SA, the other by the Spanish MSS. CM(L). We have now to determine, if possible, which of the two has the best claim to be considered original. It is in chapters i., ii. that the most material differences are to be found, and to them we will for the present confine our attention.

The opening words of the first chapter are given in two radically different forms by the two groups of MSS., thus:

FRENCH (SA)	SPANISH (CM(L))
Inc. Liber Ezrae secundus (S) (tertius A)	Liber Esdre filius Cusi prophete sacerdos (L)
Liber Ezrae prophetae secundus (A *omits* secundus) filii Sarei, *etc.*—filii Aaron ex tribu Leui, qui fuit captiuus in regione Medorum in regno Artarxersis regis Persarum. Et factum est uerbum domini ad me dicens:	Verbum domini quod factum est ad Esdram filium Cusi in diebus regis Nabuquodonosor dicens:

The genealogy of Ezra given by the French text requires a word or two of comment. It contains nineteen steps exclusive of Ezra himself; and it is derived from the canonical Ezra (vii. 1—5: 3 Esdr. viii. 1, 2) with an addition of three steps (Achias, Finees, Heli) supplied from 1 Sam. xiv. 3, as Hilgenfeld has remarked. It differs materially from the priestly genealogy given in 1 Chr. v. 29 (vi. 1). Nothing whatever of this appears in the Spanish text, where Ezra is simply called the 'son of Cusi.' Now this name Cusi or Cushi is not one that occurs in any known genealogy of Ezra: and the question at once arises—why, if the longer genealogy is correct, should it ever have been omitted, and one for which there is no authority substituted for it? To my mind, this consideration furnishes a presumption in favour of the originality of the Spanish text in this particular.

But, if the name Cushi forms no part of the historical genealogy of Ezra, is there any other genealogy to which it is appropriate? It occurs thrice in the Old Testament. Once, as the designation of the messenger who brought David the news of Absalom's death (2 Sam. xviii.): again, in Jer. xxxvi. 14, as the name of the ancestor of Jehudi (son of Nethaniah, of Shelemiah, of Cushi): lastly in Zeph. i. 1: "The word of the Lord which came unto Zephaniah the son of Cushi, of Gedaliah, of Amariah, of Hezekiah, in the days of Josiah the son of Amon, king of Judah." The resemblance of this verse to the opening words of 4 Esdr. i. in the Spanish text is obvious and striking.

Another radical divergence between the two texts is in the matter of Ezra's date. The French text places his prophecy in the reign of Artaxerxes king of the Persians. The Spanish, in the days of king Nebuchadnezzar. Here again the French text draws upon the canonical Ezra (vii. 1: "Now after these things, in the reign of Artaxerxes king of Persia, Ezra the son of Seraiah, etc."), while the Spanish text is completely at variance with it.

The title prefixed to the chapters also calls for some notice. The two French authorities differ among themselves, A calling them the *third* book, and omitting the word "secundus" in the text, while S calls them the *second* book in title and text alike. The Spanish authorities also disagree, but less markedly: CM prefix no title (M has at the end *expl. liber secundus Esdre scribe:* but this applies to the whole of the book) but L has: The book of Esdras the prophet the son of Cusi, the priest (sacerdos). The curious *sacerdos* in the nominative must have some connexion, one fancies, with the *secundus* of S. Which is most likely to be original? Do we habitually find such designations as *first* and *second* applied to different books by the same author, *in the text*, not the title? In the New Testament there are such instances; the Acts and the Second Epistle of Peter especially. But in the case of the apocryphal or apocalyptic literature, I do not think we meet with the phenomenon. Enoch has its divisions—the Book of Similitudes, the Book of the Courses of the Lights of Heaven, etc.: but the Apocalypse of Baruch has no specified relation to the older Greek prophecy. In short, the evidence of analogy is scanty. But is the name *second book* really appropriate to the writing before us? It is, as we have seen, only supported by one primary MS. There is nothing in the text of the chapters which makes the name a probable one: and, as we can see for ourselves, the position in which it appeared was not invariably that of second. It has, in fact, no special fitness, and it is very inadequately supported.

On the other hand, we have only the word *sacerdos* offered to us as an alternative. In L it appears coupled with "prophete":

> Liber Esdre...prophete sacerdos (L)
> Liber Ezrae prophetae secundus (S).

And we can very easily explain its occurrence in L. For is not the word 'prophet' a very unusual designation for Ezra? Do we, in fact, find Ezra called a prophet anywhere in the Bible or Apocrypha at all save in this one passage? And, on the other hand, is not Ezra the *priest* a very usual designation? I believe that *sacerdos* is a correction of *prophetae*, which has made its way into the text of L and has in S (or an ancestor) been corrected in its turn to *secundus*.

It is possible that the two forms of the name of Ezra which we find in the two texts may have a bearing on the problem. The French form *Ezra* (ii. 33) is that which is used throughout the canonical book in Codex Amiatinus and in other leading MSS. of the Vulgate: and it is undoubtedly a more correct and Hieronymian form than the *Esdras* of the Spanish text, which is now also found in the Clementine Vulgate.

Thus far, then, in the points with which we have dealt (viz., the genealogy, the name and date of Ezra, the title of the book), the French text seems to be one corrected into agreement with the canonical Scriptures, while the Spanish text has preserved a number of striking divergences therefrom, which therefore have a presumption of originality in their favour. If I am right so far—and it seems to me that it would be difficult to account for the facts on any other hypothesis—we may fairly expect to find similar corrections in other parts of the French text. But we must not expect to find that the French text has preserved no good readings as against the Spanish. This is an important point. The Spanish text is palpably corrupt in many places: and all that I claim for it—and that provisionally—is a relatively greater originality: not one that extends to every syllable.

To proceed with our examination of the two texts:

THE TEXT OF THE ADDITIONAL CHAPTERS. xlvii

FRENCH.	SPANISH.
10, 11. Pharaonem cum pueris suis et omnem exercitum eius percussi. Omnes gentes a facie eorum perdidi, et in oriente prouinciarum duarum populum, Tyri et Sidonis, dissipaui et omnes aduersarios eorum interfeci.	ego Farionem cum pueris suis et omne (-em M) exercitu (-um M) eius *dimersi in mare. Nonne propter uos Bethsaydam ciuitatem euerti et ad meridianum* duas ciuitates Tyrum et Sydonem *igni cremabi* et eos qui aduersum eos fuerunt male interfeci?

The phrase *dimersi in mare* occurs again in the Spanish text of i. 16, but nowhere in the French text. Its originality is an open question. The next clause is much more startling. Clearly the Spanish text is here the more puzzling of the two. When was Bethsaida destroyed for the benefit of Israel? How can we account for the sudden introduction of it here? This last question it is not difficult to answer. The name of Bethsaida is doubtless borrowed from the passage (Mt. xi. 21) where it is coupled with Tyre and Sidon. Οὐαί σοι Χοραζείν, οὐαί σοι Βηθσαϊδάν· ὅτι εἰ ἐν Τύρῳ καὶ Σιδῶνι, κ.τ.λ. But this clear borrowing from the Gospels does not necessarily entail the conclusion that the form of text containing it is not the most original. The French text corresponding to these words is "I have destroyed *all nations* before them" and this text then proceeds to particularise Tyre and Sidon as having been scattered. If we are to judge between the two texts provisionally on grounds of probability, it seems to me that we must here again decide in favour of the Spanish. Bethsaida might well have been cut out of the text, where it was felt to be absurd, and the far tamer and vaguer reference to "all nations" substituted for it. But the temptation to insert Bethsaida merely because Tyre and Sidon were mentioned seems almost *nil*.

The next divergence is that the French text says that Tyre and Sidon are *in oriente,* the Spanish *ad meridianum*. The phrase "in the East" has led to the conjecture that the writer lived in the West (Gutschmid, quoted by Hilgenfeld, p. 206). I fail however to see any motive for the alteration of East to South by the author of the Spanish text: and it has occurred to me that the reading *ad meridianum* may very possibly be the original one. I take it to be a reference to a book already quoted, that of

Zephaniah (ii. 4) where the LXX. reads: Διότι Γάζα διηρπασμένη ἔσται, καὶ 'Ασκάλων εἰς ἀφανισμὸν καὶ ῎Αζωτος μεσημβρίας ἐκριφήσεται: "Ashdod shall be taken at noon-day." The ambiguous μεσημβρία was taken to mean the quarter of the compass, not the time of day: and this was further corrected in the French text to "East," a quarter of the compass which would suggest itself as being more accurate.

I pass over some apparently less instructive differences, and come to

15, 16. Et illic murmurastis. Et non triumphastis in nomine meo de perditione inimicorum uestrorum sed adhuc nunc usque murmuratis.

Et illic murmurastis. Persecutorem uestrum cum exercitu eius dimersi in mare. et adhuc murmurat populus et ipsi (ipse M) de perditione eorum.

Here the Spanish text seems better in its definite mention of the *inimici* referred to in the French text, and worse in its almost total omission of the clause *Et non—inimic. uestr.* which, to my mind, ought to hold its place. The occurrence of *murmurastis* and *murmuratis* may well have led to the omission in each text of one sentence.

19. Dedi mannam uobis in escam, panem angelorum manducastis.

Mannam uobis dedi manducare et manducastis.

The assimilation to the Psalm (lxxviii. 25) in the French text is natural—more natural, as it seems to me, than the omission of such a phrase if it already existed. Here there is no temptation to omit, for there is no absurdity to be got rid of, as was the case in v. 11.

20. Propter aestus folia (foliis A**) arborum uos texi.

Et propter estum arbores uobis foliis tectis (tectas M) creaui.

The French text may here represent a correction made in order to point the reference to Exod. xv. 27 (the stay at Elim) instead of to a Jewish fable of which the corrector knew nothing.

21. Chananeos et Ferezeos et Philistinos (Philistheos).

Chananeos, Cettheos, Perezeos, et filios eorum.

The *filios eorum* of the Spanish text is very likely a corruption of an original *Filistinos* or *Filisteos*.

22. In deserto cum essetis in flumine   In deserto cum essetis in flumine
    amorreo.   amaro.

Here the Spanish text has clearly kept the right reading, the reference being to Exod. xv. 23 (the water of Marah).

23. Non ignem uobis pro blasphemiis   Non indigne tuli.
    dedi.

It is difficult to decide between these variants: but that they have a common element in the letters *igne* is plain: whence I gather that the discrepancy arose in the Latin and not in the Greek original. But whether the more elaborate French text with its contrast between *ignis* and *aqua* or the simpler Spanish form be the more original, I confess myself unable to settle.

25. Quoniam me dereliquistis, et   Nam qui me dereliquerunt petentes
    ego uos derelinquam: petentibus   misericordiam, non miserebor
    uobis a me misericordiam non   corum.
    miserebor uestri.

The roughness of the Spanish text has an air of originality: *petentes* may be an accusative absolute; compare *offerentes* in v. 31.

We here approach a mosaic of Biblical quotations:

26. Quando inuocabitis me ego non
    exaudiam uos (from Prov. i. 28):
    Erit enim quando inuocaberint
    me, ego non exaudiam eos, macu-   maculaberunt enim animas suas et
    lastis enim manus uestras san-   manus sanguine maculatas ha-
    guine.   bent.

Cf. Isa. i. 15, "your hands are full of blood." Here it seems that the French text represents an assimilation to the Biblical source in two points. First, in the use of the second person as against the third: secondly, in the omission of the words "animas suas et."

26. Pedes uestri inpigri sunt ad   Pedes uestri non (+sunt M) pigri ad
    committenda homicidia.   effundendum sanguinem.

Cf. Prov. i. 16, Isa. lix. 7, Rom. iii. 15. Here the Spanish text "ad effundendum sanguinem" is more of an assimilation to Biblical language than the French. On the other hand the French text avoids the clumsy repetition of "sanguis," and "non sunt pigri" is less smooth and obvious than "inpigri sunt."

INTRODUCTION.

30. Ita uos collegi ut gallina filios   Ita enim collegi uos, ut gallina pullos
    suos sub alas suas.   suos sub alis suis.

Cf. Mt. xxiii. 37, *ap.* Cypr. *Testim.* i. " colligere filios suos, sicut gallina pullos sub alas." The African Latin has *colligere*, not *congregare* (Vulg.), and omits the verb in the second part of the sentence. [Cypr.] *de Jud. incred.* " colligere filios tuos, sicut gallina colligit *filios* suos sub assellas suas." Aug. *qu. in Matth.* " congregare fil. tu. sicut gall. congregat *filios* suos sub alas." Hence it is clear that the *filios* of SA is in accordance with an Old Latin tradition, and should be retained in the text.

31. Oblationes mihi cum obtuleritis   Immolationes mici offerentes(-ibus M),
    auertam faciem meam a uobis;   uertam (auertam M) oculos meos
    dies enim festos uestros et neo-   a uobis: dies festos et neomenias,
    menias et circumcisiones carnis   sabbata et circumcisiones non
    repudiaui.   mandabi uobis.

Isa. i. 13 " Ne offeratis ultra sacrificium frustra...Neomeniam et sabbatum et festiuitates alias non feram...15 et cum extenderitis manus uestras, auertam oculos meos a uobis."

Here is a passage which cuts both ways. The Spanish text " oculos meos" is more like the Biblical source than the French. But on the other hand, the French text seems to have corrected a glaring misstatement when it reads "repudiaui" and not "non mandaui uobis." It is difficult to conceive the converse process: had the author written *repudiaui*, who could have thought of changing it to *non mandaui*, which is apparently so false a statement?

32. Ego misi pueros meos prophetas ad uos, quos acceptos interfecistis
    et laniastis corpora illorum: quo-   et laniastis corpora apostolorum: quo-
    rum sanguinem exquiram.   rum animas et sanguinem ex-
                                         quiram.

Pueros meos prophetas: so in ii. 1 (18). The usual Latin is 'seruos': but Cypr. *de laps.* has "uerba puerorum tuorum prophetarum" (Dan. ix. 6): Lucifer 56[24] "locutus est Dominus in manu puerorum suorum prophetarum": 56[20] " puer meus Moyses."

Mt. xxiii. 34. ἐγὼ ἀποστέλλω πρὸς ὑμᾶς προφήτας καὶ σοφοὺς καὶ γραμματεῖς. ἐξ αὐτῶν ἀποκτενεῖτε καὶ σταυρώσετε...ὅπως ἔλθῃ ἐφ' ὑμᾶς πᾶν αἷμα κ.τ.λ.

Lc. xi. 49. ἀποστελῶ εἰς αὐτοὺς προφήτας καὶ ἀποστόλους καὶ ἐξ αὐτῶν ἀποκτενοῦσιν καὶ διώξουσιν...ἵνα ἐκζητηθῇ τὸ αἷμα κ.τ.λ.

THE TEXT OF THE ADDITIONAL CHAPTERS. li

The passage in St Luke is evidently the source here, as is seen by the use of *exquiram*; and the Spanish text has kept to it more closely than the French, in its retention (as I cannot help calling it) of *apostolorum*. The *illorum* of the French text seems weak. It is more forcible to say "ye have slain the prophets and wounded the bodies of the apostles" than "ye have slain the prophets and wounded their bodies." The word *laniastis* is perhaps the equivalent of τραυματίσαντες in the Parable of the Wicked Husbandmen (Lc. xx. 10—12)[1].

The temptation to get rid of the mention of apostles (here and in i. 37) from a *soi-disant* Old Testament prophecy is an evident one: and though I am well aware that the words "Christian interpolation"—a catchword of modern criticism—lie very ready to the reader's lip, I am sure that the tendency to make a forgery look more plausible must also be taken into account. We are dealing now with what is in any case a very bald Christian forgery: and the belief is gaining upon me as I examine it, that it was much balder when it left the writer's hand than it is in the French text.

It is at this point that the passage, part of which is quoted in the Acts of S. Silvester, occurs in M. I think it most likely that it has been omitted in C by homœoteleuton, and that it is to be regarded as an integral part of the Spanish text. The omission would be exceedingly easy: we have

32. exquiram dicit dominus. 33 Hec dicit dominus omnipotens. contendam dicit dominus. Hec dicit dominus omnipotens.

The omission by homœoteleuton in the French text is also possible; but I incline to believe that the passage, being original, was omitted there of set purpose, as being too obviously Christian. It should be noted that the words "Nouissime et in me manus uestras iniecistis" are an echo of the language of the Parable of the Wicked Husbandmen (Mt. xxi. 37 Nouissime autem misit ad eos filium suum).

[1] Or is it possibly a corruption of *lapidastis*: cf. Mt. xxiii. 37, Lc. xiii. 34 Jerusalem quae occidis prophetas et lapidas eos qui ad te missi sunt (τοὺς ἀπεσταλμένους πρὸς αὐτήν)?

36. Prophetas non uiderunt et me- | Profetas non uiderunt, et memores
morabuntur antiquitatum eorum. | sunt antiquitatum (-is M) eo-
37. Testor populi uenientis gratiam | rum. Testantur (testati sunt M)
cuius paruuli exultant cum lae- | apostoli populum uenientem
titia, me non uidentes oculis | (populo uenienti M) cum laetitia
carnalibus, sed spiritu credent | me autem non uidentes oculis
quae dixi. | carnalibus spiritu credunt et que
 | dixi audierunt.

The Spanish text here seems to preserve a parallelism which is lost in the French. Prophets are again coupled with Apostles. But it seems inadequate, God being the speaker, to make Him say, as the French text does: "I bear witness to the grace of the coming people." I suspect, however, that the French text has rightly retained the words "cuius paruuli exultant." Their omission in the Spanish text may be accounted for by the similarity between *cuius* and *cum*. The original text I imagine to have been:

Testantur apostoli populum uenientem cuius paruuli exultant cum laetitia.

39. Quibus dabo ducatum Abraham | Cui dabo ducatum cum Habraam,
Isaac et Iacob et Osee et Amos | Isaac et Iacob, Elia et Enoc,
et Micheae et Johelis et Abdiae | Zaccaria et Ose, Amos, Ioel,
et Jonae | Mice, Abdia,
40. Et Naum et Abacuc, Sophoniae, | Soffonia, Naum, Yona, Mattia
Aggei, Zachariae et Malachiae | (Mathathia M), Abbacuc, et
qui et angelus domini uocatus | angelos duodecim cum floribus.
est. |

This list of names, curiously bald and inartistic as it is, seems to me to afford a good instance of the way in which our document has been manipulated. In the French text we have a perfectly smooth and straightforward series of persons—the Three Patriarchs and the Twelve Prophets, in the order in which their writings are contained in the LXX. But in the Spanish text, the collection of names is almost miscellaneous. The Three Patriarchs head it: then follow the Two Immortals, eleven of the Twelve Prophets in no recognisable order (for it is probable that "Mathathia" must be regarded as a corruption of "Malachias," and not as the Maccabean hero): the procession being closed by twelve angels with flowers. Whatever the principle which guided the author in his selection, I cannot doubt that it is a more original one

THE TEXT OF THE ADDITIONAL CHAPTERS.   liii

than the tame and obvious series of the French text. No plausible reason suggests itself to me for the alteration of that text into the Spanish form; while the desire of producing something intelligible might well have operated with just such results as we see in the French text. It is possible that out of the words "Mathathia...et angelos xii cum floribus" has been evolved the closing phrase "Malachiae, qui et angelus domini uocatus est."

I would note that in a Greek Apocalypse of Baruch, which I hope shortly to print, Angels are introduced "φέροντες κανίσκια γέμοντα ἄνθη (or ἀνθῶν)" which flowers represent the "ἀρεταὶ τῶν δικαίων." The image is not otherwise known to me. Compare also, for the list of names, *Sib. Orac.* ii. 245 :

ἥξει καὶ Μωσῆς ὁ μέγας φίλος ὑψίστοιο
σάρκας δυσάμενος· Ἀβραὰμ δ' αὐτὸς μέγας ἥξει,
Ἰσαὰκ ἠδ' Ἰακώβ, Ἰησοῦς Δανιὴλ Ἠλίας
Ἀμβακοὺμ Ἰωνᾶς τε καὶ οὓς ἔκτειναν Ἑβραῖοι,

a passage which is so like ours in construction as to suggest a literary connexion with it.

ii. 2. Mater quae eos generauit dicit   Matrem sibi progeneraberunt que
        illis.   dicit eis.

The Spanish text, if original, would obviously call for correction: and I do not see that it is easily accounted for as a corruption of the French. The French corrector may here have made a successful conjecture, just as in cc. iii.—xiv. the scribes of later MSS. have often corrected the text of S quite rightly.

Bensly (*M. F.* p. 24 note) has called attention to the obligation of the writer in this and other similar verses to the Book of Baruch.

8, 9. Memorare quid fecerim Sodomae   (Memorare M) quid fecerim Sodomae
       et Gomorrae, quorum terra iacet   et Gomorrae, quorum terra de-
       in piceis glebis et aggeribus cine- scendit usque ad infernum.
       rum.

The divergence from the French text is a remarkable one. The words "descendit usque ad infernum" are no doubt a reference to Mt. xi. 23 (usque in infernum descendes: spoken of Capernaum). Here is an assimilation to Biblical language which seems adverse to the originality of the Spanish text. I am not sure that it is so in reality. The French text here, if more picturesque, is clearly more in accordance with Biblical history, and would be quite intelligible as a learned correction. It is, moreover, quite conceivable that the allusion to the Gospels should have escaped a corrector's notice. The same passage (Mt. xi. 21) has been already drawn upon by the Spanish text in i. 11.

These verses (ii. 8, 9) with their abrupt introduction of Assur and Sodom and Gomorrah are curious. I cannot help thinking it remarkable also that they find a parallel in Zephaniah (ii. 9: "Moab shall be as Sodom, and the children of Ammon as Gomorrah : 13, he will destroy Assyria ").

15. complectere filios tuos, educa (sicut mater complectitur filios ita educam A *secunda manu*) illos cum laetitia sicut columba confirma pedes eorum.

(·re M) conplexa filios tuos et da illis letitiam: sicut columba que ducit filios suos confirma pedes eorum.

Complectere is a more literary word than *conplexare*. *Educa illos cum laetitia* may be right as against the Spanish text: but it may also be a repetition from v. 3 above, where that text gives it correctly.

sicut columba. In the LXX. of Zephaniah (iii. 1) a city is, as here, compared to a dove : ὦ ἡ ἐπιφανὴς καὶ ἀπολελυτρωμένη πόλις, ἡ περιστερά. The Spanish addition, *que ducit filios suos* may very possibly be an explanatory gloss. The obscurity of the simple *columba* led the scribes of some late MSS. (followed by Coverdale) to the conjecture *columna*. Note that *filios*, not *pullos*, is here the reading of the Spanish text in a clause omitted by the French.

18. pueros meos Isaiam et Hieremiam, ad quorum consilium sanctificaui et paraui tibi arbores XII grauatas uariis fructibus.

pueros meos Iheremiam Esayam et Danielem ad quorum consilium sanctificaui te et para (parabo M) tibi arbores XII aliis et aliis fructibus.

My view is that here the French text presents a phenomenon similar to that of i. 40. The prophets here mentioned have been placed in their proper chronological order, and Daniel has been omitted ; perhaps as living too near Ezra's date. The Spanish

THE TEXT OF THE ADDITIONAL CHAPTERS.   lv

sanctificaui te is clearly to be adopted: there would not be much point in sanctifying the twelve trees. Again, *grauatas uariis fructibus* reads like a scholar's correction of the loose Latin *aliis et aliis fructibus*. Moreover *parabo* (M) makes the last clause into a promise to send the twelve Apostles, who are thus once more found in connexion with the prophets.

vv. 20—23 contain a mosaic of quotations: the words of Isaiah (i. 17) and the works of mercy (Mt. xxv.) are prominent. Note that one MS. (C) of the Spanish text uses sometimes the plural, sometimes the singular (iustificate, iudicate, subministra, tuere, etc.): the plurals are found also in Isaiah (iudicate pupillo, defendite uiduam): the other MS. (M) has singulars always; and the French text uses the singular throughout. Is this due to a desire for uniformity?

The Vulgate has (Isa. i. 17) "iudicate pupillo, defendite uiduam," but Lucifer and Cyprian "iudicate pupillo et iustificate uiduam."

21. claudum inridere noli tutare mancum et caecum ad uisionem claritatis meae admitte Senem et iuuenem intra muros tuos serua.	claudum inridere noli sed tuta (-re M) luscum ad uis. clar. mee admitte. Senem *etc.* collige. Infantes tuos custodi: serui et liberi tui letentur, et caterva tua omnis cum iucunditate erit.

I am willing to believe that "sed tuta" may be wrong in C: but I see no reason for doubting the genuineness of the three added clauses. We shall see in a moment why the French text has omitted them.

23. Mortuos ubi inueneris signans commenda sepulchro, et dabo tibi primam sessionem in resurrectione mea.	Mortuos tuos ubi inuenero (in numero *om.* ubi M) suscitabo : signa prospiciam et dabo eis primam sessionem in resurr. mea.

The two texts give radically different complexions to the beginning of this verse. In the French text it is an injunction, in the Spanish, a promise. But the substance of the words is important. In the French text they are an injunction to bury the dead wherever found, and to *sign* or *seal* them: which last may either mean to sign them with the cross or some Christian symbol—or else may mean "seal the sepulchre." Now it is important to notice that this duty of burying the dead is one of the regular works of mercy. The list of these works is founded upon Matt. xxv. 35, 36, where six of them are enumerated, namely, feeding the hungry, giving drink to the thirsty, taking in the stranger, clothing the naked, visiting the sick, relieving the prisoners. To these a seventh was added under the influence of the Book of Tobit (cf. i. 20 Vulg. Esurientes alebat, nudisque uestimenta praebebat, et mortuis atque occisis sepulturam sollicitus exhibebat): this was the Burial of the Dead. Thus, in the text before us we find the seventh work of mercy symmetrically and smoothly placed at the end of a series of precepts which enjoin the performance of similar duties.

Now as to the Spanish text. The sense of it is: "Thy dead in their number I will raise up: I will look upon the signs and will give them the first seat in my resurrection." We must, I think, prefer the *in numero* of M to the *ubi inuenero* of C, in the light of such passages as *v.* 27 "requiram de numero tuo," 40 "accipe...numerum tuum," 41 "inple numerum eorum." The general thought is practically the same which we have already had in *v.* 16 (I will raise up the dead out of their places...for I have seen my name upon them): and a similar promise is to come in *v.* 31. It is then in the style of our author: are we to regard it as merely an imitation of that style? I own that I do not see any sufficient reason for rejecting it, any more than the three clauses which precede it. But the corrector who, according to my notion, manufactured the French text, had some temptation to get rid of those three clauses if he wished to round off his list of works of mercy with the orthodox ending; while the obscurity of *v.* 23 would further tempt a corrector, more especially if he happened to mistake *signa* for an imperative. I cannot, lastly, understand how the French text, smooth and easy as it is, could have got altered into the Spanish form.

29. Manus meae tegent te ne filii tui gehennam uideant.   Me tremunt (Mater uult M) omnia: oculi mei geennam uident.

This pair of readings, like the last, can only be explained on the hypothesis of an intentional alteration. The Spanish text gives us a sentiment like some of those in Esdras' prayer in c. viii. (e.g. *v.* 23: cuius aspectus arefacit abyssos), or those in c. xvi. (58: qui scrutat abyssum).

THE TEXT OF THE ADDITIONAL CHAPTERS.   lvii

It is probably quite right and genuine in the form in which C presents it. The French text has altered it because its connexion with the context was not superficially obvious. But that connexion is a real one. The elect are not to fear the nations, because God, who is omnipotent, is on their side. In M there is an undoubted corruption: and this may have been before the French corrector and induced him to make his changes.

31. Filios tuos dormientes memorare quoniam ego (*om.* A) eos educam de $\begin{cases} \text{latilibus S} \\ \text{latibolis A}^{\text{u}} \end{cases}$ terrae et misericordiam (+meam A) cum illis faciam.

Filios tuos $\begin{cases} \text{morientes memorabo M} \\ \text{dormientes memorabor C} \end{cases}$ quoniam ego illos exquiram de latitudine terrae, et $\begin{cases} \text{confirmare M} \\ \text{confirma mare C} \end{cases}$ in amplitudine glorie tue et misericordiam $\begin{cases} \text{fac M} \\ \text{faciam C} \end{cases}$

The relation of this verse to an apocryphal quotation in Justin and Irenaeus has already been discussed.

Several difficulties occur here: *morientes* of M and probably also *fac*, are, I think, to be rejected: the latter is probably due to the influence of the preceding *confirmare*, interpreted as an imperative. The whole clause (*et conf.—glorie tue*) should be retained. The question between *latilibus* (of which *latibulis* may be an emendation) and *latitudine* is more difficult: and *confirma mare* is clearly corrupt. A conjecture which occurred to me is relegated to a foot-note[1].

---

[1] Can *latilibus* of S be a corruption of *uolatilibus*? and does *confirma mare* conceal the true reading?—*mare* would correspond well with *terra*. "I will require them of the fowls of the earth and of the fish of the sea" would be the obvious sense: and it is rather curious that ἰσχυσον, the equivalent of *confirma*, is not a difficult corruption of ἰχθύων. The Greek sentence would run ἐκζητήσω αὐτοὺς ἀπὸ πετεινῶν τῆς γῆς καὶ ἰχθύων θαλάσσης. The words *in amplitudine glorie tue* then fall into place, as meaning "when thy glory is fulfilled."

For the sense compare *Sib. orac.* ii. 233,

ὅσσας δ' ἐν πελάγεσσιν ἀπώλεσε κῦμα θαλάσσης
ἠδ' ὁπόσας θῆρές τε καὶ ἑρπετὰ καὶ πετεηνὰ
θοινήσαντ', ἀλέας ταύτας ἐπὶ βῆμα καλέσσει.

Enoch lxi. 5. And these measures will reveal everything that is hidden in the depths of the earth, and those who have been destroyed by the desert, and those who have been devoured by the fish of the sea and by the beasts, that they may return and stay themselves on the day of the Elect One.

32. praedica illis misericordiam.   praesta aliis misericordiam.

Both these readings are tolerable: but the Spanish one fits best with what follows. "Show mercy to others" is the meaning, "for God's mercy is inexhaustible." "Proclaim mercy to them" is smooth, but conveys less. So too, in the words just preceding, we have

amplectere natos tuos   confirma natos tuos.

Confirma has already occurred four times in this text: it is tautological, but characteristic. Twice has the supposed French corrector eliminated it, and here again he has every temptation to do so.

33. Ego Ezra (Ezram) accepi praeceptum a domino
in monte Choreb (Choreph S,   in monte Cobar (Chobar M) ad Ishī
oreb A) ut irem ad Israel.   (=Israhel).

Here again all is smooth and plausible in the French text. Horeb is a natural place for a commission to be given. Cobar is (if Chebar be meant) a river, only mentioned by Ezekiel. The insertion of *ut irem* gives an easier run to the sentence, just as, in the following verse, *Ideoque* smooths the abruptness away, and *gentes* points a contrast which, though evident, is unexpressed in the other text.

34. in proximo est ille qui in finem   in proximo est finis seculi et diminutio
saeculi adueniet.   hominum.

The French text here refers back, I suppose, to *pastorem uestrum*. It is again plain and easy: *diminutio hominum*, on the other hand, is a phrase of which the meaning might be missed by a person who forgot the predictions of c. vii. 29, 30 and xvi. 28.

36, 37. Fugite umbram saeculi huius,   Fugite umbram seculi huius captiui-
accipite iocunditatem gloriae   tatem gloriae uestrae : testor
uestrae : ego testor palam salua-   saluatorem meum mandatum
torem meum. Commendatum   esse a domino : uos accipite
domini accipite et iocundamini.   (iocunditatem†gloriae uestrae M).

The clause *ego testor palam saluatorem meum* has always seemed to me unsatisfactory and purposeless. It is usually rendered "I bear witness openly to my saviour." The word *testor* is a favourite one with our author. In i. 37 we have *Testor populi uenientis gratiam*, or, as the other text has it, *Testantur apostoli*

THE TEXT OF THE ADDITIONAL CHAPTERS. lix

populum uenientem, the apostles call to witness the coming people: a reading which I have tried to shew reason for preferring. In ii. 5 *ego te, pater, testem inuoco super matrem filiorum:* ii. 14 *testare* (or *testor*) *caelum et terram,* "call heaven and earth to witness."

The ordinary rendering would require, it seems to me, "saluatori meo." The words, as they stand, naturally mean "I call my saviour openly to witness," or, "I bear witness openly that my saviour..." But whether the phrase is a correct one or not, I think it is clear that the Spanish text gives a better and fuller meaning. "I testify that my saviour hath been commanded of the Lord," i.e. that the saviour is coming, to accomplish the number of the elect and to fulfil their joy. In the same way I take it that *captiuitatem gloriae uestrae* is too unusual and striking an expression to be the result of a mere blunder. It is clear from the occurrence of the words *iocunditatem gloriae uestrae* in M (and in the French text) that these last do belong to the original document and were wrongly omitted by C; no doubt the omission is due to the double recurrence of the letters—*itatem gloriae uestrae*—which has led the French text to do away with one phrase and C to leave out the other. The supposed French corrector no doubt understood his *commendatum Domini* as the equivalent of παραθήκη in 1 Tim. vi. 20 (ὦ Τιμόθεε, τὴν παραθήκην φύλαξον).

42. turbam magnam quam numerare non potui.	turbam magnam quam numerare nemo poterat.

An assimilation to Rev. vii. 9 is original in the Spanish text, and the other has rejected it.

43, 44. Ego autem miraculo tenebar. Tunc interrogaui.	Ego autem mirari cepi et interrogabi.
45. confessi sunt nomen dei.	confessi sunt nomen fili dei.

In the first of these two places it seems to me that the French text is the more literary: it strives to link the sentences together, as above in *v.* 34 and below in *v.* 47, *Qui respondens* (as against *Et respondens*). For *cepi* compare *v.* 47, where both texts have it.

B. E.

INTRODUCTION.

In the second place the French text has removed a Christian touch. C has probably gone wrong in putting in *uitam* in *v.* 45.

46. qui eis coronas inponit et palmas   qui eis coronas dat et palmas.
    in manus tradit.

My feeling is that here again a literary corrector has been at work to produce the rather elegant French text: but of course it is possible that the other may be at this point a shortened text, though it does not often err in that direction.

47. ego autem magnificare eos coepi   ego uero laudare et magnificare cepi
    qui fortiter pro nomine domini   dominum.
    steterunt.

The idea contained in the French text is not a very usual nor, I think, a very early one: it might even be taken as characteristic of an age when reverence for saints and martyrs had developed very considerably.

I must now bring to an end this lengthy (though not exhaustive) survey of the two texts of cc. i., ii. The variants are not all of equal importance; and it is not improbable that I have misinterpreted some and overrated the importance of others. Yet I think that I have pointed out some which it will tax the ingenuity of supporters of the French text to explain. Among these I would reckon the difficulties presented by the opening verses, and by i. 11, i. 33 (in Cod. M), i. 39, 40, ii. 9, ii. 23.

It is noteworthy that the original translator of these chapters has employed an old Latin text. In addition to the instances quoted on i. 30, 32, ii. 15, 20 a couple more may be cited.

    i. 8. populus indisciplinatus. Lucifer 4^{17} cites Num. xvi.[1] 21 thus "secedite e medio populi huius indisciplinati contumaces et disperdam eos ego." The Vulgate has "e medio congregationis huius" omitting the epithets. The word seems to be African: cf. Rönsch, *Itala und Vulgata*, 143.

    ii. 16. de monumentis educam illos. Ezek. xxxvii. 12. Cypr. *Test.* "educam uos de monumentis (*Vulg.* sepulcris) uestris."

Another question arises here touching the differences between C and M. The answer to it will best be given by the construction of a comparative table of their principal variants.

THE TEXT OF THE ADDITIONAL CHAPTERS. lxi

		C	M
1	i. 4	Cusi	Chusi
2	5	filiis eorum	fil. ipsorum
3		admiserunt ad me Filiis autem eorum nuntient	ammiserunt in me (cf. SA) Filii autem eorum nutrient
4	6	peccata patruum suorum	pecc. patrum ipsorum
5		creberunt	increuerunt
6		obliti sunt in me	om. in (so SA)
7	8	concute comam capitis tui et excute hec omnia mala super eos quoniam non obedierunt	Concite non obaudierunt
8	9	Vsquequo eos sustinebo (SA)	Vsq. eum sust.
9		in illis contuli	in illum cont.
10	10	propter eos (SA)	propter eum
11		et omne exercitu	et omnem exercitum (SA)
12	11	aduersum eos	adu. uos
13	12	Tu uero loquere ad eos dicens: haec dicit Dominus (SA)	om.
14	13	columna nubis	col. ignis (SA)
15	15	coturnix uobis in signo fuit (SA)	cot. uob. in cibo fu
16	16	populus et ipsi	pop. et ipse
17	18	in hoc desertum (SA)	in h. deserto
18	19	mannam (SA)	manna
19	20	excidi (SA)	scidi
20		propter estum	estam
21		arbores uob. foliis tectis creabi	tectas creaui
22	21	quid uobis faciat adhuc	faciam
23	26	non pigri	non sunt pigri
24	29	in patrem	in patre
25	30	Leta	Ita (SA)
26		dicam proiciam	dicam uobis proic.
27		a facie mea (SA)	om. mea
28	31	Immolationes mici offerentes uertam	Imm. m^i offerentibus auertam* (*SA)
29		neomenias (SA)	neomeniam et
30		non mandabi uobis	n. mand. uobiscum
31	33	passage omitted in C, see above	contained in M
32	34	quod malum est coram me (SA)	qu. mal. in conspectu meo est
33	35	domos uestras (SA)	dom. eorum
34		qui te non noberunt	qui non nou.
35		quibus signa non hostendo (ostendi SA)	hostendisti
36	36	memores sunt antiquitatum*(*SA)	memores antiquitatis
37	37	Testantur apostoli populum uenientem	testati sunt ap. populo uenient
38	40	Mattia	Mathathia

		C	M
39	ii 4	que uidua sum	quia (SA)
40	6	Vt tu des	Vt des (SA)
41	7	deleatur de terra	del. a terra (SA)
42	8	abscondes	abscondis (SA)
43		ciuitas mala quid feci	ciu. m. memorare quid f. (SA)
44	11	Vt sumant	Et sumam (SA)
45		et dabo eis (SA)	et d. illis
46	15	conplexa	conplexare
47		et da	da
48		que educit fil. su. confirma	que educat f. s. et conf.
49	18	et para tibi	et parabo tibi
50	19	quos parabi tibi et fil. tuis	quos paraui fil. tu.
51	20	Viduam iustificate	V. iustificato
52		pupillo iudicate egenti* (*SA) subministra	pupillum iudica* (*SA) egentibus subm.
53	21	tuta	tutare (SA)
54		claritatis meę (SA)	clar. tuae
55	22	cum iucunditate erit	cum iocund. tua erit
56	23	mortuos tuos ubi inuenero (ubi inueneris SA)	mort. tu. in numero
57	26	nemo ex illis interiit nemo ex eis interiet (SA)	nemo interiet
58	27	conseruabo eos	confirma eos
59	29	Me tremunt omnia	Mater uult omnia
60	31	Filios tuos dormientes* (*SA) memorabor	fil. tu. morientes memorabo
61		confirma mare	confirmare
62		misericordiam faciam	miseric. fac
63	32	Confirma natos	Comprime n.
64	33, 34	respuerunt mandatum* (*SA) hoc. Vobis dico	resp. mandata. Hoc uob. dico
65	37	accipite, gratias agentes	acc. *iocunditatem gloriae* uestrae* (*SA) grat. ag.
66	39	splendidas tunicas (SA)	spl. coronas
67	40	legem dei	leg. domini (SA)
68	41	inple numerum eorum	imple numerum
69		populus qui* (*SA) uocatus est	pop. quoniam uoc.
70	43	omnibus illis eminens* (*eminentior SA)	omn. illis preminens
71		in capite	in capita
72	44	et dixi ei	om. ei (SA)
73	45	Et respondens* dixit mici (*SA)	Et respondit et dix. m.
74		inmortalem uitam sumserunt	om. uitam (SA)
75		nomen fili dei	nomen dei (SA)
76	47	Et ille respondit mici	Et ipse resp. m. et dixit

THE TEXT OF THE ADDITIONAL CHAPTERS. lxiii

Among these readings we can pick out some at once and class them.

Mistakes of C.	*Mistakes of M.*
(1) Omissions.	(1) Omissions.
Nos. 23, 26, 29, 31, 43, 48, 65.	Nos. 7, 13, 27, 36, ?55, 57, 68.
(2) Insertions.	(2) Insertions.
6, 40, 74.	55.
(3) Clear blunders.	(3) Clear blunders.
11, 21, 22, 25, 35, 49.	3, 59, 60.
(4) Apparent Corrections.	(4) Apparent Corrections.
14, 17, 18, 56, 73.	15, 28, 66.

The method here employed is a very rough and ready one: but it will serve as well as another to indicate the situation; and the result rather favours the text of M as against C. Neither of the MSS. shows any marked tendency to correct in accordance with the French text. Where one MS. agrees with SA against the other, the solitary divergent authority has in most cases been guilty of a blunder. For instance, in no. 11 the marks of contraction over the accusative cases are wanting in C: no. 14 is possibly a correction in C: no. 15 most likely an emendation in M: nos. 17—19 are in the nature of grammatical corrections, which need not imply any knowledge of SA on the part of C: nos. 22, 25, 27 are blunders, two in C, one in M: no. 29 a correction in C, very likely independent of SA: no. 32 looks more like a correction of CSA: nos. 39—43 are blunders in C: no. 54 is indecisive: no. 56 an emendation also appearing in SA: nos. 57, 59, 60, mistakes in M: no. 66 probably a correction in M: no. 74 an insertion in C.

My examination of the Spanish text of cc. i. ii. led me to the conclusion that it had preserved on the whole an older form of the original version than the French. We have now to examine the text of cc. xv., xvi. with the view of finding an answer to the question as to which is to be considered the purest form of the text of those chapters. The character of the document which we are now to study differs radically from that of the first two chapters. It is an imitation of the prophetical invective of the Old Testament; and though the apocalyptic element does enter into it to some extent, it is mainly inspired by such writings as those of Isaiah, Jeremiah, Nahum, and Joel. It might almost be a Jewish composition—at least the Christian touches are faint and few. There appears to be no reason for dissenting from Gutschmid's theory that it belongs to the latter part of the third century (cir. 268 A.D.). To myself it is far less interesting than cc. i. ii., being monotonous and long-winded to the last degree, though a certain measure of vigour cannot be denied to it.

In these chapters we cannot from the first so clearly mark off a French and a Spanish text as we have been doing: the text of S differs considerably from that of A, as Professor Bensly has pointed out (*M. F.* p. 35 sqq.), and as a glance at the critical apparatus of this edition will show. In some verses (e.g. xvi. 20) the differences are so numerous that we might almost imagine that we had two different versions of the Greek before us. Further, Professor Bensly has shown that the form of text found in A agrees with that used by the British writer Gildas in his Epistle. We shall soon see what the bearings of these phenomena are.

Now the relations of the Spanish text to those of SA are curious. In xv. 1—20 there are a fair number of variants, some of which are important: in 21—28 there are few: from 29—57 they increase: while between xv. 58 and xvi. 31 the agreement with S (not with A) is most marked. Suddenly the variations begin again, and from 32—78 they are very numerous; indeed, in *vv.* 36—41 one is tempted to call them an independent version of the Greek.

We must proceed to details.

xv. 1—27.

vv. 1, 2 present no variants.

3. Ne timeas a cogitationibus aduersum te A.
   .... *erasure of about 9 letters before* aduersum S.
   .... eorum aduersum te C.
   .... eorum que adu. te M.

The erasure in S may represent something like *illorum*, and the *eorum* of C may be an attempt to render τῶν. But *eorum que* looks distinctly like a grammatical correction in the latest of the MSS., M.

   contradicentium. dicentium SACM.

The MSS. all seem to agree in this.

THE TEXT OF THE ADDITIONAL CHAPTERS. lxv

4. omnis incredulus in incredulitate sua morietur SA.
   omnis—morietur, et omnis qui credit fide sua (per fidem suam L) saluus erit (+in eternum L) CM.

This supplement seems to come from Hab. ii. 4, and is probably to be rejected.

5. Ecce ego induco, dicit dominus SAM.
   Ecce, dicit dominus, induco C.

It is to be noted that M here joins SA against C: but the variant does not tell us much.

In the rest of the verse CM agree in omitting *et* twice.

7, 8. Iam non silebo impietatibus eorum quae$^{s\ r}$ inreligiose agunt nec sustinebo in his quae inique exercent ecce sanguis innoxius et iustus clamat ad me, et animae iustorum clamant perseuerant̃ S.
   Iam non silebo impietates̨ eorum. ecce sanguis inno^{cu}.us clamat ad me et animae iustorum clamant perseuerantes A.
   Iam non silebo in inpietatibus eorum q̇ue inrel. ag. neque sust. in his que inique exercescent (exercent M). ecce sang. innocuus (innoxuus M) et iustus proclamat ad me et an. iust. proclamant perseuerantes (perseueran̂t M) CM.

Here the weight of evidence inclines me to accept *innocuus* and *perseuerantes* against S, and to regard A as guilty of an omission.

10. *aduenam* is added as a last word by CM, probably to help out the sense.
11. *plagis* CM, *plaga* SA (*plagam* S prima manu). The plural looks like a correction.
12. Lugeat Aegyptus et fundamenta eius a plaga uerberati in castigationes quas inducit deus S.
    Lug. Aegiptus et fund. eius a plaga uerberati et mastigati (see *app.*
    crit. in loc.) quam inducat^{e} dominus A.
    Lug. Egyptus et fund. eius a plaga uerberum et castigationis quam inducet deus. CM.

Note that *uerberationis* is read by none of the four MSS.: and that in *v.* 51 SA agree in reading *mastigata*; also that the letters *mast* (A) and *incast* (S) are near each other, so that very probably we should adopt *mastigati(onis)* as the true reading of SA, and regard the Spanish text as a simplified one.

13. cultores operantes terram SA.
    cultores terrae CM.

Probably CM have again simplified the expression.

          ent
    deficiet semina eorum S.
    deficient semina eorum CM.
          et
    deficiat semita eorum A.

    A must be wrong in this instance: the Greek would, I suppose, be ἐκλείψεται τὰ σπέρματα αὐτῶν, which would account for the singular verb.

    ab uredine S.
    ab uredine A.
    ab .... gine C.
    ab aurugine M.

    SA have both been puzzled by this word: perhaps *aerugine* would best satisfy the indications.

    a sidus (sydus) terribile SAC (underlined in A).
    a sydere terribili M.

    A was apparently tempted to correct here; M has yielded to the temptation. The expression (and the use of the word *sidus* in *vv.* 35, 39, 40) is among the strangest phenomena in our author: ἄστρον was most likely the original word.

    14. Vae saeculo et qui inhabitant in eum S.
                              o
          „   „   habitant in eum A.
          „   „   habitant in eo C.
          „   „   inhabitant in eo M.

    habitant in eum seems best attested.

    15. contritio eorum S.
          con
       extritio illorum A.
       contritio illorum C.
       contricio eorum M.

    Again I should incline to prefer A's reading, with which C partly coincides.

    16. hominibus SA.
       in hominibus CM.

    A possible correction by CM.

        -i
    alius aliis S.
      -i   -is
    alius alios A.
    aliis alii C.
      alii M.

    S seems best here, M clearly worst: C occupies a middle place.

THE TEXT OF THE ADDITIONAL CHAPTERS. lxvii

et principem megestanorum suorum S.
om. A.
et princ. egestanorum (*marg.* uel maiestanorum) suorum C.
et princ. egentes tenorum suorum M.

S and C run each other close here: the marginal note in C is the first of several, and looks as if it might be derived from another copy.

19. ad irritum faciendum in domos (domus A*) eorum in gladium (gladio A**) SA.
ad irritum faciendum in domos eorum gladium C.
ad ritum fac. in domos eorum immittam gladium M.

ad irritum faciendum is clearly original, and must, I think, be preferred to the conjecture *ad impetum*. It will be the equivalent of εἰς τὸ κενῶσαι or something like it, meaning "to make empty." The *in* of *in gladium* would easily drop out in C after *eorum:* M is here guilty of two fatuous emendations.

20. ad me uendum S.
ad mouendum ACM.

S is wrong here: and the conjecture *ad me uerendum* gives a false turn to the sentence. "Behold I gather together all the kings of the earth to stir them up from the south," etc. is the sense, and it seems perfectly plain.

qui sunt ab oriente et ab austro, ab auro et a libano S.
qui sunt ab orea et a notho et ab euro et a libano A.
qui sunt ab oriente et austro et ab euro et libie C.
qui sunt ab oriente et austro ab euro et libano M.

There is no reason to reject *qui sunt*. The question between *boreas* (A) and *oriens* (SCM) is difficult: in A it is coupled with *nothus* which is also a Greek word, and there is an intelligible tendency in copyists to simplify or translate such words. The fact that *septemtrio* and *meridianus* are subsequently employed (*v.* 34) should make us chary of saying that only one set of terms would be employed by our author.

I am rather inclined to prefer *libie* to *libano,* for *libano* appears in M, where it is most likely a correction of *libie*. *libie* will not, of course, stand quite as it is, but *libe* would be an accurate translation of λιβός. *Lips* is the form used in the *mappa mundi* in Beatus's Commentary on the Apocalypse.

lxviii   INTRODUCTION.

  ad conuertendos in se SAC.
  et conuertendum in se M.

 The reading of SAC should be retained: it means "that they may turn upon one another."

  21. in sinu eorum SM.
    in sinum ipsorum AC.

 The lines cross each other here, and it is not clear which is to be preferred. Lc. vi. 38 Vulg. has *in sinum uestrum*: but the difference between *sinu* and *sinum* is merely a line. AC may probably be right.

  23. quasi stramen incensum SA.
    quasi stramen (*marg.* uel paleas) incendentur C.
    quasi stramen accendentur M.

 The acc. pl. of *paleas* in C's marginal note implies, I think that the construction of the sentence whence he took it was that which we find in SA; and this we must prefer.

  24. non obseruant SA.
    non custodiunt CM.

 A seemingly purposeless correction in CM, perhaps derived from cc. iii.—xiv., though *seruare* is at least as common there.

  25. apostatae A Gildas CM.
    a potestate S.

 I cite this as an instance of a clear mistake on the part of S. Later MSS. (e.g. T, at Zurich) have rightly restored *apostatae*, probably by conjecture.

  26. de..linquunt S.
    peccant A Gildas.
    delinquunt CM.

 Probably S originally wrote *derelinquunt*, which is a common word in iii.—xiv.

    propterea tradidit eos deus S.
    propterea tradet eos A Gildas.
    propter hoc tradet illos C.
    propter hoc tradet eos M.

 C has rather a tendency to write *ille* for *is* (cf. 19, 23, 28). The confusion between futures and perfects appears again, and in an instructive form, in *v.* 23, where we have

THE TEXT OF THE ADDITIONAL CHAPTERS.   lxix

  exiit SA.   deuorauit SA.
  exibit Gildas.   deuorabit Gildas CM.
  exiet CM.

The habit of writing *bit* for *uit* has influenced both places. It is, no doubt, a very common Spanish habit, but there are certainly cases in which the termination has been wrongly altered. The witness of Gildas is valuable here, and also the *exiet* of CM (not *exibit*).

 27. Iam enim uenerunt super orbem terrarum mala (+multa Gild.) et manebitis in illis non enim liberauit (-bit A**) uos deus SA Gildas (whose quotation ends with *multa*).
   Ecce enim uenerunt in orb. terr. mala multa manebit in illis non enim liberabit uos dominus C.
   Ecce enim uenient in orb. terr. mala multa et manebitis in illis dominus M.

M seems to represent the text we should adopt, with the possible exception of its *Ecce* and *dominus*: the latter cannot be pressed: the difference between $\overline{ds}$ and $\overline{dns}$ is very small. C, it will be noticed, has rightly kept *multa* and *liberabit* (the latter is another instance of the phenomenon seen in *v.* 26).

Vv. 28—58 shew differences which are some of them more serious.

 28. facies illius ab oriento SA.
   facies eius ad orientem C.
   facies eius ab oriente M,

where C has probably made an obvious emendation, and wrongly.

 29. Et exient nationes draconum Arabum in curris multis SA*.
   Exient nationes Arabum in curros multos C.
   Et exient nationes et arabunt in currus multos M.

draconum is undoubtedly necessary, in view of *v.* 31: *curros*, on the other hand, may well be right.

  et sic flatus eorum S.
  et sibilatus eorum AM.
  et ibi planctus ipsorum C.

M has here preserved the right reading, for a wonder, along with A; as it seems to have done also in *v.* 27. It cannot, therefore, be always set aside. The *sic flatus* of S has some plausibility in view of the *ut etiam* of the next clause.

5 *

INTRODUCTION.

 ut etiam timeant et trepidentur (repetentur A) SA.
 sic enim timent et formident C.
 ut
 et iam timeant et formident M.

M is here midway between SA and C: one can hardly doubt that the latter is wrong in *sic enim*, into which it has been led by a desire to make sense. It probably understood *planctus* of the lamentation of the invaded nations.

 Carmonii insanientes in ira et exient ut apri de silua S.
 Carmini insaniantes : in ira exient de silua A.
 Carmonii insanientes in iram exient de silua C.
 Carmine insan. in ira Et exient ut apri de silua M.

Possibly *ut apri* may be a reminiscence of Ps. lxxix. 14, "aper de silua," and if so should be rejected.

I cannot help connecting *Carmonii* of SC (which should be *Carmanii*) with the old Spanish city of Carmona, of which the name might have been familiar at least to the scribe of C. A** and M join in the stupid guess *Carmine*.

31. superualescet draco natiuitatis memores sui S.
  superualescet draco memoriae natiu. suae A.
  conualescet draco natiu. memor sue C.
  conualescet draco et natiu. suae memor erit M.

draco should be retained, and the order of the words in S.

 conspirantes SA.
 conspirantur C.
 conspiranter M.

The participial form is the least smooth, and yet gives a reasonable sense.

 silebunt in uirtute illorum SA.
 timebunt uim illorum CM.

This seems a clear case of simplification on the part of CM.

32. conuertent pedes suos in fugam SA.
  conuertens „ „ et faciem suam ad aquilonem C.
  conuertens faciem—aquil. M.

The additional words found in CM are most likely a reminiscence of Dan. xi. 17, 18, 19.

THE TEXT OF THE ADDITIONAL CHAPTERS. lxxi

33. et a territorio Assyriorum sobsessor S. [u above sob]
    et auerterit orio assiriorum subsessor A.
    et in terra Assyr. obsessor CM.

Again CM seem clearly weaker where they differ.

34. C adds *et ab occidenti*, which may be right: it is supported by M which reads *oriente occidente*.

36. et erit sanguis a gladio usque ad uentrem aequi et femur hominis et [i above aequi; s? above femur]
    suffraginem cameli S.
    sanguinem a gladio—equi et faem^r hom.—camelli A. [s above sanguinem]
    et erit sanguis—uentrem et equi femur hom. in cameli poblites C.
    et—uentrem equi et foemur hom. et cameli poplites M.

The *sanguinem* in A was meant to be governed by *effundent*. It is a question whether *suffraginem* or *poplites* is to be regarded as the more familiar word.

39. recludent eum et nubem quem suscitauit in ira S. [a above quem]
    recludent eum et nubem quam suscitauit in ira A. [bit above suscitauit]
    repellent illum (+retro M) et nubem suscitabit in iram CM.

I think that the reading of CM, though probably wrong, points to the possibility that we should read *retrudent* for *recludent* in SA.

et sidus ad faciendam exteritionem ab orientalem natum et occidentem
uiolabitur S.
et situs—extri tionem ab orientale nati et occidentem uiolabitur A. [d, ca, i notho, ·te above]
et sydus ad faciendas strages ab oriente uero natum et occidente
uiol. C.
et sydus—ab oriente uero et occidente natum uiol. M.

Strages is an emendation of CM.

It seems as if *natum* might be right, referring to *sidus*: the only authority for *notum* is A, which used the word in *v.* 20. I do not know what meaning to attribute to *uiolabitur*.

40. plenae irae et sidus SA.
    „   et calaginis C.
    „   et caliginis M.

This is the only occasion on which CM have avoided the enigmatical *sidus*; and it is possible that both *et caliginis* and *et sidus* ought to form part of the text.

lxxii   INTRODUCTION.

   41.   rumpheas uolantes SA. C *substitutes* gladios uol. M *omits both words*.
   42.   fena pratorum et frumenta eorum SA.
         erbas camporum et tritticum ipsorum CM.
   44.   CM add a clause: *donec funditus eradicent illam* which does not seem to be a Biblical quotation, and is quite possibly genuine.
   47.   propter quod adsimilasti (+te A) ei SA.
         qui similis facta es illius C (M): a correction.
         ornasti filias tuas in fornicatione ad placendum et gloriandum SA.
         ornando fil. tu. ad questum ut placeas et sis gloriosa CM.
         in amatoribus tuis qui te (tecum A**) cupierunt semper fornicari S(A).
         penes amatores tuos qui te cup. semper. CM.
   CM seem to be right here in placing a stop at *semper*, if not in the wording of the rest of the verse.
   48.   odibilem imitata es S(A).
         Imitata es fornicariam odib. CM.
   fornicariam is right here and, further, CM seem to have rightly preserved a line and a half which have dropped out by *homœoteleuton* in SA (between *adinuentionibus eius* and *fornicationibus eius*).
   49.   Here CM have omitted *ad uiolationem et mortem*.
   51.   Et ⁱfirmaberis (infirmaueris A) et paupera a plaga et maͤstigataͤ a ᵇuulneribus SA.
         Et infirmeris et pauper a flagellis et plaga C.
         Ut inf. et pauperes ͨeas *etc.* M.
   Surely something is wrong with the text of SA here: ought we not to read *infirma eris*? For the rest they are superior to CM again.
   55.   The repetition *in sinu tuo, in sinus tuos* of CM has considerable force, and should, I think, be retained. Note that the omission of *fornicariae* is a mistake of C which M does not share.

xv. 59—xvi. 31.

   At this point (xv. 59) the relations of the texts abruptly change. SC(M) come into close agreement, and A suddenly adopts a totally different line. A few instances may be given.

THE TEXT OF THE ADDITIONAL CHAPTERS. lxxiii

59. Infelix primaria uenies et rursum accipies mala SC(M).
    Propter priorem miseriam ; et iterum excipies mala A.

The text of A has apparently no connexion with the other: it is corrupt as it stands, and I expect we should restore *Propter priora miserrima*, which would give a sense like that of the other text. ἐν πρώτοις ἐλεεινός might have been the Greek.

    otiosam SM
    ciuitatem oditam A , C is essentially in agreement with SM.
    odiosam C

60. exterent aliquam portionem terre tuae et partem glorie tuae, exterminabunt rursum reuertentes ad Babiloniam subuersam S.
    exterent—terrae tuae (et partem gloriae tuae *in* M *only*) exterm. rurs. reuert. a Babilonia: subuersa CM.
    exte*rent eam; portionem aliquam gloriae tuae et territorii tui (*orig.* terrae turiae tuae) dum reuertuntur a babylonia A.

The last three words in S are wrong: *subuersa* should go with the next verse, as in CM. Again A seems a different version.

61. ut demolita eris illis pro stipula S.
    (subuersa) et demolita eris illis pro stipula (in prostibulo M) CM.
    extrita illis eris in stramine A.

The occurrence of the familiar *extero* and *stramen* in A makes us ask whether it will really turn out to be faithful to a text which S has deserted.

62. Et deuorabunt te et ciuitates tuas, terram tuam et montes tuos, omnes siluas tuas et lignum fructiferum igni comburent SCM (C has tuum for fructiferum).
    omnes hii comedunt te et ciu. tuas et territoria (terra*turia) tua et montes et omnem siluam tuam et ligna pomifera igne consument A.

63. Filios tuos captiuos ducent et censum (*marg.* gens C) tuum praeda (in predam M) habebunt et gloriam faciei tuae exterminabunt SCM.
    Et natos tuos captiuabunt et honestatem tuam spoliabunt A.

xvi. 3, 4, 5. Note that *Inmissus* is a correction in S, which originally agreed with C. *Vv.* 3—12 are quoted by Gildas in a text agreeing with that of A. The principal differences are

5, 6, 7, 8. repello SCM. recutio A Gildas.

6. ignem in stipula (*marg.* uel messe C) mox que (mox CM) coeperit ardere SCM.
ignem cum stramen incensum fuerit A Gild.

11, 12. quis non funditus conteretur a facie ipsius? Terra tremuit (tremit C) et fundamenta eius SCM.
quis non conterretur (terrebitur Gildas)? A facie eius tremet terra a fundamento eius (et fundamenta Gild.) A Gild.

The fondness of our author for compounds of *tero*, and the temptation under which a scribe lies to substitute those of *terreo*, rather point to the superiority of SCM here. After this Gildas deserts us; but the peculiarities of A continue.

13. Quoniam fortis dextera eius quae arcum tendit (tendet et C): sagittae eius acutae quae ab ipso mittuntur, non deficient cum coeperint mitti in fines terrae SCM.
Quoniam fortis gloriae: qui tendit sagittam et acumen eius acutum quae dimisa est ab eo non deficiet missa super fines terrae A.

Abruptness and obscurity are on the side of A here.

It should be pointed out that *dextera* and *gloriae* have equivalents in Greek which are very similar, δεξιά and δόξα. Does this indicate a correction from the Greek on the part of SCM? A's can hardly be a corrected text.

15. donec consumat fundamenta terrae SCM.
donec excomedat frumenta terrae A.

18. Initium dolorum et multi gemitus (gement M), init. famis et multi interient init. bellorum et formidabunt potestates SCM.
Init. gemitus · et copiosi suspirantium; init. famis et multi * disperient; init. belli et timebunt potestates A.

disperient was the reading of CM in xv. 58 against *peribunt* of SA; and, as it is not a common word, I rather think it may be right in both places. In the first words of the verse A again presents a harder reading.

20. Ecce fames (-is S*C) et plaga et tribulatio et angustia missa sunt flagella in emendatione (-em C) SCM.
Ecce famis plaga dimissa est et tribulatio eius · tanquam mastix; castigatio in disciplina A.

Note the occurrence of *mastix* (cf. xv. 12, 51), which seems likely to be original: *castigatio* may be a gloss upon it.

21. Et in his omnibus se non conuertent (non se conuertunt C) ab iniquitatibus suis neque flagellorum memores erunt (sunt M) semper SCM.

THE TEXT OF THE ADDITIONAL CHAPTERS.   lxxv

Et super his omnibus non se auertent ab iniq. su. nec super has plagas · memorantur sempiterna A.

22. Ecce erit annonae uilitas super terram, sic ut putent sibi esse directam pacem et tunc germinabunt mala super terram gladius famis (fames S**M) et magna confusio. SC(M).
Ecce—uilit. in breui sup. terr. ut putent—pacem tunc superflorescent mala—glad. et famĕis A.

superflorescent seems a word likely to be corrected.

23. A fame enim plurimi qui inhabitant terram interient, et gladius perdet (disperdet C) caeteros qui superauerint a fame SCM.
Et aperᵒiantᵉ uitam super terram et gladius dispersit quae superauerint a fame A.

aporient: in *v*. 72 CM read *aporiati*: note also that AC agree in *disperdet*.

There are minor variants in *v*. 24.

25. qui colat terram SM.
    agricola qui c. t. AC. A curious division.

26, 27. Ligna dabunt fructus (+suos C) et quis uindemiabit illa (illam C)? Uua matura fiet et quis calcabit illam? erit enim in locis magna desertio (-atio C) SCM.
Ligna fructiferabunt et quis uindemiet^{abit} illa? et uua tradet se ad uindᵉimiam et quis adlˡigabit eam? erit enim et locusⁱ desertio multa A.

A is once more on the side of the harsh and rugged text.

et locus and *in locis* might be explained by the Greek: A may have read καὶ τόποις instead of κατὰ τόπους.

30—32. Quemadmodum relinquentur (-etur C -untur M) in oliueto in singulis arboribus tres aut (uel CM) quattuor oliuae. Aut sicut in uinea uindemiata racemi relinquentur (-untur C) ab his qui (+minus C) diligenter (-ur C) uineam scrutantur. Sic relinquentur SCM (*minus* is a stupid conjecture of C).
Quemad. relinquentur in oliueto tres uel quat. ol. Aut sicut in uinᵉia uindᵉimiata: *et* subremanet racemus patens · ab scrutantibus uindᵉimiam diligent̄** Sic remanebunt A.

At this point we again encounter an abrupt change: S rejoins A, and CM pursue their usual course, preserving here and there a good reading, but presenting for the most part a corrected text.

B. E.   *g*

lxxvi   INTRODUCTION.

32. in diebus illis tres aut (uel A) quattuor ab scrutantibus dom̊us eorum in rumpheam (-a A) SA.

in illis diebus uel (*om.* M) tres uel quatt. ab his qui domos eorum (ipsorum M) scrutabunt a (*om.* M) gladio CM.

Note that S agrees with A in *ab scrutantibus*, whereas in *v.* 31 it read with CM *ab his qui scrutantur*.

33. agri eius inueterauerunt SA.　^bunt
　,,　in uepre (-es) erunt CM.

Probably CM are right in this case.

After some minor variants we have a wide dissension.

36. Audite uero ista et cognoscite ea serui domini SA.
　,,　igitur hec et intelligite, ser. dom. CM.

37. Ecce uerbum domini, excipite eum, ne diis credatis de quibus dicit dominus : Ecce adpropinquant mala et non tardantur SA.

Ecce sermo dom., sumite illum ne discedatis *a domino et nolite increduli esse* his que dicit dominus. Ecce protinus uenient mala .et non tardabunt CM.

The italicised words look like an emendation. Yet the number of apparently unnecessary alterations is so great in these two verses that the idea recurs that they may have been an independent translation from the Greek. A more probable explanation is, however, forthcoming.

38. Quemadmodum praegnans in nono mense filium suum^in adpropinquantem hora partus eius, ante horas duas uel tres gementes dolores circum uentrem eius et prodiente infante de uentre non tardabit uno puncto,

39. Sic non morabuntur mala ad prodiendum super terram et saeculum gemet et dolores circumtenent illum SA.

Quemadm. mulier praeg. infantem suum in utero mensibus nobem (octo M) habens, ubi ceperit ʰora (*om.* M) partus eius adpropinquare ante duas—tres dolores circa uentrem patitur et prodeunte infante de uentre non—puncto. Sic non tardabitur (morabuntur M) mala ad prodeundum—sec. parturit et dol. circumcingunt illum CM.

The *in* of S*A (erased in S) shews, I think, that words are missing in their text answering to *in utero—habens :* in *gementes* also there probably lurks a mistranslation. Still, we see from the coincidences of vocabulary, e.g. *uno puncto,* that the two texts are

THE TEXT OF THE ADDITIONAL CHAPTERS.   lxxvii

related, and that indeed one has been made out of the other, even here. It is perhaps not worth while to comment on all the variants in the remaining verses. I will note those in which CM seem to have preserved a right reading.

41. Aptate uos ad mala is at least noteworthy.

50. Both texts are wrong. It is clear that *iustitia* must answer to *mulier bona* and *iniquitas* to *fornicaria*. We must read *fornicariam mulier idonea et bona ualde* with S**.

60. Qui extendit celum ut cameram et super aquas fundauit illut (*marg.* uel ut coreum fundauit illum) C.

Noteworthy as a rendering of another reading.

72. Aporiati enim homines a malis suis erunt tanquam insani CM.

The italicised words are not in SA, and yet seem necessary: they contain the word *aporiati*, which A had in *v.* 23.

74. et tolerantia ipsorum CM, om. SA, has also a genuine look.

This brings to an end our examination of the texts. The conclusions to which the process has led me are the following :

(1) In chapters i., ii. the Spanish text represents more accurately the original form of the document than the French text.

(2) In chapters xv., xvi. the Spanish text has often preserved right readings as against the other, but is on the whole an emended text.

(3) Further, from xv. 59 to xvi. 32 (Sic relinquentur) the text of A, which is supported by Gildas, is to be preferred to the text of SCM, though it is corrupt in several places. It is possible that the text of SCM may have been corrected by reference to the Greek original, but this is not clear. The explanation of this curious phenomenon is probably that in the archetype of S (or some ancestor) a leaf or leaves were lost, and the deficiency supplied from a copy which contained the Spanish form of the text.

It may seem improbable at first sight that the Spanish MSS. should contain a better form of chapters i., ii. than the French MSS., and a worse form of chapters xv., xvi. Yet this view cannot, upon reflection, be upheld. The history of cc. i., ii. is, as we see

g 2

from their position in these MSS., a different one from that of xv., xvi. These are in all four authorities subjoined to cc. iii.—xiv. In SA cc. i., ii. precede c. iii.; in CML they follow c. xvi., and a glance at the Spanish text of them cannot fail to shew that they have come through some very remote channel.

7. *Character of the Additional Chapters.*

The character of cc. xv., xvi. will be best understood if we think of their author as a man with a *penchant* for imitating two sorts of literary documents—the Sibylline Oracles and the prophetic books of the Old Testament. For it does not seem that these chapters resemble the familiar types of apocryphal literature: they cannot be described as a compilation. They are imitative; and they draw their inspiration from the two sources I have named. Nor, again, can we think of them as of a fragment of some larger work. It is true that they have no climax—no regular development of "woes" leading up to the final Judgment. But the same is also true of many of the Old Testament prophecies, and of the later books of the Sibyllines. We must get rid of the idea that we are dealing with an apocalypse of the ordinary type; indeed, though apocalyptic elements do occur in these chapters, it is a question whether they can be properly described as an apocalypse at all. It is difficult, perhaps, to realise this, inasmuch as we find the document closely associated with an elaborate apocalypse; and, for the rest, we are so accustomed to finding, in these later forgeries, cases of wholesale plagiarism, that we are surprised at coming upon any of them in which the writer has used at all a free hand.

As I have said, it is probable that these chapters were composed about A.D. 268; nor are there any indications that they were ever current in a different position or form from that in which we have them. It seems likely enough that they were written as an appendix to cc. iii.—xiv. The individuality of the seer nowhere comes to the front; the whole interest is centred in the predictions, and also, be it said, in the literary style of the invectives. I conceive of the chapters as being from the first intended to pass as prophecies of Ezra.

CHARACTER OF THE ADDITIONAL CHAPTERS. lxxix

Very different is the case of chapters i., ii. They do in some measure give the impression of being a fragment, and they are undoubtedly to a large extent a compilation. The influence of several writings upon them can be at once detected; for example,

Isaiah i.	i. 31, ii. 20, etc.
Zephaniah	i. 4 (CM), 11 (CM), ii. 8.
Baruch........................	ii. 2 etc.
Gospel of S. Matthew......	i. 11, 29.
„ „ S. Luke	i. 32.
Apocalypse of S. John ...	ii. 42 sqq.
Shepherd of Hermas	ii. 43 sqq.

To these I would add the *Apocalypse of Zephaniah*. To this book I have access at present only in the fragments translated by Stern in the *Zeitschrift f. Aegypt. Sprache* (1886, p. 115 sqq.). On p. 122 is the paragraph which most nearly resembles our chapters: "The word of the Lord came unto me saying: Son of man, say unto this people: Wherefore heap ye sin upon sin, and provoke God the Lord the ...? Love not the world, neither that which is in the world." [The coming of the Son of God is then spoken of, in words which, as Harnack has noted, closely resemble a phrase in the *Epistle to Diognetus*.] "Be ye therefore to Him children, and He will be to you a Father. Bethink you that He hath prepared for you thrones and crowns in heaven. For all that hearken unto Me shall receive thrones and the crowns in that which is Mine, saith the Lord. I will write My name upon their foreheads, and will seal their hand ...."

With this we should compare particularly 4 Esdr. ii. 36 sqq., where we have the following points of resemblance:

	Zephaniah.	*Esdras.*
(1)	The commission given.	Ego Esdras accepi praeceptum.
(2)	The sin of the people.	Respuerunt mandatum.
(3)	Love not the world.	Fugite umbram saeculi huius.
(4)	The Son of God comes to redeem.	Testor saluatorem meum mandatum esse.
(5)	Thrones and crowns.	Splendidas tunicas (43) coronas.
(6)	All that hearken.	34 Vobis dico qui auditis et intelligitis.
(7)	I will seal their hand.	Videte numerum signatorum.

It is quite possible that the expected edition of the Apocalypse of Zephaniah by Steindorff (in *Texte u. Untersuchungen*) may yield further resemblances to these chapters; but, as it is, I cannot help thinking that those which I have noted are very striking. And in connexion with them the question suggests itself: Is there possibly a further bond of union between the Apocalypse of Zephaniah and these chapters? If we accept the Spanish text of 4 Esdras i., ii. as the truer form—as I hope I have shewn that we must—we cannot but be struck by the fact that in the opening verse of them the genealogy of Zephaniah is attributed to Ezra. Is it possible that in these chapters there are, to say the least, extensive borrowings from the Apocalypse of Zephaniah? We possess only fragments of that book, which have plainly been reworked to a large extent; and certainly many of the topics of which they treat (Hell, Satan, Antichrist) are unrepresented in Esdras. Still, they are but fragments, and the possibility remains that the book, when complete, contained more matter resembling the passage which I have quoted.

The guess—it is little more—is one which is worth putting on record: the future will probably shew whether there is anything in it or not; but at least the existence of some undoubted parallels between 4 Esdras i., ii. and the early Apocalypse of Zephaniah has, I think, been established.

8. *The Two Texts of the Confessio Esdrae.*

It will be noticed that the Confession of Esdras (viii. 20—36) is preserved to us in two widely different texts. The one (*a*) which is adopted in the body of the book is attested by the mass of authorities SAC Vat Colb Moz Jen Dub (Lugd, see App. II.). The other (*b*), which is given at length in App. II., is found only in M. The differences between the two texts must be examined in detail.

Text *a* (SAC etc.).	Text *b* (M).
20. Initium uerborum (uerbi C) orationis (C) Ezrae priusquam adsumeretur.	In initio uerbi orationis meę priusquam adsumeretur dixi.
21. Et dixit: *has* uerbi *also*.	

THE TWO TEXTS OF THE CONFESSIO ESDRAE. lxxxi

This title is in itself a puzzle. The sudden introduction of the third person into a context where the first person is uniformly employed is curious. At first sight one is tempted to think, in view of the fact that this section was often copied separately for liturgical use, that the title had been thrown into the third person as a consequence of such use, and that text *b*, which partly gives the first person, was the more original. But the oriental versions must be questioned on the point. We find in them:

Syr. Init. uerborum orationis Ezrae quam orauit priusquam assumeretur.
Aeth. Init. uocis precationis E. priusq. assum. et dixit.
Ar.[1] respondi dicens.
Ar.[2] ego Esdras te rogo et tibi supplico his uerbis.
Arm. Preces prophetae Ezrae.

The two best versions, *Syr.* and *Aeth.*, clearly support text *a*, and *Arm.* does also to the extent of having a separate title to the section. The two Arabic versions are paraphrastic, but rather favour text *b*. Further, be it noted that text *b* does not consistently use the first person (for it has *adsumeretur*, possibly miswritten for *adsumerer*); and that the liturgical Latin authorities do not contain any such title at all. Under the circumstances the best explanation seems to be that the words did occur in the Greek text in the third person, but that they were an interpolation in that text, and that their awkwardness was felt and remedied by *Ar.*[1] *Ar.*[2] and text *b*. It is to be noted in this connexion that the similar prayer in *Apoc. Bar.* xlviii. has a separate title in the MS. *Oratio Baruchi.*

The text of C and L agrees with M in reading *uerbi orationis* as against *uerborum* of SA.

a.

21. Domine qui { habitas in AC
                 Vat. etc.
                 inhabitas S.

{ saeculum SA.
  aeternum C rel.

cuius oculi elati et
superna S   ⎫   ⎧ aere A**C rel.
superiora C rel   ⎬ in ⎨ aerem SA*.
super A   ⎭   ⎩ aera Jen. Moz.
superiores Vat

celi must be wrong in M.

b.

Qui habitas in celo.

cuius altissimi cęli sunt et superna in aera.

a.	b.
(et S) cuius (+est Moz) thronus inextimabilis et gloria incomprehensibilis.	cuius thronus inęstimabilis.
cui { adstat (omnis C Moz) exercitus. / adstant Colb Jen Dub.	cui assistunt militię.
angelorum cum tremore.	cum pauore.

Text *b* has dropped a clause here by *homœoteleuton*: *militie = ai στρατιαί*, and may be original[1].

22. Quorum { obseruatio C Vat Moz Dub. / seruatio SA Colb Jen.	et dicto tuo in uentum et ignem conuertuntur.
in { uento / uentu C } et { igni / in igne C } conuertitur.	

CM agree practically in reading "in uentum et (in) ignem."

cuius uerbum { uerum SA. / firmum C rel.	cuius uerbum uerum
et dicta perseuerantia.	et dictio permanens.

Note that SA agree with M in "uerum."

23. Cuius { iussio SA / dispositio C rel } fortis et	Mandatum ualidissimum et preceptum timidum,
{ dispositio SA / iussio C rel } terribilis.	
cuius aspectus { arefecit SA / arefacit } abyssos et indignatio tabescere †facit† (*om*. C Colb Jen Dub) montes et (*om*. C Dub) ueritas (+tua C Dub) testificatur.	cuius asp. abyssos excitat et comminatio tabescere fecit montes et ueritas testificata est.

excitat in *b* is for *exsiccat*.

24. Exaudi †domine† (*om*. Verss. S**) orationem serui tui et auribus percipe precationem figmenti tui, †intende (+in Moz) uerba mea† (*om*. SA).	Exaudi uocem serui tui, et intende ad sermones meos.

Again a clause has fallen out in M.

---

[1] Cf. *Apoc. Bar*. xlviii. "exercitus innumerabiles astant coram te," and *Oratio Mosis* (Apocrypha Anecdota, p. 172) "ymnus militum"; angels not being definitely expressed in either case.

THE TWO TEXTS OF THE CONFESSIO ESDRAE. lxxxiii

a.

25. Dum enim uiuo loquar et dum sapio { respondeam / „ debo Moz Dub.
26. Ne { resp- Moz / aspicias (†domine C Moz) populi tui delicta sed qui tibi in ueritate { seruiunt SA Colb / seruierunt C Vat (order of words varies).
27. Neque adtendas { impia gentium (A*) Vat Dub. / impie agentium (S) C etc. studia, sed qui tua { testamenta C rel / testimonia SA Dub cum doloribus custodierunt.
28. Neque cogites (+ perdere C Moz) qui in conspectu tuo false conversati sunt, sed { memento Moz / memorare } qui ex uoluntate { nomen tuum cum timore Moz. / tuum timorem cognouerunt.
29. Neque uolueris perdere qui { pecudum S Moz / pecorum } mores habuerunt sed respicias { super eos / C rel / eos SA } qui legem tuam splendide docuerunt.

The last words seem paraphrastic in the *a* text.

30. Neque indigneris eis qui bestiis peius sunt iudicati sed diligas { eos qui SAC / qui Vat rel } semper in { tua gloria / „ am „ am C } confiderunt.

Seems shortened in the *a* text.

b.

Cum enim adhuc uiuo loquor et dum adhuc sapio respondeo.

Ne adtendas ad populi tui del., sed ad eos qui tibi seruierunt in uer.

Neque respicias super eos qui inique faciunt in delictis sed super eos qui tua testamenta cum cruciatibus seruauerunt.

Neque cogites de his qui contra te peruersae conuersati sunt, sed de his qui uol. sua timorem tuum cognoscentes in mente habuerunt.

Neque uolueris perdere eos qui iumentorum mor. hab. sed resp. eos qui claram legem tuam demonstrauerunt.

Neque irascaris his qui bestiis adiudicati sunt peiores sed diligas eos qui sine intermissione in tua claritate sperantes fuerunt.

lxxxiv   INTRODUCTION.

                a.   *b.*

31. Quoniam nos et patres nostri   Quia nos et qui ante nos fuerun
    [mor] ⎰ talibus moribus SC Vat   corruptum locum elĭgimus.
          ⎰ talibus A*
          ⎱ talia A**
          ⎱ in talibus morbis Dub
   ⎰ egimus S*AC rel
   ⎨ egemus S**
   ⎨ regimur Vat
   ⎱ languemus Dub.
    tu autem propter nos peccatores   Tu enim propter nos qui peccauimus
               ⎰ uocatus es   mis. uoc. es.
   misericors ⎱ uocaberis SA Dub.

It is clear from the Oriental version that "mortalibus moribus egimus" is to be restored in the *a* text. What is the explanation of the curious divergence in M? Two explanations occur: (1) that M has been corrected by the Greek. Hilgenfeld's retranslation here has: $\theta\alpha\nu\alpha\tau\eta\phi\acute{o}\rho o\iota\varsigma\ \tau\rho\acute{o}\pi o\iota\varsigma\ \delta\iota\eta\gamma\acute{a}\gamma o\mu\epsilon\nu$. Perhaps $\phi\theta\alpha\rho\tau o\hat{\iota}\varsigma$ would have been better. Supposing that the Greek by which M was corrected had $\phi\theta\alpha\rho\tau o\hat{\iota}\varsigma\ \tau\acute{o}\pi o\iota\varsigma$, we should get an approach to *corruptum locum*, and *elegimus* would be a mistake for *degimus*, which Hilgenfeld read in his text of the Latin version.

(2) My second explanation is that the words *corruptum locum* were a copyist's note, written in the margin or between the lines of an ancestor of M, and have crept into the text. And unless we find reason to suppose that M has been corrected elsewhere in the Greek, this second explanation is more likely to be right. But it is a very odd coincidence that the words $\tau\acute{o}\pi o\varsigma$ and $\tau\rho\acute{o}\pi o\varsigma$, which are susceptible of such easy confusion, should lend themselves to the solution of a difficulty here.

              ⎰ declinaueris A   Nostri enim qui non habemus facta
32. Si enim ⎨ desiderauerīs S rel   bona si desiderauerīs misereri,
              ⎱ decroueris C Moz Dub   tu miserator uocaberis.
    ut nostri miserearis, tunc misericors uocaberis, nobis
   ⎰ autem Vat Dub
   ⎨ enim SAC rel
   ⎱ *om.* Jen
       ⎰ facientibus A
  non ⎨ habentibus opera ius-
       ⎱   ticiae.

THE TWO TEXTS OF THE CONFESSIO ESDRAE. lxxxv

M changes the order of the clauses, perhaps because the *enim* puzzled him. Yet it is quite possible that the clause may have got out of place in the archetype of the *a* text.

33. Iusti { autem Moz.
enim   quibus sunt
om. S** C
operae multae repositae apud te (+domine C rel, *om.* SA) ex propriis operibus { percipient
C rel
recipient
SA
mercedem.

Quia iusti quibus sunt opera multa reposita apud te de suis operibus habent recipere.

34. Quid est enim homo ut ei indigneris, aut genus corruptibile ut ita
{ amaresceris S
e   e
amarisceris A
amariceris C   de ipso.
amarus sis Dub
exacerberis Moz

Aut quid est homo ut ei irascaris, uel genus corruptum ut indigneris eis.

A puzzling word, *amariceris*, has been eliminated from M.

35. In ueritate enim nemo de genitis est qui non impie gessit
{ aut C Moz { confid- C Colb
et de   { confit-
entibus qui non { deliquit S
rel.
derelinquit
AC Vat.

Enim uero nemo est eorum qui nati sunt qui non iniquitatem fecerit, neque eorum qui increuerunt qui non peccauerit.

It seems clear from the testimony of *Syr.*, *Ar.*[1], *Ar.*[2], that the Greek original is better represented by *qui increuerunt* of M than by either *de confitentibus* or *de confidentibus* of the *a* text. Volkmar conjectures *consistentibus*. It is not easy to find a Greek word which will explain the variant. In the Latin we might suggest that *confidentibus* might be derived from a misreading of *increuerunt* as *incredunt* or *increderunt*. If this were accepted, it would make M represent the earlier text in this place at least.

36. In hoc $\begin{cases} \text{enim SA} \\ om.\ \text{C rel} \end{cases}$ adnuntiabitur iusticia tua et bonitas tua, domine, cum misertus fueris eis qui non habent $\begin{cases} \text{scientiam A*} \\ \text{substantiam} \end{cases}$ operum bonorum.

In hoc enim ostendetur bonitas tua, domine, quando misertus fueris illorum qui non habent substantiam operum.

The whole situation is a curious one. In a section of the book, which has been excerpted and used apart from its context for liturgy or private devotion, we find two widely differing forms of text. But we do not find, as we might have expected, that one form is represented in the liturgical MSS. and another in the MSS. of the continuous text; but that the liturgical MSS. agree with three of the continuous MSS., and that one of the latter has the divergent text. The geographical distribution does not help us. A Spanish liturgical authority (Moz) and a Spanish MS. (C) agree with the French MSS.: another Spanish MS. (M) is divergent. In two places (*vv.* 31, 35) it seems impossible to derive this divergent text from the other: there is even a possibility that the former may explain the latter in *v.* 35: and though sometimes we seem to see a tendency to smooth away harshnesses, as where *irascaris* is read and not *amariceris*, yet we have to set against this the phrases *preceptum timidum, cum cruciatibus, sine intermissione in tua claritate sperantes:* and also, I think, *militie* in *v.* 22, which is more idiomatic and less plain than *exercitus angelorum*.

I can hardly suppose that M has preserved an ancient text in this section intact; but that it has kept several right readings as against the other authorities seems to me much more than a probability.

9. *Other Apocryphal Literature attributed to Ezra.*

If we leave out of sight the book known as 3 (or 1) Esdras, we yet find a considerable quantity of matter bearing the name of Ezra. Three Apocalypses, and a work of augurial character, are known to me, and it will not be out of place, I think, to say something of each of these writings.

OTHER APOCRYPHAL LITERATURE ATTRIBUTED TO ESDRAS. lxxxvii

(1) *Greek Apocalypse of Esdras.* This document was published from a Paris MS. (Gr. 929, of cent. xv.) by Tischendorf[1], in his *Apocalypses Apocryphae* (1866, pp. 24—33): it is, I believe, mentioned in a canon of Nicephorus Homologeta (cir. 850 A.D.: Fabric. *Cod. Apocr. N.T.* i. 951), where it is coupled with the Apocalypse of Paul, works called *Brontologia, Calandologia,* and *Selenodromia,* the Apocalypse of Zosimus, and certain acts of Martyrs (George, and Cyriacus and Julitta). It is also closely related to the Homily or Apocalypse of Sedrach (printed in my *Apocrypha Anecdota,* pp. 130—137, where the parallel passages are noted).

I do not know that a list of the resemblances between the Greek Apocalypse and 4 Esdras has ever been drawn up; though attention has been called to their existence. It will, I think, be worth while to attempt such a list in this place.

GREEK APOCALYPSE.

IV ESDRAS.

24. Ἐγένετο ἐν τῷ τριακοστῷ ἔτει... ἐνήστευσα καθὼς εἶπέν μοι...ἐνήστευσα δὶς ἑξήκοντα ἑβδομάδας.

Anno tricesimo. iii. 1.
ieiunaui septem diebus ut supplerem tres ebdomadas quae dictae sunt mihi. vi. 35.

25. ἐλέησον τὰ ἔργα τῶν χειρῶν σου.

figmentum manuum tuarum. iii. 5.

26. ἐλέησον τὴν σὴν πλάσιν.
The intercession for sinners has a parallel situation in 4 Esdras vii. etc.

tu enim creaturae tuae misereris. viii. 45 *et al.*

καλὸν τὸ μὴ γενηθῆναι ἄνθρωπον.

melius erat non dare terram Adam. vii. 116.

26. τὸν πρωτόπλαστον Ἀδὰμ τὸν πρῶτον τίς ἐποίησεν; etc.

iii. 4 sqq.

27. ἐξαρίθμησον τοὺς ἀστέρας καὶ τὴν ἄμμον τῆς θαλάσσης κ.τ.λ.

7. quantae habitationes sunt in corde maris, etc. iv. 7.
numera mihi quae necdum uenerunt, etc. v. 36.

27, 28. ἐξαρίθμησαι τὰ ἄνθη τῆς γῆς.

ex omnibus floribus terrae. v. 24.

27. Signs of the end.

debellabunt amici amicos ut inimici. vi. 24.

ἀδελφὸς ἀδελφὸν παραδίδει etc.

30. Description of the conception of men.

Similar description in viii. 8—10.

[1] The book was known earlier: Van der Vlis (*Disputatio Critica de Ezrae Libro Apocrypho,* 1839, pp. 5—9) describes it, and quotes the beginning and end of it,

GREEK APOCALYPSE.	IV ESDRAS.
32. ὁ τὸν οὐρανὸν μετρήσας σπιθαμὴν καὶ τὴν γῆν κατέχων δρακὴν...ὸν πάντα φρίσσει καὶ τρέμει ἀπὸ προσώπου τοῦ δυνάμεώς σου.	viii. 20—23.

These resemblances are sufficient, I think, to establish the fact that the author of the late Apocalypse was acquainted with 4 Esdras. But besides the ideas and situations which he has drawn therefrom, he was under obligations to other apocalypses of the Petrine, Marian, and Pseudo-Johannine type: and he has produced a book which for incoherency and general inadequacy takes a very prominent place.

(2) *Syriac Apocalypse of Esdras.* This was published from a late MS. (Sachau, no. 131) by Baethgen, in *Zeitschr. f. Alttest. Wiss.* (1886, p. 204), with a German translation. Iselin (*Theol. Zeitschr. aus d. Schweiz*) has attempted to shew that it is an early Jewish Apocalypse adapted to the Mohammedan period. It is of the Daniel type, containing visions of empires under the form of beasts, and also an account of the Two Witnesses and Antichrist, which is very closely connected with Apoc. Joh. xi. It does not seem to me that Iselin has succeeded in vindicating for its original an early date.

(3) *Ethiopic Apocalypse of Esdras.* Mentioned in Wright's catalogue of the Ethiopic MSS. in the British Museum (no. xxvii. 7, f. 67 a—71 b): "The Apocalypse of Ezra, regarding the Day of Judgment." The opening words are: "Blessed be the Lord God of all spirits and of all flesh. The Lord spake unto Ezra and told and shewed him when He should come and judge the quick and the dead. In that day shall come to pass the word that saith: As the lightning that cometh from the east and its coming is seen unto the west, so is the coming of the Lord: and in that day the sun shall be darkened and the stars shall fall."

There is another copy in lxi. 1 (ff. 1—7 a) which begins in the same way.

(4) Tischendorf and other writers mention a series of predictions or auguries ascribed to Ezra about the days of the month, and the character—lucky or unlucky—of years. In his *Apocalypses Apocryphae* (pp. xiii., xiv.) Tischendorf prints some specimens

of these documents, which are quite without interest for the student of apocalyptic or legendary literature. Bensly (*M. F.* p. 80) shews that the "Erra Pater," mentioned in *Hudibras*, is Ezra, and that these augurial books (of which old English versions exist) are alluded to in the passage in question. They serve to shew that a prophetical character attached to the name of Ezra, probably in consequence of the celebrity of 4 Esdras.

10. *Concluding Remarks.*

I had at one time entertained the idea of giving some account of recent hypotheses connected with 4 Esdras; and, in particular, of discussing Dillmann's theory as to a Christian editing of the Eagle vision and its interpretation in cc. xi., xii., and R. Kabisch's elaborate dissection of the whole book (*Das* 4*te Buch Esra auf seine Quellen untersucht*, Göttingen, 1889). Further consideration, however, led me to the conclusion that it would be better for me to deal with those portions of the subject which had been left comparatively untouched by other students. I will therefore merely tabulate Kabisch's main results for the use of students, and so take my leave, with the remark that dissections of this kind may be very pretty exercise for the critical faculty, but are as a rule extremely unconvincing.

KABISCH'S ANALYSIS.

S = A Salathiel Apocalypse (v. iii. 1) written about 100 A.D. at Rome.
E = An eschatological Apocalypse of Esdras of cir. 31 B.C. written at Jerusalem.
A = Adlergesicht or Eagle-vision, of 90 A.D. by a Zealot.
M = Menschensohn: vision of the Son of Man: of Pompeian date, written at Jerusalem.
E2 = Esrastück: c. xiv., contemporary with S.
R = Redactor: a Zealot, cir. 120 A.D.

S. A dream-vision is omitted before iii. 1. The other portions of S are: iii. 1—31; iv. 1—51; v. 13 *b*—vi. 10; vi. 30—vii. 25; vii. 45—viii. 62; ix. 13—x. 57; xii. 40—48; xiv. 28—35.

E. iv. 52—v. 13 *a*; vi. 11—29; vii. 26—44; viii. 63—ix. 12.
A. x. 60—xii. 40.
M. xiii., with many insertions by R.
E 2. xiv. 1—17 *a*, 18—27, 36—47.
R. iii. 1 (qui et Esdras), 32—36; x. 58, 59; xii. 9, 34, 37—39 (?), 49—51; xiii. 13 *b*—15 (?), 16—20 *a*, 21—24, 26 *b*, 29—32, 54—58; xiv. 8, 17 *b*, 48—50 (*verss. orr.*).

LIBER EZRAE QVARTVS.

I. Liber Ezrae prophetae secundus, filii Sarei, filii Azarei, filii Helchiae, filii Salame, filii Sadoch, filii Acitob, Filii Achiae, filii Finees, filii Heli, filii Ameriae, filii Aziei, filii Marimoth, filii Arna, filii Oziae, filii Borith, filii Abissei, filii Finees, filii Eleazar, Filii Aaron ex tribu Leui, qui fuit captiuus in regione Medorum, in regno Artarxersis regis Persarum. Et factum est uerbum domini ad me dicens: Vade et nuntia populo meo facinora ipsorum et filiis eorum iniquitates, quas in me admiserunt, ut nuntient filiis filiorum suorum. Quia peccata parentum illorum in illis creuerunt: obliti enim me sacrificauerunt diis alienis. Nonne ego eos eduxi de terra Aegypti, de domo seruitutis? ipsi autem irritauerunt me et consilia mea spreuerunt. Tu autem excute comam capitis tui et proice omnia mala super illos, quoniam non obaudierunt legi meae; populus autem indisciplinatus. Vsquequo eos sustinebo, quibus tanta beneficia contuli? Reges multos propter eos subuerti, Pharaonem cum pueris suis et omnem exercitum eius percussi. Omnes gentes a facie eorum perdidi et in oriente prouinciarum duarum popu-

(For the text of CM in cc. I, II, see Appendix I.)
Tit. Incipit liber Ezrae secundus S   Incipit tertius A
1 Aezre A   Proph S   om. secundus A   ×elchiae A   Salemae A   Sadoc A
Acitob SA*, Achitob A**   2 Achiae S, Acciae A   Heli SA**, -lii A*   Aziei
S, Azeaei A   Abisaei A   eleazari A   3 Artarxersis SA**, Artaxersis A*
rege S   5 et nuntia S, adnuntia A*, ann- A**   6 creuerunt S, crescunt A
me S*A*, mei S**A**   7 irritauerunt SA**, inrit- A*   8 proice SA**,
proiece A*   oboedierunt A   indisciplinatus S*A, est (÷) indisc- S**   9 sustinebo SA**, susten- A*   10 faraonem A   11 facie S**A**, faciae S*A*
populum S* (prob.), A

LIBER EZRAE QVARTVS.

lum, Tyri et Sidonis, dissipaui et omnes aduersarios eorum
12 interfeci. Tu uero loquere ad eos dicens: haec dicit dominus:
13 Nempe ego uos mare traieci et plateas uobis in inuio munitas
14 exhibui; ducem uobis dedi Moysen et Aaron sacerdotem; Lucem
uobis per columnam ignis praestiti et magna mirabilia feci in
15 uobis. uos autem mei obliti estis, dicit dominus. Haec dicit
dominus omnipotens: coturnix uobis in signo fuit, castra uobis
16 ad tutelam dedi, et illic murmurastis, Et non triumphastis
in nomine meo de perditione inimicorum uestrorum, sed adhuc
17 nunc usque murmuratis. Vbi sunt beneficia quae praestiti
uobis? nonne in deserto cum esuriretis et sitiretis proclamastis
18 ad me dicentes: Vtquid nos in desertum istud adduxisti inter-
ficere nos? melius nobis fuerat seruire Aegyptiis quam mori in
19 deserto hoc. Ego dolui gemitos uestros et dedi mannam uobis
20 in escam, panem angelorum manducastis. Nonne cum sitiretis
petram excidi, et fluxerunt aquae in satietate? propter aestus
21 folia arborum uos texi. Diuisi uobis terras pingues, Chananeos
et Ferezeos et Philistinos a facie uestra proieci. quid faciam
22 uobis adhuc? dicit dominus. Haec dicit dominus omnipotens:
in deserto cum essetis in flumine amaro sitientes et blasphe-
23 mantes nomen meum, Non ignem uobis pro blasphemiis dedi,
sed mittens lignum in aqua dulce feci flumen.
24   Quid tibi faciam, Iacob? noluisti me obaudire, Iuda. transferam me ad alias gentes et dabo eis nomen meum, ut custo-
25 diant legitima mea. Quoniam me dereliquistis, et ego uos
derelinquam: petentibus uobis a me misericordiam, non mise-
26 rebor uestri. Quando inuocabitis me, ego non exaudiam uos:
maculastis enim manus uestras sanguine, et pedes uestri inpigri

11 Syd- A   dissipaui SA**, -ti A*   interfeci S**A**, -fici S*A*   14 columnam SA**, colamnam A*   15 cotur nix A   tutelam SA**, -tellam A*   murmurastis SA**, morm- A*   16 murmuratis A, murmurastis S   17 cū
added above the line S   18 desertum SA**, -to A*   istud SA**, istut A*
19 gemitos S*A*, -tus S**A**   mannam S*A*, -na S**A**   aescam A
20 aque S   in sacietate S, in satietatem A   folia SA*, foliis A**   21 pingues added above line S   Chananeos SA**, Channaneos A*   philisteos A
facie A**, -ciae SA*   22 amaro] cf. CM, amorreo SA   sicientes S   . 23 lignum SA**, lingnum A*   in aqua S, in aquam A   25 derelinquam uos A
om. uobis A   26 inpigri SA*, imp- A**

LIBER EZRAE QVARTVS.

sunt ad committenda homicidia. Non quasi me dereliquistis 27 sed uos ipsos, dicit dominus. Haec dicit dominus omnipotens : 28 nonne ego uos rogaui ut pater filios et ut mater filias et nutrix paruulos suos, Vt essetis mihi in populum, et ego uobis in 29 deum, et uos mihi in filios, et ego uobis in patrem? Ita uos 30 collegi ut gallina pullos suos sub alas suas. modo autem quid faciam uobis? proiciam uos a facie mea. Oblationes mihi cum 31 obtuleritis, auertam faciem meam a uobis; dies enim festos uestros et neomenias et circumcisiones carnis repudiaui. Ego 32 misi pueros meos prophetas ad uos, quos acceptos interfecistis et laniastis corpora illorum: quorum sanguinem exquiram, dicit dominus. Haec dicit dominus omnipotens: domus uestra de- 33 serta est, proiciam uos sicut uentus stipulam. Et filii pro- 34 creationem non facient, quoniam mandatum meum uobiscum neglexerunt et quod malum est coram me fecerunt. Tradam 35 domus uestras populo uenienti, qui me non audientes credunt; quibus signa non ostendi, facient quae praecepi. Prophetas 36 non uiderunt et memorabuntur antiquitatum eorum. Testor 37 populi uenientis gratiam, cuius paruuli exultant cum laetitia, me non uidentes oculis carnalibus, sed spiritu credent quae dixi. Et nunc, pater, aspice cum gloria et uide populum uenientem 38 ab oriente, Quibus dabo ducatum Abraham, Isaac et Iacob et 39 Osee et Amos et Micheae et Iohelis et Abdiae et Ionae Et 40 Naum et Abacuc, Sophoniae, Aggei, Zachariae et Malachiae, qui et angelus domini uocatus est.

II. Haec dicit dominus: ego eduxi populum istum de 1 seruitute, quibus mandata dedi per pueros meos prophetas, quos audire noluerunt, sed irrita fecerunt mea consilia. Mater, 2 quae eos generauit, dicit illis: ite, filii, quia ego uidua sum et derelicta: Educaui uos cum laetitia et amisi uos cum luctu et 3

26 committenda A**, commitenda SA*   29 in populum SA**, in -lo A*
30 pullos] CM, filios SA   faciam SA**, -em A*   facie SA**, -ciae A*
31 neomeniäx A, numenia S*, neomenia S**   carnis S**A, -nes S*   34 coram
S**A, contra S*   35 uenienti SA**, uenite A*   praecepi SA**, -cipi A*
37 leticia S   uidentes SA**, uiuentes A*   spū S   38 pater S*, frater S**,
partem A   aspice SA**, aspices A*   39 Isaac SA**, Isac A*   Micheæ A,
Miche S   Abdie S   Ione S   40 abbachuc A*, -cuc A**   sofoniae A
Malachim S   1 irrita SA**, inr- A*   2 dicet A   fili S   derelicta (-re-
inserted extra lin.) A

1—2

tristitia, quoniam peccastis coram domino deo et quod malum
4 est coram me fecistis. Modo autem quid faciam uobis? ego
enim uidua sum et derelicta: ite, filii, et petite a domino
5 misericordiam. Ego autem te, pater, testem inuoco super
matrem filiorum, quia noluerunt testamentum meum seruare,
6 Vt des eis confusionem et matrem eorum in direptionem, ne
7 generatio eorum fiat. Dispergantur in gentes, nomina eorum
deleantur a terra, quoniam spreuerunt testamentum meum.
8 Vae tibi, Assur, qui abscondis iniquos penes te! gens mala,
9 memorare quid fecerim Sodomae et Gomorrae, Quorum terra
iacet in piceis glebis et aggeribus cinerum: sic dabo eos qui me
non audierunt, dicit dominus omnipotens.
10 Haec dicit dominus ad Ezram: adnuntia populo meo, quoniam dabo eis regnum Hierusalem, quod daturus eram Israel.
11 Et sumam mihi gloriam illorum et dabo eis tabernacula aeterna,
12 quae praeparaueram illis. Lignum uitae erit illis in odorem
13 unguenti, et non laborabunt neque fatigabuntur. Petite et
accipietis, rogate uobis dies paucos ut minorentur; iam para-
14 tum est uobis regnum: uigilate. Testare, testare caelum et
terram, omisi enim malum et creaui bonum, quia uiuo ego, dicit
15 dominus. Mater, complectere filios tuos, educa illos cum laetitia
sicut columba, confirma pedes eorum, quoniam te elegi, dicit
16 dominus. Et resuscitabo mortuos de locis suis et de monumen-
17 tis educam illos, quoniam cognoui nomen meum in illis. Noli
18 timere, mater filiorum, quoniam te elegi, dicit dominus. Mittam
tibi adiutorium pueros meos Isaiam et Hieremiam, ad quorum
consilium sanctificaui et paraui tibi arbores XII grauatas uariis
19 fructibus Et totidem fontes fluentes lac et mel et montes inmensos septem habentes rosam et lilium, in quibus gaudio replebo
20 filios tuos. Viduam iustifica, pupillo iudica, egenti da, orfa-

3 tristicia S   6 om. ne A   fiat deleted A   7 dispergentur A*, -gatur
A**   testamentum A, sacramentum S   8 abscondisti A   poenes S
9 eos SA**, eis A*   10 adnuntia SA*, ann- A**   isrl S, israhel A   11 et
adsomam A*, et assumam A**   praeparauerunt A   12 om. uitae A   in odore S
om. et non laborabunt A   13 Petite] CM, ite SA   praeparaxtūx A
14 Testare testare SA*, testare A**   et testare terram A   creui S   15 complectare A*   om. tuos A   aeducā S, educam A   sicut Mater complectitur
filios ita educam A**   18 Isaiam SA**, Esaiam A*   20 uid. iusti iustifica A
pupillo S, populo A   aegenti S   om. egenti da A

num tuere, nudum uesti, Confractum et debilem cura, claudum 21
inridere noli, tutare mancum et caecum ad uisionem claritatis
meae admitte, Senem et iuuenem intra muros tuos serua, 22
Mortuos ubi inueneris, signans commenda sepulchro, et dabo 23
tibi primam sessionem in resurrectione mea. Pausa et quiesce, 24
populus meus, quia ueniet requies tua. Nutrix, bona, nutri 25
filios tuos, confirma enim pedes eorum. Seruos quos tibi dedi, 26
nemo ex eis interiet, ego enim eos requiram de numero tuo,
Noli satagere, cum uenerit enim dies pressurae et angustiae, 27
alii plorabunt et tristes erunt, tu autem hilaris et copiosa eris.
Zelabunt gentes et nihil aduersus te poterunt, dicit dominus. 28
Manus meae tegent te, ne filii tui gehennam uideant. Iocundare, 29
mater, cum filiis tuis, quia ego te eripiam, dicit dominus. 30
Filios tuos dormientes memorare, quoniam ego eos educam de 31
latibulis terrae et misericordiam cum illis faciam, quoniam
misericors sum, dicit dominus omnipotens. Amplectere natos 32
tuos usque dum uenio et praedica illis misericordiam, quoniam
exuberant fontes mei, et gratia mea non deficiet.

Ego Ezra accepi praeceptum a domino in monte Choreb, 33
ut irem ad Israel; ad quos cum uenirem, reprobauerunt me et
respuerunt mandatum domini. Ideoque uobis dico, gentes, 34
quae auditis et intellegitis: expectate pastorem uestrum,
requiem aeternitatis dabit uobis, quoniam in proximo est ille,
qui in finem saeculi adueniet. Parati estote ad praemia regni, 35
quia lux perpetua lucebit uobis per aeternitatem temporis.
Fugite umbram saeculi huius, accipite iocunditatem gloriae 36
uestrae; ego testor palam saluatorem meum. Commendatum 37
domini accipite et iocundamini gratias agentes ei qui uos ad

21 inridere S, ridere A   cecum S   23 mortuos S**A, murtuus S*
sessionem SA**, sesionem tuam A*   in resurrectione mea SA**, in -nem meam A*
26 interiit A   om. eos A   27 noli SA** -lii A*   sagere A ᵗᵃ   pressurae A**
psurae S, presurae A*   plorabunt S**A, -bant S*   28 aduersum A   29 mee
S   gehennam SA**, gechennam A*   30 cum fil. tuis *repeated after* eripiam
but deleted A   31 *om.* ego A   latibulis A**, -bolis A*, latilibus S   misericordiam meam A   32 exuberant S, exixerunt A   mei SA**, meae A*   defecit A
33 Ezra A, -ram S   choreph S, oreb A   isrl S, israhel A   34 gentes SA*,
-tibus A**   quae S*, que S**   *om.* et A   intelligitis A*, ut intelligatis A**
expectate SA**, exspec- A*   35 aeternitatis A*, -tes A**   36 umbra S
37 accip- (a *on eras.*) A   qui nos S

38 caelestia regna uocauit. Surgite et state et uidete numerum
39 signatorum in conuiuio domini. Qui se de umbra saeculi
40 transtulerunt, splendidas tunicas a domino acceperunt. Recipe,
Sion, numerum tuum et conclude candidatos tuos, qui legem
41 domini compleuerunt. Filiorum tuorum, quos optabas, plenus
est numerus, roga imperium domini, ut sanctificetur populus
tuus, qui uocatus est ab initio.
42 Ego Ezra uidi in monte Sion turbam magnam, quam
numerare non potui, et omnes canticis conlaudabant dominum.
43 Et in medio eorum erat iuuenis statura celsus, eminentior
omnibus illis, et singulis eorum capitibus inponebat coronas, et
44 magis exaltabatur: ego autem miraculo tenebar. Tunc inter-
45 rogaui angelum et dixi: qui sunt hi, domine? Qui respondens
dixit mihi: hi sunt qui mortalem tunicam deposuerunt et
inmortalem sumpserunt et confessi sunt nomen dei: modo
46 coronantur et accipiunt palmas. Et dixi ad angelum: ille
iuuenis quis est, qui eis coronas inponit et palmas in manus
47 tradit? Qui respondens dixit mihi: ipse est filius dei, quem
in saeculo confessi sunt. ego autem magnificare eos coepi, qui
48 fortiter pro nomine domini steterunt. Tunc dixit mihi angelus:
uade, adnuntia populo meo, qualia et quanta mirabilia domini
dei uidisti.

1   III. Anno tricesimo ruinae ciuitatis eram in Babilone, ego
Salathibel qui et Ezras, et conturbatus sum super cubili meo
recumbens, et cogitationes meae ascendebant super cor meum;

38 et state S, instate A   39 tunicas S**, ton- S*A   40 recipe S**A,
respice S*   candidos A   41 obtabas S   qui uocatus est SA**, quo natus
est A*   42 Aezra A*, -ras A**, Ezram S   conlaudabant SA*, collau- A**
43 ego SA**, tunc ego A*   44 hi SA**, hii A*   45 hi SA**, hii A*
tunicam S**, ton- S*A   accipiunt S**A, -ant S*   46 inponit S**, -net S*,
imponit A**, -nat A*   tradit S**A**, -det S*, -dat A*   47 in saeculo SA**, in
-lum A*   confessi sunt SA**, -fesi sunt A*   qui SA*, quia A**   48 adnuntia
S, et adn- A*, et ann- A**   dn̄i d̄i added above line S   uidisti SA**, uiuisti A*
                                                      liber
Explicit liber Ezrae secundus S, Explicit tertius A
Incipit liber Ezrae quartus cū uersus iiDC S, Incipit quartus (liber added under
line) A
    1 earum (for eram) C   babilone S**A**C, -onem S*A*, babylone M
salathibel SM, salathiel A, salatiel C   ezras SA, esdra C, esdras M   om. et
(bef. contur-) C   sum S, eram CM, om. A   cubili meo SA, -le meum CM

III LIBER EZRAE QVARTVS. 7

Quoniam uidi desertionem Sion et habundantiam eorum qui 2 habitabant in Babilone. Et uentilatus est spiritus meus ualde, 3 et coepi loqui ad altissimum uerba timorata, Et dixi : O domi- 4 nator domine, nonne tu dixisti ab initio, quando plasmasti terram, et hoc solus, et imperasti pulueri Et dedit tibi Adam, 5 corpus mortuum? sed et ipsum figmentum manuum tuarum erat, et insufflasti in eum spiritum uitae, et factus est uiuens coram te. Et induxisti eum in paradisum, quem plantauit 6 dextera tua antequam terra aduentaret. Et huic mandasti 7 diligentiam unam tuam; et praeteriuit eam, et statim instituisti in eum mortem et in nationibus eius, et natae sunt ex eo gentes et tribus, populi et cognationes, quorum non est numerus. Et 8 ambulauit unaquaeque gens in uoluntate sua, et impie agebant coram te et spernebant, et tu non prohibuisti eos. Iterum autem 9 in tempore induxisti diluuium super habitantes saeculum, et perdidisti eos. Et factum est in uno casus eorum, sicut Adae 10 mors, sic et his diluuium. Dereliquisti autem unum ex his, 11 Noe cum domo sua, ex eo iustos omnes. Et factum est cum 12 coepissent multiplicari qui habitabant super terram, et multipli-

2 disert- M*, desert- M** sion SA, syon CM (-ẏ- M) habund- SA*C, abund- A**M habitabant S**AC, habitant S*, erant M in babilone S**AM (-bÿl- M), in babilonem S*, babilone C 3 cepi C 4 O dñe dñator CM, txt. SA nonne CM cf. Syr. Aeth. Ar¹., om. SA quando S**CM, quoniam S*A plasmasti CM cf. Syr. Aeth. Ar¹. Arm., plantasti SA et hoc solus SAM, fiat terra et solem hec C puluerii] cf. Syr. Aeth., populo SA, orbi CM 5 dedit tibi] cf. Syr., dediti S*A*, dedisti S**A**C, dedit (om. tibi) M ipsut C om. figmentum A in eo M uibens C 6 in paradiso quam S, txt. ACM (-dẏ- M) plantabit C terra added later A 7 huic SA, adhuc CM diligentiam (-leⁱ- A) unam tuam S*A, diligentiam tuam unam CM, diligere uiam tuam S** preteriit CM txt. SA in eum SA, in eo CM morte- (end of line) S natae SM, -ti A*, -te A**C populi ubique et C, popliq; & M quorum SA, quarum CM numerus non est CM, txt. SA 8 ambulabit C unaquaeque AC, unaquaque SM uoluntate AM, uoluptate SC impie ACM, in ira S (spern-) + praecepta tua SA, om. CM cf. Syr. tu non phibuisti eos M, et non tu proibuisti eos C, cf. Syr. Aeth. Ar¹. Ar²., om. SA 9 om. autem CM dillubiū C in sclo CM, txt. SA perdⁱedisti A 10 factum est SA, factus est CM casus M cf. Syr. Aeth., casui S, casu A, casux C Ade SC hixs A dillubiū C, in diluuiū M 11 ex his (hixs A) unum ACM, txt. S ex eo SA*, et ex eo A**CM cf. Syr. Aeth. iustus S*, -tos S** 12 om. et factum est CM Quum (cū M) autem cepissent (coep- M) CM, txt. SA multiplicare A*, -ri A** habitabant S**AM, -bunt S*, inhabitabant C om. et (bef. mult-) CM multiplicaberunt et filios C

cauerunt filios et populos et gentes multas, et coeperunt iterato
13 impietatem facere plus quam priores. Et factum est cum
iniquitatem facerent coram te, elegisti tibi ex his unum, cui
14 nomen erat Abraham; Et dilexisti eum, et demonstrasti ei
15 temporum finem solo secrete noctu. Et disposuisti ei testamentum aeternum, et dixisti ei ut non unquam derelinqueres semen
16 eius, et dedisti ei Isaac, et Isaac dedisti Iacob et Esau. Et
segregasti tibi Iacob, Esau autem separasti, et factus est Iacob
17 in multitudine magna. Et factum est cum educeres semen
18 eius ex Aegypto, et adduxisti eos super montem Sina. Et
inclinasti caelos, et statuisti terram, et commouisti orbem, et
19 tremere fecisti abyssos, et conturbasti saeculum. Et transiit
gloria tua portas quattuor, ignis et terrae motus et spiritus et
gelus; ut dares semini Iacob legem, et generationi Israel
20 diligentiam. Et non abstulisti ab eis cor malignum, ut faceret
21 lex tua in eis fructum. Cor enim malignum baiolans primus
Adam transgressus et uictus est, sed et omnes qui ex eo nati
22 sunt. Et facta est permanens infirmitas, et lex in corde populi
cum malignitate radicis, et discessit quod bonum est, et mansit
23 malignum. Et transierunt tempora et finiti sunt anni, et
24 suscitasti tibi seruum nomine Dauid. Et dixisti ei aedificare
ciuitatem nominis tui, et offerre tibi in ea de tuis oblationes.

12 populus S*, -los S**   et coep- A   iterum inpietates (imp- M) CM, txt. SA
13 iniquitates M   ex eis unum A, unum ex his CM, txt. S   abraham supplied
above line A, habraam C   14 ei SAM, illi C   temporū finem C cf. Syr. Aeth.,
tēpora finis M, om. SA   solo SA*, soli A**CM   secreta A   15 ei ut (ut
written above and erased) non unquam S, ei ut non nūquā A, illi ne umquam C,
ei quod nūquā M   derelinqueres S**A**M, derelinquas S*A*C   saac (pr. lo.)
A* isaac A**   16 om. tibi M   in multitudine magna SC, in -nē magnā AM
17 factus est S*, factum est S**A, om. CM Syr.   et addux- SA*, addux- A**CM
super SA, in superiorem CM   syna CM   18 celos C   orbem SA, orbem
terre C, om. M   tremere fecisti abyssos SCM, tremefecisti abissos A   saeculum
SCM, caelum A   19 in portas C   quattuor SA**C, quatuor A*M   gelus
S*C, gelu S**AM   isrl SM, irhl C, israhel A   21 baiŏlans SA, baiulans CM
ex eo SACM, de eo Sab   22 facta est SCM, factum÷A   in corde CM cf.
Syr. Aeth. Ar¹., cum corde SA   pop- cum malig- radicis SA, pop- et malig- rad-
C, de popli malignitate pdux radices M   malignum S**A**CM, malum S*, in
malignum A*   23 om. et trans-...anni M   24 aedificare SA, ut edificaret
CM   ciuitatem SCM, (om. ciu-) domū added above line A   nominis tui SA*CM,
nomini tuo A** cf. Syr. Aeth.   et offerre tibi S*A, ut offerret ibi S** (ět offerr&ibi
S), et offerret tibi CM   in ea de tuis CM cf. Syr. Ar¹,², in eodem tuas SA*, in
eadem tuas A**   oblationes SAM, -nem C

III LIBER EZRAE QVARTVS.

Et factum est hoc annis multis, et deliquerunt qui habitabant 25 ciuitatem, In omnibus facientes sicut fecit Adam et omnes 26 generationes eius, utebantur enim et ipsi cor malignum. Et 27 tradidisti ciuitatem tuam in manibus inimicorum tuorum. Et 28 dixi ego tunc in corde meo: numquid meliora faciunt qui habitant Babilonem? et propter hoc dominauit Sion? Factum 29 est autem cum uenissem huc, et uidi impietates, quorum non est numerus, et delinquentes multos uidit anima mea hoc tricesimo anno; et excessit cor meum, Quoniam uidi quomodo sustines eos 30 peccantes, et pepercisti impie agentibus, et perdidisti populum tuum, et conseruasti inimicos tuos, Et non significasti nihil 31 nemini quomodo debeat derelinqui uia haec. numquid meliora facit Babilon quam Sion? Aut alia gens cognouit te praeter 32 Israel? aut quae tribus crediderunt testamentis tuis sicut haec Iacob? Quarum merces non comparuit, neque labor fructificauit. 33 pertransiens enim pertransiui in gentibus, et uidi habundantes eas, et non memorantes mandatorum tuorum. Nunc ergo 34 pondera in statera nostras iniquitates, et eorum qui habitant in saeculo; et inuenietur momentum puncti ubi declinet. Aut 35 quando non peccauerunt in conspectu tuo qui habitant terram? aut quae gens sic obseruauit mandata tua? Homines quidem 36

25 deliquerunt A**, dereliquerunt SA*C, derel- te M   inhabitabant CM, *txt.*
SA   26 et ipsi *written twice* M   cor malignum S**A, cor malum S*, corde maligno CM   27 in manibus S, in manus AM, in manu C   28 tunc SAC, tercio M   babillonem S* (m *erased*), babilone A, in babilone C, in babylone M   dominabit SA*, dominabitur A**CM   29 et uidi SA*, et uidissem A**, uidi CM   inpiet- C   quorum SA*C, quarum A**M   delinquentes SAC**M, derelinquentes C*   multos; Vidit S, multos. Vidit C   hoc. tric- C   30 inpie C   31 et non significasti nihil memini SA, et non sign- nemini quicquam C, et nemini sign- quicquā M   derelinqui CM, delinqui SA   facit babilon S*M *cf. Aeth.*, fecit bab- S** *cf. Syr. Ar*[1]., facis (s *on eras.*) bab- C, faciunt babilonii A   32 cognobit C   tuis M *cf. Syr. Aeth. Ar*[1,2]., *om.* SAC   haec A, hec C, heę M, *om.* S   33 quarum SCM, quorum A   comp- S, cōnp- A, conp- C, cōp- M   fructificabit C   enim SAC, autem M   pertransibi C   in gentibus SA, in gentes CM   habundantes C, habundanter S, habundas *altered to* -dantes A, abundantes M *om.* eas A   rememorantes CM, *txt.* SA   34 in stat- SAC, stat- M   nost- iniq- SAC, iniq- nost- M   in saeculum̄ S, *txt.* ACM   inuenietur SA*CM, non inueniet A**   momentum CM *cf. Syr.*, nomen tuum SA   puncti SA*CM, punctum A**   declinet SA, -nent C, -nat M   35 peccaberunt in C, peccauer̄ tibi in M   que A*, qui A**   inhabitant AC, *txt.* SM   obseruauit A**M, -uauerunt A*, -uabit SC   manda^ta A

per nomina inuenies seruasse mandata tua, gentes autem non
inuenies.

1   IV. Et respondit ad me angelus, qui missus est ad me,
2 cui nomen Vriel, Et dixit mihi: excedens excessit cor tuum in
3 saeculo hoc, et comprehendere cogitas uiam altissimi? Et dixi;
ita, dominus meus. et respondit mihi et dixit: tres uias missus
sum ostendere tibi, et tres similitudines proponere coram te;
4 De quibus si mihi renunciaueris unam ex his, et ego tibi
demonstrabo uiam quam desideras uidere, et doceam te quare
5 cor malignum. Et dixi: loquere, dominus meus. et dixit ad
me: uade, pondera mihi ignis pondus, aut mensura mihi satum
6 uenti, aut reuoca mihi diem quae praeteriit. Et respondi et
dixi: quis natorum poterit hoc facere, ut me interroges de his?
7 Et dixit ad me: si eram interrogans te dicens: quantae
habitationes sunt in corde maris, aut quantae uenae sunt in
principio abyssi, aut quantae uiae sunt super firmamentum,
8 aut qui sunt exitus paradisi; Dicebas fortassis mihi: in abyssum
non descendi, neque in infernum adhuc, neque in caelis unquam
9 ascendi. Nunc autem non interrogaui te nisi de igne et uento
et die, per quae transisti, et sine quibus esse non potes, et non

36 per nomina inuenies (-niaes M) SACM   seruasse ACM, seruare S
respondit SA**C, -dens A*M   om. ad me bef. ang- M   nomen SA, nomen
est CM   uriel C cf. Syr. Ar¹. Arm., hurihel (prob. o altered to u) S, orihel A,
                                                              x   sit
ırihel M   2 om. et bef. dix- M   mici C, michi M   ecces cor A   hoc
істо M   conpr- S, conpraehendere A*, conpreendere C, comprehendere A**M
3 dñs meus S, dñe meus AM, dñe mi C   hos tendere C   4 si S**CM, om.
S*A*, cū A**   renuntiaberis C   om. ex his, et M   om. tibi A   demonstrabo]
ue written above -stra- and deleted A   uixā S   uiam repeated aft. desid- and
deleted A   doceam S*ACM, docebo S**   quare SACM, unde sit Sab   malignum S**AC, malū S*, malignorum prospatur M   5 dñs meus S, dñe meus AM,
dñe mi C   satum] cf. Syr. Aeth. Ar¹., emend. Hilg, flatum SCM, flatus A
6 hoc facere A** cf. Syr. Aeth. Ar¹. Arm., facere SA*C, facere da M   interrogas
M   hiis A*, his A**, hoc M   7 si essem M   uene SC, -ne M, uaenae A
abissi A   quante S   uiae emend. van der Vliz cf. Syr. Aeth. Arm., uene SACM
(varr. as bef.)   sub firmamento M   qui sunt exitus A, qui sint ex- SC, quis
intextus (corrupted from qui sint exitus) M   paradysi SM   8 dicebas SA,
                                          s
diceres CM   mihi fortasis A   fortasse CM   abissum A   adhuc SA, om. CM
caelis SA*, -los A**, celos C, çelos M   umquam CM   9 non SA, om. CM
interrogabi C   om. nisi M   igne A*, -ni A**   die S**A**CM, diem S*A*
per quae (que C) CM cf. Syr., per quem SA   sinec A*, hęc A**   om. quibus
A   esse CM cf. Syr., separari SA*, -re A**   potes S**, potest S*

respondisti mihi de eis. Et dixit mihi; tu quae tua sunt 10
tecum coadulescentia non potes cognoscere, Et quomodo poterit 11
uas tuum capere altissimi uiam, et iam exteritus corrupto
saeculo intellegere incorruptionem? et cum haec audissem,
cecidi in faciem meam, Et dixi illi: melius erat nos non adesse, 12
quam aduenientes uiuere in impietatibus, et pati et non intellegere de qua re. Et respondit ad me et dixit: proficiscens 13
profectus sum ad siluam lignorum campi, et cogitauerunt
cogitationem, Et dixerunt: uenite et eamus et faciamus ad 14
mare bellum, ut recedat coram nos, et faciamus nobis alias
siluas. Et similiter fluctus maris et ipsi cogitauerunt cogita- 15
tionem et dixerunt: uenite ascendentes debellemus siluam
campi, ut et ibi consummemus nobismetipsis aliam regionem.
Et factus est cogitatus siluae in uano, uenit enim ignis et con- 16
sumpsit eam; Similiter et cogitatus fluctuum maris, stetit enim 17
harena et prohibuit eos. Si enim eras iudex horum, quem 18
incipiebas iustificare, aut quem condempnare? Et respondi et 19
dixi: utrique uanam cogitationem cogitauerunt, terra enim
data est siluae, et maris locus portare fluctus suos. Et respondit 20
ad me et dixit: bene tu iudicasti, et quare non iudicasti tibi-

9 de eis SA, de his C, de his Esdrax (s *rubbed out*) M   10 esdra· tu C
coadulescentia S*, coadol- S**M, calescentia C, cogita altiss[imi] scientiam A   potes
S**AC, potest S*M   11 *om.* et (*bef.* quom-) CM   poterit uas tuum SA,
potes CM   capere SAC, cognoscere M   uiam altis- A   exteritus] exterritus
ACM, exterius $\overset{..}{sa}$ S   intellegere A*, intellege A**, -ligere M   corruptionem M
et cum haec audissem cecidi] *cf. Syr. Aeth. Ar*¹., euidentem SA, et uidere CM   *om.*
in C   12 non nos adesse M   ad[uenientes S, -tesx (e *from corr.*) A   pati SAM,
peccatis C   intellegere M Sab *cf. Syr. Aeth. Ar*¹. *Arm.*, intellexi SAC   de
quare S*AM, quare S**   13 dixit michi M   proficens C   siluam S*AM,
-uas S**, -ua C   et campi cog- M   cogitaberunt C   14 et eamus SA,
eamus CM   coram nos S*A*, coram nobis S**A**CM   *om.* nobis (*bef.* alias) M
15 et (*bef.* simil-) SA, *om.* CM   fluctus S**, fructus S*   cogitaberunt C
cogitatione C   et dixerunt SA, dicentes CM   ascendentes SA, -damus et CM
ut et ibi SCM, ut nobis A*, ut & nos A**   consummemus (-sum- M) AM, consu-
memus SC   16 silua S*, siluae S**   in uano S, inuanae A*, in uanum A**CM
17 fluctus maris M   *om.* enim A   harena S**A**, harene S*, arena A*CM
eos CM, eăm SA   18 eras SA*C, eris A**, esses M   horum SAM, eorum C
incipiebas S*A*C, inciperes S**, incipies A**   *om.* incip- iust- aut quem M
condempnare SA*, -demnare A**C, -demnares M   19 cogitationēx S   cogi-
tabeberunt C   maris SAM* *cf. Syr.*, mari CM**   fluctos SC   20 dīx michi
M   tu SA, *om.* CM   tibimetipso S*A*, -ipsi S**A**C, temetipsum M

7 *

21 metipso? Quemadmodum enim terra siluae data est et mare
fluctibus suis, sic et qui super terram inhabitant quae sunt
super terram intellegere solummodo possunt, et qui super caelos
22 quae super altitudinem caelorum. Et respondi et dixi: deprecor te, domine, ut quid mihi datus est sensus intellegendi?
23 Non enim uolui interrogare de superioribus uiis, sed de his
quae pertranseunt per nos cotidie: propter quod Israel datus
est in obprobrium gentibus, quem dilexisti populum datus est
tribubus impiis, et lex patrum nostrorum in inritum deducta
24 est, et dispositionis scriptae nusquam sunt. Et pertransimus de
saeculo ut locustae, et uita nostra ut uapor, et nec digni sumus
25 misericordiam consequi. Sed quid faciet nomini suo quod
26 inuocatum est super nos? de his interrogaui. Et respondit ad
me et dixit: si fueris uidebis, et si uixeris frequenter miraberis,
27 quoniam festinans festinat saeculum pertransire; Non enim
capiet portare quae in temporibus iustis repromissa sunt,
quoniam plenum mesticia est saeculum hoc et infirmitatibus.
28 Seminatum est enim malum, de quo me interrogas de eo, et

---

21 terre C   silua SC   Tra saluata est M   mare cum fl- M   sic CM *cf. verss.
orr., om.* SA   qui SA, his qui C, hii qui M   quae sunt SA, ea quae (que C) sunt CM
intelligere solummodo: intelligere possunt C   possunt. Qui M   caelos SA,
caelos sunt CM   quae super S** *cf. Syr. Ar*¹,²., *om.* CM, super S*A   22 ut
quid *cf. Syr. Aeth. Arm.*, ut SAC, *om.* M   datus est SA*CM, detur A**   intelli-
gendi C   23 uolo C   de sup- uiis C *cf. Syr. Aeth. Ar*²., de sup- tuis SA, de
cęlo et supiorib; suis M   ×××× (*after* uiis) C   pertranseunt SA*CM, transeunt
A**   per SA, *om.* CM   propter quod Isr- SC, propter israhel A*, propter
peccata isr- A**, quod isrl M   in obprobrium A, in -prium S, in inproperium C,
improperium M   & added later bef. quem A   tribub; impiis M *cf. Syr.*, tribus
impii SA*, in tribus impii A**, tribus impiis C   patruū C   in inritum (irr-
M) CM *cf. Syr.*, in interitum SA   deducta S**ACM, data S*   dispositionis
SA*, -nes A**CM   scriptae nusquam AM, -te nusq- S, -ta enim cum C   24 Et]
s; (=sed) M   pertransimus CM *cf. Syr.*, pertransiuimus SA   locusta M, -te S
ut ACM, ęt S   uapor *cf. Syr. Aeth. Ar*¹,²., pauor SAM, pubor C   et nec SA,
nec CM   25 quid S**ACM, qui S*   faciet SAC, fiet M   suo SAC, tuo M
quod inuocatum est ACM, qui -tus est S   de CM *cf. Syr. Aeth.*, et SA   et his
inter- *deleted* (*ut uid.*) A   interrogabi C   26 dixit SA, +mici C, + michi M
uixeris. fr- C   miraberis S**, -ueris S*   festinat SA**CM, -net A**   sc̄dm
transire M   27 enim CM, *om.* SA   cupiet A   mesticia est S, maestitia est A,
est mesticia M   infirmitatibus SA, -tate C, -tatis M   28 q̄d sem- est M
om. enim M   de quo *cf. Syr. Aeth.*, de quibus SA, de his quibus C, de his de
quibus M   de eo] de ea SA, *om.* CM, dicam Sab

necdum uenit destrictio ipsius. Si ergo non messum fuerit 29 quod seminatum est, et discesserit locus ubi seminatum est malum, non ueniet ager ubi seminatum est bonum. Quoniam 30 granum seminis mali seminatum est in corde Adam ab initio, et quantum impietatis generauit usque nunc et generabit usque cum ueniat area. Aestima autem apud te granum mali 31 seminis quantum fructum impietatis generauerit. Quando 32 seminatae fuerint spicae quarum non est numerus, quam magnam aream incipient facere! Et respondi et dixi: usque- 33 quo et quando haec? quare modici et mali anni nostri? Et 34 respondit ad me et dixit: non festinas tu super altissimum, tu enim festinas propter temetipsum, nam excelsus pro multis. Nonne de his interrogauerunt animae iustorum in prumptuariis 35 suis dicentes, usquequo spero sic? et quando uenit fructus areae mercedis nostrae? Et respondit ad eas Hieremihel 36 archangelus et dixit: quando impletus fuerit numerus similium uobis, quoniam in statera ponderauit saeculum, Et mensura 37 mensurauit tempora, et numero numerauit tempora, et non

---

28 destrictio S, districtio A*, destructio A**, detectio C, deiectio M 29 non messum fuerit A**, non fuerit messum CM, non mensum f- A*, noɱ suū S *om.* et disc- loc- ubi seminatum est M discesserit SA, detritio C malum...seminatum est S**, *om.* S* ueniet ACM, ueniat S** ager SACM, *om.* Sab *om.* bonum...seminatum est (*ver.* 30) M 30 In corde enī Adam ab initio granū sinapis mali seminatum est. et q- M ᵃmali S impietatis SA**M, inp- C, -tas A* generauit SA, -bit C, regenerauit M (et) generabit CM, generat (*with eras. at end* A) SA cum S(A*?), quo A**, dum CM 31 extima C apud SA**M, -ut A*C malum sem- M fructum SC, *om.* AM inp- generaberit C 32 fuerint S**CM, -rit S*, sunt A spice S, ᵃpice C quorum S 33 usque- quo] *cf. Syr. Aeth. Ar¹. Arm.*, quo SA, ubi CM quare SM, et quare A, *om.* C modici SA, mod- sunt CM 34 dixit ACM, dixit mihi S non festinas SA*C, non -nes A**M propter temetipsum] *cf. Syr. Aeth. Ar¹,². Arm.*, uaniter cum et ipsum spm̄ SA*, inaniter cum et ipsum spm̄ A**, uane cum et ipsut (-sū M) sis CM qnm̄ *cancelled bef.* nam A nam excelsus pro multis SA*C, non exc- pro m- M, ab excelso acceperis A** 35 interrogaberunt C im M prumptuariis SA*, prompt- A**M, promt- C uenit SA, ueniet CM mercedes M 36 ad eas M *cf. Syr. Aeth.*, ad ea SAC hieremihel archang- S *cf. Syr. Aeth.*, Vriel arcang- C *cf. Ar².*, archang- Oriel A, remihel M similium] *cf. Syr. Aeth. Ar².* (*emend.*), seminum SACM in SA, *om.* CM ponderauit M *cf. Syr.*, -bit C, -aui SA 37 mensurauit (-bit C) tempora SCM, -aui saecula et tempora A *om.* numero M numerauit tempora S, -aui temp- A**, numerum temp- A*, -auit (-abit C) ea CM

commouebit nec excitabit usque dum impleatur praedicta
38 mensura. Et respondi et dixi: O dominator domine, sed et
39 nos omnes pleni sumus impietatem. Et ne forte propter nos
prohibeatur iustorum area, propter peccata inhabitantium
40 super terram. Et respondit ad me et dixit: uade et interroga
praegnantem, si quando impleuerit nouem menses suos adhuc
41 poterit matrix eius retinere foetum in semetipsa. Et dixi:
non potest, domine, et dixit ad me: in inferno prumptuaria
42 animarum matrici adsimilata sunt. Quemadmodum enim
festinabit quae parit effugere necessitatem partus, sic et haec
43 festinant reddere ea quae commendata sunt ab initio. Tunc
tibi demonstrabitur de his, quae concupiscis uidere.
44 Et respondi et dixi: si inueni gratiam ante oculos tuos, et si
45 possibile est, et si idoneus sum, Demonstra mihi et hoc, si plus
quam praeteriit habet uenire, aut plura pertransierunt super
46 nos; Quoniam quod pertransiuit scio, quid autem futurum sit
47 ignoro. Et dixit ad me: sta super dexteram partem et
48 demonstrabo tibi interpretationem similitudinis. Et steti et
uidi, et ecce fornax ardens transiit coram me, et factum est cum
49 transisset flamma et uidi et ecce superauit fumus. Et post hoc
transiit coram me nubs plena aquae et inmisit pluuiam impetu

37 cōmouebit M, -bebit C, commouit SA   nec excitauit S   impleatur SA,
impleat CM   praedicta mensura A, praedictam mensuram SCM   38 impietatem S, -tatis M, inpietate C, iniquitate A   39 et SA, om. CM   prohibeatur (proib- C) CM, impleatur SA, non impleantur Sab   area ACM
xxxxxx areae S   40 dixit mici C   pregn- SM   & del. bef. si A   quando
SA, cum CM   impleberit C   nouem SA** (pr. m.) -bem C, om. A*M   an
adhuc A**   adhuc m- e- poterit M   reticere M*, -nere M**   foetum (on eras.)
A, fetū C, pectǫs S, pecus M   in semetipsam C   41 in inferno A, in infernum
S, infernum C, -ni M, infernus et Syr. Aeth.   prumptuaria SA*, prompt- A**M,
promt- C   adsim- SA*C, assim- A**M   42 quemadmodum quae parit festinat
M   festinabit C, -uit SA   haec SA, hoc CM   festinant A**, -nat SA*CM
cōmendatae S   sunt SA, sunt ei CM   43 tibi A**CM, ibi SA*   de A**,
ab A*   44 si poss- SA, poss- CM   idoneos A*, -neus A**   45 praeteriit
(pre- C) CM, praeteriti S, -riti s̄ A*, -rita s̄ A**   habet A*, -ent A**   aut SA,
aut si CM   eras. aft. nos A   46 pertransiuit SA, -iit CM   om. quid...ignoro M
futurum A**C, -ri SA*   47 sup petrā dexteram partē M   dextram S
interpretationes (om. simil-) A   48 et ecce for-...uidi om. but added on marg. M
transiit SC, om. A, & transiens M   transisset A, transiret SCM   et uidi SA,
uidi CM   om. et ecce C   superabit C   49 om. et C   hec C cf. Syr.   om.
coram me M   nubs S, nubis A*C, nubes A**M   aque S, aqua C   inmisit
SA*C, imm- M, em- A**   plubiam C   impetu S**AM, -to S*, in inpetu C

multam, et cum transisset impetus pluuiae superauerunt in ea guttae. Et dixit ad me; cogita tibi; sicut enim crescit pluuia 50 amplius quam guttae et ignis amplius quam fumus, sic superhabundauit quae transiuit mensura, superauerunt autem guttae et fumus. Et oraui et dixi: putas uiuo usque in diebus illis? uel quis 51 erit in diebus illis? Respondit ad me et dixit: de signis de 52 quibus me interrogas, ex parte possum tibi dicere, de uita autem tua non sum missus dicere tibi, sed nescio.

V. De signis autem: ecce dies uenient, et adprehendentur 1 qui inhabitant terram in excessu multo, et abscondetur ueritatis uia et sterilis erit a fide regio. Et multiplicabitur in- 2 iusticia super hanc quam ipse tu uides, et super quam audisti olim. Et erit incomposita [et sine] uestigio quam nunc uides 3 regnare regiouem et uidebunt eam desertam. Si autem tibi 4 dederit altissimus uiuere, et uidebis post tertiam turbatam, et relucescet subito sol noctu, et luna interdie. Et de ligno 5 sanguis stillabit, et lapis dabit uocem suam, et populi commouebuntur, et gressus commutabuntur. Et regnabit quem non 6 sperant qui inhabitant super terram, et uolatilia conmigratio-

49 multo A inpetus plubie C et *erased bef.* superaue- M superauerunt AM, -berunt C, et -uerant S 50 plubia C gutte S ignis amplius quam SA, ig- plus quam CM superhabundauit SA*, superab- A**M, perhabundabit C quae SA**C, qui A*, q̄d M transiuit SA, -iit CM transiit. Mensurā...M *om.* autem M 51 orabi C uibo C *om.* usque M in diebus illis SA, in dies illos CM erit in illis diebus C 52 resp- SA, et resp- CM dixit michi M de quibus SAM, quibus C interrogas S**A**CM, .progas S*C* ipsa sum &
de autem uita tua A non missus A sed nescio A 1 uenient SA, -iunt CM et A**, *om.* A* adprehen- S, adpraehen- A*, adpreen- C, apprehon- A**M inhabitant SC, habitant A, sunt M terram S, super terram ACM in excessu multo] *cf. Syr.*, incessu multo C, incensu multo SA**, incenso multo A*, ingenti tumultu M sterelis S*A*, -rilis S**A** ad fidē M 2 multiplicabitur A**CM, -uitur A*, multiplicauiť S*, -abit S** ipse tu uid- SC, tu ipse uid- A, uid- ipse tu M 3 incomposita A**, -sitio SA*, -sito CM et sine uest.] *cf. Syr.* nunc SA, tu nunc CM 4 autem SA, enim CM et uidebis SA, uid- CM tertiam A, tertia S, eam C, & iā M turbatam C *cf. Syr. Aeth. Ar¹. Arm.*, tubam A, tuba S, orbatā M relucescit S interdie S, interdiē A, in die CM 5 stillabit A**, -uit A* commobebuntur C et gressus ACM, egressos S commutabuntur S**AM, conmut- C, commouebuntur S* 6 regnabit A**, -uit A* commigrationem A**, conmirationem SA*C, cōmotionē M

7 nem facient. Et mare Sodomiticum pisces reiciet, et dabit
uocem noctu, quam non nouerunt multi, omnes autem audient
8 uocem eius. Et chaus fiet per loca multa, et ignis frequenter
emittetur et bestiae agrestes transmigrabunt regionem suam,
9 et mulieres parient menstruatae monstra. Et in dulcibus aquis
salsae inuenientur, et amici omnes semetipsos expugnabunt, et
abscondetur tunc sensus, et intellectus separabitur in promp-
10 tuarium suum, Et queretur a multis et non inuenietur, et
11 multiplicabitur iniustitia et incontinentia super terram. Et
interrogabit regio proximam suam et dicet: numquid per te
12 pertransiit iustitia, iustum faciens? et haec negabit. Et erit
in illo tempore, et sperabunt homines et non impetrabunt,
13 laborabunt et non dirigentur uiae eorum. Haec signa dicere
tibi permissum est mihi, et si oraueris iterum et ploraueris
sicut et nunc et ieiunaueris septem diebus, audies iterato horum
maiora.
14 Et euigilaui, et corpus meum horruit ualde, et anima mea
15 laborauit, ut deficeret. Et tenuit me qui uenit angelus, qui
loquebatur in me, et confortauit me et statuit me super pedes.
16 Et factum est in nocte secunda et uenit ad me Phalthiel dux
populi et dixit mihi: ubi eras et quare uultus tuus tristis?
17 Aut nescis quoniam tibi creditus est Israel in regione trans-

6 facient A**CM, -ant S, -unt A*   7 sodomiticum A**, -mitum SA*, -mitarum
CM   reiciet SA**CM, reieciet A*   uocem noctu SA, nocte uocem CM   qua S
noverant SA, -erunt M, noberunt C   8 chaus SA*, -os A**M, cahos C   emit-
tetur] remittetur SACM   transmigrabant S   menstruatę parient M   menstruate
monstra SA   monstrua C   9 salse SC   om. et amici...inuenietur (ver. 10) A
semetipsos oms M   et abscondentur M   in prumptuarium suum S, in promp-
tuario suo CM   10 queretur S**, -itur S*   multiplicabuntur C   iniusticia
SM   om. et incont-...iustitia (ver. 11) A   11 interrogauit S   dicet S**, -cit S*
per te SA, om. CM   pertransiit SC, ptransit hic M   iusticia SM   negabit
A**CM, -uit SA*   12 et sper- SA, sper- CM   inpetr- S   13 michi quia
si M   oraberis...ploraberis...ieiunaberis C   et tunc M   iterato SA**, -atum
A*, iterum CM   14 euigilaui SA, uigilabi et uidi C, uigilaui M   orrui C
laborabit C   15 me qui S (eras. betw. me and qui), me angelus qui CM   qui
loq- SA, et loq- CM   om. et conf- me A   confortabit C   om. et statuit me C
(pedes)+meos CM, om. SA   16 saecunda A*, secunda A**   et uenit SA*,
uenit A**CM   phalthiel A, spalthihel S, salatiel C, salathihel M   mici C,
michi M   tristis est M   17 om. nescis A   quoniam SA, quia CM, est
populus israhel (eras. bef. pop-) A   in regione C, regione S, in (added above A)
regionem AM

migrationis eorum? Exsurge ergo et gusta panem alicuius ut 18 non derelinquas nos, sicut pastor gregem suum in manibus luporum malignorum. Et dixi ei: uade a me et non ad me 19 accedas usque ad dies septem et tunc uenies ad me. et audiuit ut dixi et recessit a me. Et ego ieiunaui diebus septem ulu- 20 lans et plorans sicut mihi mandauit Vriel angelus. Et factum 21 est post dies septem et iterum cogitationes cordis mei molestae erant mihi ualde. Et resumpsit anima mea spiritum intel- 22 lectus et iterum coepi loqui coram altissimo sermones, Et 23 dixi: dominator domine, ex omni silua terrae et ex omnium arborum eius elegisti uineam unam, Et ex omnium terrarum 24 orbis elegisti tibi foueam unam, et ex omnibus floribus orbis elegisti tibi lilium unum, Et ex omnibus abyssis maris replesti 25 tibi riuum unum, et ex omnibus aedificatis ciuitatibus sanctificasti tibimetipsi Sion, Et ex omnibus creatis uolatilibus 26 nominasti tibi columbam unam, et ex omnibus plasmatis pecoribus prouidisti tibi ouem unam, Et ex omnibus multiplicatis 27 populis adquisisti tibi populum unum et ab omnibus probatam legem donasti huic quem desiderasti populo. Et nunc, domine, 28 utquid dedisti unum pluribus et praeparasti unam radicem super alias et disparsisti unicum tuum in multis? Et con- 29 culcauerunt qui contradicebant sponsionibus tuis eos qui tuis testamentis credebant. Et si odiens odisti populum tuum, tuis 30 manibus debet castigari.

18 exsurge SA, exurge CM   pane M   alicuius SAC, aliquantulū M   ut non CM cf. Syr. Aeth. Ar¹., et non S   19 uade ad me S   accedas ad me A usque ad dies A**, usque a diebus SA*, dies C, dieb; M   et tunc SA, et his consummatis tunc CM   audibit C   a me S**ACM, ad me S*   20 ieiunabi C diebus septem SAM, septem diebus C   mandabit C   Vriel C, urihel M, hurihel S, huriel A*, oriel A**   21 diebus A*, dies A**   et iterum SA*, iterum A**CM   molesti S   ualde mihi A   22 resumsit C   cepi C   23 ex omni silua SA cf. Aeth., ex omnibus siluis CM cf. Syr.   ex omnium arborum SA*, ex (om. CM) omnibus arboribus A**CM   elegisti SAM, el- tibi C   24 ex omnium terrarum SA, ex omnibus terris CM   orbis SA*CM, orbe A**   foueam unam SM, unam foueam A, folium unum C   25 abẏssi M   uirū deleted bef. riuū S 26 om. Et C   nomin-] creasti with note uel nominasti A   27 adquesisti S om. unum C   huic] uhic eras. at beg. C   desiderasti SCM, considerasti A 28 dedisti] tradisti M   pluribus CM, plurimis SA   disparsisti SA*, dispersisti A**, dispsisti CM   in multis SA, in multos C, pro multis M   29 conculcaberunt C   eos qui A**, quique SA*C, quicunque M   30 om. si M   debet SA, debes CM (s on eras. C)   castigari SA**C, castigere A*, castigare illū d̄s M

18 LIBER EZRAE QVARTVS. V

31 Et factum est, cum locutus essem sermones istos, et missus
32 est angelus ad me qui ante uenerat ad me praeterita nocte, Et
dixit mihi: audi me et instruam te, et intende mihi et adiciam
33 coram te. Et dixi: loquere, dominus meus. et dixit ad me:
ualde in excessu mentis factus es in Israel; aut plus dilexisti
34 illum super eum qui fecit illum? Et dixi: non, domine, sed dolens
locutus sum, torquent enim me renes mei per omnem horam
querentem adprehendere semitam altissimi et inuestigare par-
35 tem iudicii eius. Et dixit ad me: non potes. et dixi: quare,
domine? aut quid nascebar? aut quare non fiebat matrix
matris meae mihi sepulchrum, ut non uiderem laborem Iacob
36 et defatigationem generis Israel? Et dixit ad me: numera
mihi qui necdum uenerunt, et collige mihi dispersas guttas, et
37 reuirida mihi aridos flores, Et aperi mihi clausa prumptuaria
et produc mihi inclusos in eis flatos, aut monstra mihi uocis
imaginem, et tunc ostendam tibi eum laborem quem rogas
38 uidere. Et dixi: dominator domine, quis enim est qui potest
haec scire, nisi qui cum hominibus habitationem non habet?
39 Ego autem insipiens, et quomodo potero dicere de his quibus
40 me interrogasti? Et dixit ad me: quomodo non potes facere
unum de his quae dicta sunt, sic non poteris inuenire iudicium
41 meum aut finem caritatis quam populo meo promisi. Et dixi:
sed ecce, domine, tu praees his qui in fine sunt, et quid facient

31 *om.* factum est M   essem SA, fuissem CM   et mis- SA, *om.* et S**A**CM
ang- ad me SA, *om.* ad me CM   uenerat] fuerat M   32 *om.* et *bef.* instr- A
coram *added above line pr. m.* A   33 dn̄s meus SA*, dn̄e meus-A, dn̄e mi C, m̄s
dn̄e M   in excessu C, in excessum A**M, in   cessu (*sic*) S, in cessum (*eras.* over
m) A*   aut SA, aut numquid C, et M   dil- illum CM, dil- eum SA, fec- illum
CM, fec- eum A, eum fec- S   34 quer- SACM   adpr- SAC, appr- M   semitā M
35 domine, quare A   aut quid SA*, aut ut quid A**, quid ergo CM   nascebam
C   fiebar A*, -bat A**   mici matrix (mici *erased bef.* sepul-) C   *om.* laborem
M   defatigationem SCM, defectionem A   36 ad me SCM, mihi A   qui
necdum uenerunt ACM, qui necdum uenerant S   college A*, collige SA**
37 clusa S   prumptuaria SA*, prompt- A**CM   inclusos S   flatos SA*C**,
flatus A**C*M   monstra SA, demonstra CM   ost- tibi SA, tibi host- C, tibi ost-
M   rogas SA, queris CM   38 haec ACM, hoc S   39 insip- sum. quomodo
CM   de quibus M   40 de his SA, ex his CM   finem A*CM, in finem S,
in fine A**   caritatem A**C (kcar-) M, caritatis SA*   quam A**CM, quem SA*
populo CM, pro populo SA   41 tu dn̄e A   praees S*, praeis S**, praeties
A*, prestas A**, prees C, prȩes M   qui SA**CM, quae A*   in fine SA**CM, in
fines A*   sunt. precius es C   et quid SA, quid C

LIBER EZRAE QVARTVS.

qui ante nos sunt aut nos aut hi qui post nos? Et dixit ad 42 me: coronae adsimilabo iudicium meum; sicut non nouissimorum tarditas, sic nec priorum uelocitas. Et respondi et dixi: 43 nec enim poteras facere qui facti sunt et qui sunt et qui futuri sunt in unum, ut celerius iudicium tuum ostendas? Et re- 44 spondit ad me et dixit: non potest festinare creatura super creatorem, nec sustinere saeculum qui in eo creati sunt in unum. Et dixi: quomodo dixisti seruo tuo, quoniam uiuificans uiuifi- 45 cabis a te creatam creaturam in unum? si ergo uiuentes uiuent in unum et sustinebit creatura, poterit et nunc portare praesentes in unum. Et dixit ad me: interroga matricem mulieris et 46 dices ad eam: decem si paris, quare per tempus? roga ergo eam ut det decem in unum. Et dixi: non utique poterit, sed 47 secundum tempus. Et dixit ad me: et ego dedi matricem 48 terrae his qui seminati sunt super eam per tempus. Quem- 49 admodum enim infans non parit nec ea quae senuit adhuc, sic ego disposui a me creatum saeculum.

Et interrogaui et dixi: cum iam dederis mihi uiam, loquar 50 coram te; nam mater nostra de qua dixisti mihi, adhuc iuuenis est, [an] iam senectuti adpropinquat? Et respondit ad me et 51 dixit: interroga quae parit, et dicet tibi. Dices enim ei: quare 52 quos peperisti nunc non sunt similes his qui ante sed minores statu? Et dicet tibi et ipsa: alii sunt qui in iuuentute uirtutis 53

41 ante nos CM *Syr.*, ante me SA   *om.* aut nos...post nos M   hi SA**, hii A*C   nos sunt C   42 corone S   adsimilabo SA*C, assim- A**M non nouissimorum AM, non est nou- C, in nou- S   nec in priorum S   43 *om.* et dixi M   nec enim SA, non enim C, Et non M   poteris A   *om.* qui *bef.* fut- A   hostendas C   44 qui in eo SA, eos qui in ipso CM   45 et dixit M uiuificabis] *Syr.*, -bit SA, -bitur CM   a te creata (*fin.* a *on eras.*) creatura in unum C, creatura a te in unum M   si ergo uiuentes uiuent in unum] *Syr., om.* SACM et sustenebit A*, et sustinere A**M   *om.* creatura CM   et nunc SAM, tunc C ac portare M   praesentis S   46 decem si] *Syr.*, et si SA, si CM   ergo SA**CM, -ga A*   eam ut SA, illam ut CM   47 utiq; dn̄e pot- M   saecundum A   48 *om. et bef.* ego M   dedi M, te dedi SAC   per tempus quidem A 49 admodū̱ A   senuit adhuc SA*CM, senuit, adhoc A**   sic S**A**CM, si S*A*   ego SAC, ergo M   50 interrogabi C   quū C   loquar tecum CM nam SACM, num Volk.   matricē n̄ram M   *om.* adhuc M   iubenis C   senectuti] -te S, ad senectutem ACM   adpropinquat SA*, appro- A**M, adpropinquabit C 51 parit SA**CM, -et A*   52 ei (*eras..at end*) C, *om.* ei M   similis S   his qui SA**, hiis qui A*, illorum quos CM   minores (s *on eras.*) A   statu S*A, statura S**, sunt statura CM   53 et ipsa SA**M, ipsa A*C   iubentute C

LIBER EZRAE QVARTVS.

nati sunt, et alii qui sub tempus senectutis deficiente matrice
54 nati. Considera ergo et tu, quoniam minores statu estis prae
55 his qui ante uos, Et qui post uos quam et uos, quasi iam
senescentis creaturae et fortitudinem iuuentutis praeterientis.
56 Et dixi: rogo, domine, si inueni gratiam ante oculos tuos,
demonstra seruo tuo per quem uisitas creaturam tuam.

1 VI. Et dixit ad me: initium terreni orbis, et antequam
starent exitus saeculi et antequam spirarent conuentiones uen-
2 torum, Et antequam sonarent uoces tonitruum, et antequam
splenderent nitores coruscuum et antequam confirmarentur
3 fundamenta paradisi, Et antequam uiderentur decores flores,
et antequam confirmarentur motus uirtutes, et antequam
4 colligerentur innumerabiles militiae angelorum, Et antequam
extollerentur altitudines aerum, et antequam nominarentur
mensurae firmamentorum, et antequam aestimaretur scabellum
5 Sion, Et antequam inuestigarentur praesentes anni, et antequam abalienarentur eorum qui nunc peccant adinuentiones, et
6 consignarentur qui fidem thesaurizauerunt: Tunc cogitaui et

---

53 sub tempore CM   deficiente matrice] deficiente matricis S, deficiente
matris (utero *added later*) A, deficientis matricis CM   nati sunt CM
54 minores SA**, -ris A*CM   statu estis A**, statu tis SA*, nature statura estis
C, staturae estis M   ante uos fuerunt CM   55 et post uos erunt CM   post
uos] minoris *added later in margin* A   quam et uos] qua ut uos S, quam ut
uos A, quam uis (*eras. at* i) C, quā uos M   *om.* iam M   se nescentis C,
senescentes SA, nescientes M   uī creaturę M   iuuentutis AM, -te S,
iubentutis C   praeterientis S, -tes A*, praetereuntis A**M, pretereunt C
56 per quam S   uisitas SCM, *om.* A   creaturam tuam SA*CM, creatura
coepit A**   1 Initium SAC, -tio M   terreni A**C, -ne A*, -na S   trae M
starent SAC, statuerentur M   et (*added above the line*) antequam inspirarent C,
(*om. et*) antequā sperarent M   2 *om.* sonarent A   tronitruū S*, ton- S**
et antequam spl- SA, antequam spl- CM   coruscuum SA, coruscorum C, choruscorum M   (*om. et*) antequam firmarent M   paradysi M   3 *om.* et M
om. et ant- uid- dec- fl- C   decores SA**, -ris A*, decori M   *om. et bef.* ant-
confir- C   motus] motu SACM   *om. et bef.* ant- coll- CM   collegerentur A
4 *eras. bef.* alt- A   et antequam nominarentur S, et ant- numerarentur A, ant-
numerarentur CM   aestimaretur S*A, estim- S**, extimaretur C, existimaretur
M   scabellum CM, camillum SA   et ant- aest- cam- Sion (*each letter marked
with punct. del.*) A   Syon M   5 *om. et bef.* ant- inu- CM   praesentis S
abal- anni eor- qui nunc... M   consignari eorum qui S, consignare (nt^r *added
later*) eorum qui A, consignarentur eorum merita qui CM   fidem CM, fide SA
tesaurizaberunt C   6 cognobi (*on marg.*) uel cogitaui) C

facta sunt haec per me et non per alium, ut et finis per me et
non per alium. Et respondi et dixi: quae erit separatio tem- 7
porum? aut quando prioris finis aut sequentis initium? Et 8
dixit ad me: ab Abraham usque ad Abraham, quoniam ab eo
natus est Iacob et Esau, manus enim Iacob tenebat ab initio
calcaneum Esau. Finis enim huius saeculi Esau, et principium 9
sequentis Iacob....Hominis manus...inter calcaneum et manum 10
aliud noli querere, Ezra.

Et respondi et dixi: O dominator domine, si inueni gratiam 11
ante oculos tuos, Vt demonstres seruo tuo finem signorum 12
tuorum, quorum ex parte mihi demonstrasti nocte praeterita.
Et respondit et dixit ad me: surge super pedes tuos et audies 13
uocem plenissimam sonus. Et erit si commotione commoue- 14
bitur locus, in quo stas super eum, In eo cum loquitur, tu non 15
expauescas, quoniam de fine uerbum, et fundamenta terrae
intellegetur, Quoniam de ipsis sermo, tremescet et commoue- 16
bitur, scit enim quoniam finem eorum oportet commutari. Et 17
factum est cum audissem, et surrexi super pedes meos et
audiui, et ecce uox loquens, et sonus eius sicut sonus aquarum
multarum. Et dixit: ecce dies ueniunt, et erit quando adpro- 18
pinquare incipio, ut uisitem habitantes in terra. Et quando 19

6 ut finis C   7 ppiores fines aut sequentes? [8] Dixit M   aut seq- SC, et seq- A
8 *om*. Et M   Ab habraam C   usque ad Abr- SA, usque ad Isaac CM   ab eo natus
est ACM, natus est ab eo S   *om*. et Esau—Iacob C   tenebat S**A*CM, -bit S*,
-bant A**   9 enim SA, autem CM   10 calcaneū- & manū aliā noli M   aliut
SC   nolix A   quere SACM   Ezra SA, Esdra C, Ẹsdra M   11 *om*. C   O C
12 ut demonstres SAC, demonstra M   quorum SA, que iam C, quae iam M   ex
parte SA*CM, partem A**   monstrasti M   sequente *erased after* nocte S   pre-
terita CM, praecedente SA   13 sonus SA*, sanus M, sonitus A**C   14 si
CM, sic SA   commotione CM, cōmotio; nec S, cōmemoratio nec A   commouebitur SA**CM, -uitur A*   stas M, stat SA*, stabit A**, Esdra C   *om*. super
eum CM   15 *om*. In eo CM   loquitur C, -quetur A**M, -queretur SA*
expauescas M, -bescas C, -ueas SA   uerbum SAM, -borum C   et fundamenta
SA, et fundamentis C, fundamenta M   intelligetur C*, intellegitur SM, intelli-
gitur C**, intellegentur A   16 Quoniam SA, quia CM   sermonibus M   tremescet C, tremiscet M, tremescit SA*, tremescent A**   commouebitur SA*CM
(-bebitur C), -buntur A**   scit SCM   commutari S, mutari M, -re C(?)   *om*.
scit...commutari A (*supplied at foot of col. thus:* et scito q̄m̄ fin- eor- op- cōmọtari)
17 *om*. Et M   *om*. factum est CM   et surrexi S, exsurrexi A, surrexi
CM   audibi C   18 adpr- SC, appr- M   in terra S**A, in terram S*C,
terram M

22 LIBER EZRAE QVARTVS. VI

inquirere incipiam ab eis qui iniuste nocuerunt iniustitia sua, et
20 quando suppleta fuerit humilitas Sion, Et cum supersignabitur
saeculum quod incipiet pertransire, haec signa faciam: libri
aperientur ante faciem firmamenti, et omnes uidebunt simul,
21 Et anniculi infantes loquentur uocibus suis, et praegnantes im-
maturos parient infantes trium et quattuor mensium et uiuent
22 et scirtiabuntur, Et subito apparebunt seminata loca non semi-
23 nata, et plena prumptuaria subito inuenientur uacua, Et tuba
canet cum sono, quam cum omnes audierint subito expauescent.
24 Et erit in illo tempore debellabunt amici amicos ut inimici, et
expauescet terra cum his qui inhabitant eam, et uenae fontium
25 stabunt ut non decurrant in horis tribus. Et erit omnis qui
derelictus fuerit ex omnibus istis quibus praedixi tibi, ipse
26 saluabitur et uidebit salutare meum et finem saeculi mei. Et
uidebunt qui recepti sunt homines, qui mortem non gusta-
uerunt a natiuitate sua, et mutabitur cor inhabitantium et
27 conuertetur in sensum alium. Delebitur enim malum et ex-
28 tinguetur dolus. Florebit autem fides, et uincetur corruptela,
et ostendebitur ueritas quae sine fructu fuit tantis temporibus.
29 Et factum est cum loqueretur mihi, et ecce paulatim moue-
30 batur locus super quem stabam super eum. Et dixit ad me:
31 haec ueni tibi ostendere †et uentura† nocte. Si ergo iterum

19 eis SA, his CM suppleta SA**CM, supplicata A* *om.* Sion M (Syon
on marg.) 21 inmaturos SC, immaturios A*, -ros A**, in maturius M quatuor AM mensium AM, mensū S, mensuum C uibent C, bibent M scirtiabuntur C*, sertiabuntur C**, scisciabuntur S, seruabuntur A, cruciabuntur M 22 et
sem- loca subito app- non sem- CM *om.* non S non seminata *written again
and cancelled* A prumptuaria SA*, prompt- A**M, promt- C inuenientur SAC,
intuentur M 23 quam A*CM, quem A**, quae S expabescent C 24 et
expabescet C, (*om.* et) pauescet M hixs A inhabitant eam S, inhab- in eam A,
habitant in ea CM ut non decurrant ACM, ut non decurrunt S in SA, *om.* CM
ʰoris C 25 quibus SA*, quae A**, que CM seruatorē meū M secti S
mei] eius M 26 recepti SAM, recti C gustaberunt C mōtabitur M con-
uertentʳ M 27 mala C dolus SAM, dolor C 28 Florebit SA, floriet CM
 ⁿ
uincetur corruptelle A ostendebitur SA*, -detur A**M, hostendetur C
29 factum est SA, *om.* CM et ecce SA*, ecce A**CM mouebatur locus]
cf. Syr., intuebatur S*A, induebatur S** (*but* int- *seems to be again adopted*),
intuebatur his (*on marg.* uel intuebar in eum et dixit ad me) C, intuebatur (*later
stroke above first* t, = ind-?) lus (*for* locus) M super eum SA, *om.* CM
30 haec; Veni S hostendere C et uentura nocte A, et uenture nocti S, et
uenture noctis C, *om.* M

LIBER EZRAE QVARTVS.

rogaueris et iterum ieiunaueris septem diebus, iterum tibi renuntiabo horum maiora per diem. Quoniam auditu audita est 32 uox tua apud altissimum ; uidit enim fortis directionem tuam et prouidit pudicitiam quam a iuuentute tua habuisti. Et 33 propter hoc misit me demonstrare tibi haec omnia et dicere tibi: confide et noli timere, Et noli festinare in prioribus 34 temporibus cogitare uana, ut non properes in nouissimis temporibus. Et factum est post haec, et fleui iterum et similiter ieiunaui 35 septem diebus, ut supplerem tres ebdomadas quae dictae sunt mihi. Et factum est in octaua nocte et cor meum iterato 36 turbabatur in me, et coepi loqui coram altissimo; Inflamma- 37 batur enim spiritus meus ualde, et anima mea anxiabatur. Et 38 dixi: O domine, loquens locutus es ab initio creaturae, in primo die dicens: fiat caelum et terra, et tuum uerbum opus perfecit. Et erat tunc spiritus uolans, et tenebrae circumferebantur et 39 silentium, sonus uocis hominis nondum erat abs te. Tunc 40 dixisti de thesauris tuis proferri lumen aliquod luminis ut apparerent tunc opera tua. Et die secundo iterum creasti spiritum 41 firmamenti et imperasti ei ut diuideret et diuisionem faceret inter aquas, ut pars quidem sursum recederet, pars uero deorsum maneret. Et tertio die imperasti aquis congregari in septima 42 parte terrae, sex uero partes siccasti et conseruasti ut ex his sint

31 rogaberis...ieiunaberis C   per diem SACM, *om. verss.*   32 auditu SAC, *om.* M   aput C   prouidit SA*, preuidit C (-re- *on eras.*), peruidit A**M   pudiciciam SM   iubentute C   *om.* tua M   33 demonst-] nuntiare M   34 ut non SAC, & n̄ M   properes AM, -ras S, propter hec C   in CM, a SA   nobissimis fleas temporibus C   35 post hoc M   et fleui SA, mox flebi C, mox fleui M   *om.* iterum M   et ieiunabi sim- C, et ieiunaui sim- M   supplerem A**CM, supplcam SA*   36 Contigit octaua (-ba C) nocte cor meum CM   iterato SA, iterum C, *om.* M   turbabatur S**A**, turbatur S*A*, turbari CM   altissimū (line erased above u) S   37 *om.* mea M   anxiabitur S*-batur S**   38 *om.* O M   prima A   diae (a *erased*) A, *om.* die M   perfecit SAC, fecit M   39 Et erant tunc S   40 tesauris C   proferri SC, -re AM   aliquod luminis M, quod luminis S, quid luminis A (*both with marks of del.*) C   ut SAC, et M   apparerent SA**CM, apparent A*   opera tua A**CM, opere (*orig.* -ri A) tuo SA*   41 die S, in die ACM   saecundo A   iterum CM, *Ambr. de spir. s.* II. 7, *om.* SA   *om.* spir- firm- C   ut diuideretur M   et diuis- SA**CM, ut diuis- A*   quidem SAM, quedam C   42 tertio SAC, -cio M   inperasti C   congregari SA, ut congregarentur CM   in septimā parte M   *om.* partes A   ut ex his sint SCM, ut exissent A

43 coram te ministrantia seminata adeo et culta. Verbum enim
44 tuum processit, et opus statim fiebat. Processit enim subito
fructus multitudinis inmensus et concupiscentia gustus multiformis et flores colore inimitabiles et odores odoramentis in-
45 uestigabiles. die tertio haec facta sunt. Quarto autem die
imperasti fieri solis splendorem, lunae lumen, stellarum dis-
46 positionem, Et imperasti eis ut deseruirent futuro plasmato
47 homini. Quinto autem die dixisti septimae parti, ubi erat aqua
48 congregata, ut procrearet animalia, uolatilia et pisces; Et ita
fiebat aqua muta et sine anima, quod ei iubebatur, animalia
49 faciens, ut ex hoc mirabilia tua nationes enarrent. Et tunc
conseruasti duo animalia, nomen uni uocasti Behemoth et
50 nomen secundi uocasti Leuiathan, Et separasti ea ab alterutro,
non enim poterat septima pars ubi erat aqua congregata capere
51 ea. Et dedisti Behemoth unam partem quae siccata est tertio
52 die, ut inhabitet in ea, ubi sunt montes mille; Leuiathan autem
dedisti septimam partem humidam : et seruasti ea ut fiant in
53 deuorationem quibus uis et quando 'tis. Sexto autem die imperasti terrae ut crearet coram te iumenta et bestias et reptilia
54 Et super his Adam quem constituisti ducem super omnibus
factis quae fecisti, et ex eo educimur nos omnes quem elegisti

42 semina M   adeo C, adō SAM   43 processit (on marg. procedebat) C
opus tuum (tuum erased) A   44 processit CM, p̄cessit S, praecessit A   enim
SA, autem CM   om. subito M   concupiscentia SACM, -tiae Vulg   gustu M
multiformis ACM, -mes S   inimitabiles M, -le A*, -li SA**C   odoramentis SA,
-ti CM   inuestigabiles AC, -lis SM   die CM, et die SA   haec facta sunt SA,
facta sunt haec CM   45 quarta SACM   inperasti C   om. fieri A   lunae
et lumen C, lunae uiā M   46 inperasti C   hominix (prob. s erased) A
47 autem SA, uero CM   om. uolatilia A   48 fiebat SAC, faciebat M   muta]
multa SACM   quo dei S   faciens SA*CM, faciebat A**   om. tua A   49 duo
animalia] cf. Syr. &c., duas animas SACM   uni SA*CM, unius A**   Behemoth]
beemot on marg. C (eras. in text), uehemoth M, Enoch SA   Leuiathan M, Leuiatā
S, leuiatan on marg. (eras. in text), Leuiatam A   50 ea SA**CM, eas A*   ab
alterutrum C   poterat (a on eras.) A   ea SACM, eas C marg.   51 Behemoth]
beemoth on marg. C (eras. in text), uehemoth M, Enoch SA   una partē S
habitet M   inhabitet et in ea S   52 leuiatā S**, leuiatae S*, leuiate on marg.
C (eras. in text), leuiathę M, leuitae A   umidā C, -dę M   ea C, eam SA,
eū M   fiant SAC, fiat M   in deforationem C, in deuoratione S   53 sexta CM
diāe A   crearet S*ACM, creares S**   contra te C   pecora et iumenta,
bestias et rept- CM (et bef. bestias M)   54 super his SA, super hec (hęc M) CM
super omnibus factis SA, super omnia CM   que C   educimur SA**, xeducemur
A*, deducimur CM

populum. Haec autem omnia dixi coram te, domine, quoniam 55 dixisti quia propter nos creasti primogenitum saeculum. Resi- 56 duas autem gentes ab Adam natas dixisti eas nihil esse et quoniam saliuae adsimilatae sunt et sicut stillicidium de uaso similasti habundantiam eorum. Et nunc, domine, ecce istae 57 gentes quae in nihilum deputatae sunt dominantur nostri et deuorant nos. Nos autem populus tuus quem uocasti primo- 58 genitum, unigenitum, aemulatorem, carissimum traditi sumus in manibus eorum. Et si propter nos creatum est saeculum, 59 quare non haereditatem possidemus nostrum saeculum? usquequo haec?

VII. Et factum est cum finissem loqui uerba haec, et missus 1 est ad me angelus qui missus fuerat ad me primis noctibus, Et 2 dixit ad me: surge, Ezra, et audi sermones quos ueni loqui ad te. Et dixi: loquere, dominus meus. et dixit ad me: mare 3 positum est in spatioso loco ut esset latum et inmensum; Erit 4 autem ei introitus in angusto loco positus ut esset similis fluminis. Si quis enim uolens uoluerit ingredi mare uidere eum uel 5 dominari eius, si non transierit angustum in latitudinem uenire quomodo poterit? Item aliud: ciuitas est aedificata et posita 6 in loco campestri, est autem plena omnium bonorum; Introitus 7

55 quoniam] qui M   primogenitum sclm CM, eras. bef. saeculum SA, (pgenitū(?) S, proge...m A)   56 nihil SA, nicil C, nichil M   sali^ue C, siluę M adsim- SA*C, assim- A**M   de uaso S, de uase AC, om. M   assimilasti M habundantiam SA*C, abundantiam A**M   57 in nihilum SA, nicil C, nichilū M reputatae M   dominantur CM, -nari S, dominare A*, quaerunt dominari A** deuorant M, deforant C, deuorare SA   58 unig- SA, et unig- CM   emul- M kcaris- C   in manibus S, in manus ACM   59 creatus A*, -tum A**   haereditatem S (her-) AC, hereditate M   possedemus A*, possid- A**   nostrum AM, nostram SC   saeculum ACM, -lo S   usquaequo A   haec SA, est haec C, est M 1 om. factum est CM   loq- fin- A   et mis- S*A, mis- S**CM   ad me ang- SA, ang- CM   primis S**AC, -mus S*, prius M, prioribus C (marg.) 2 ad me SA, mici C, m̊ M   Ezra S, Aezra A, Esdra CM   audix A   ego ueni M   3 dn̄s SA*, dn̄e A**CM   meus AM, m̄s S, mi C   latum] Hilg., altum SACM   et inmen- SCM, et spatiosum et inmen- A   4 Est aut M   om. positus A   esset] an eras. (prob. of esset) A*, sit A**   fluminis SA*CM   -nibus A**   5 si quis CM, quis SA   mare CM, -ri S, in mari A*, in mare A** uidere SAC, et uidere M   eum SA, illut C, illud M   dominari SA**CM, -re A* si non SAC, et non M   latitudinem SM, altitudine C, solitudine A   uenire quomodo S, quomodo uen- CM, om. uenire A   6 Item aliud ciu- est aed- SM, Item aliud est, ciu- aed- A, Idem aliut ciu- est aed- C   om. et posita M

autem eius angustus et in praecipiti positus, ut esset a dextris
8 quidem ignis, a sinistris uero aqua alta; Semita autem est una
sola inter eos posita, hoc est inter ignem et aquam, ut non capiat
9 semita illa nisi solummodo uestigium hominis : Si autem data
dabitur ciuitas illa homini in haereditatem, si non haeres ante-
positum periculum pertransierit quomodo accipiet haereditatem
10 suam? Et dixi : sic, domine. et dixit ad me : sic est et Israel
11 pars; Propter eos enim feci saeculum, et quando transgressus
est Adam constitutiones meas, iudicatum est quod factum est;
12 Et facti sunt introitus huius saeculi angusti et dolentes et
laboriosi, pauci autem et mali et periculorum pleni et laborum
13 magnorum fulti. Nam maioris saeculi introitus spatiosi et
14 securi et facientes inmortalitatis fructum. Si ergo non ingre-
dientes ingressi fuerint qui uiuunt angusta et uana haec, non
15 poterunt recipere quae sunt reposita. Nunc autem tu quare
conturbaris, corruptibilis cum sis? et quid moueris tu, cum sis
16 mortalis? Et quare non accepisti in corde tuo quod futurum,
sed quod in praesenti?
17 Et respondi et dixi : dominator domine, ecce disposuisti in
lege tua quoniam iusti haereditabunt haec, impii autem peri-
18 bunt. Iusti ergo ferent angusta sperantes spatiosa, qui autem

7 autem SA, uero CM   ang- est et A   praecipiti SAM, -tio C   adextris S,
ad dextris A   quidem CM, siquidem SA   positus *deleted aft.* ignis A   uero SA,
autem CM   aqua multa M   8 Et semita sola (+una M) inter hec posita est
CM, *txt.* SA   inter ignem et aquam CM, ignis et aqua SA*, ignem et aquam A**
et non capit M   uenire *deleted aft.* capiat A   illa CM, *om.* SA   uestigia C
9 data CM, *om.* SA   illa CM, *om.* SA   homini SA**CM, *om.* A*   haered-
...accipiet *om.* M (*supplied on marg.*)   si non haeres A**, si non queris SA*, &
non quesierit M   pertransierit SA, pertransire CM   10 ad me SAC, michi M
om. et *bef.* Israel M   Israhel A   11 *om.* enim A   enim eos M   Adam SCM,
ad (*erased*) A   12 pauci S**AC, -ce S*, -cae M   et *added above line* A
mali (i *on eras.* C) S**AC, -le S*, -lae M   et peric- SA, peric- C, uiae peric- M
pleni S**AC, -ne S*, -nae M   fulti S**AC**M, -te S*C*, -tae M   13 maioris
SAM, minores C (*marg.* uel maiores *altered to* -ris)   securi et fac- SA, securi
sunt fac- C, fęcundi sunt fac- M   +mortalitatis (*sic*) C   14 ergo SAC,
autem M   non] ñ *cancelled* S   uiuunt SA, uibunt, querunt M   uana SAC*M,
uada C**   poterunt SA, possunt CM   *om.* sunt M   15 autem A *cf. Syr.*,
ergo SCM   quare SCM, quasi A   corr- cum sis SA, cum sis corr- CM   com-
moberis cum C, commoueris cum M   16 in corde tuo SA, in cor tuum CM   quod
ē fut- M   in praesenti SA, presenti est C, in presenti est M   18 Iustis M
ergo CM *cf. Syr.*, autem SA   ferent SA**, -rant A*, -runt C, fuerunt M   spe-
rante- S**AC, sperent S*, sperantib; M   autem A, enim S, uero CM

impie gesserunt et angusta passi sunt et spatiosa non uidebunt.
Et dixit ad me: non es iudex super deum neque intellegens 19
super altissimum. Pereant enim multi praesentes, quam negle- 20
gatur quae anteposita est dei lex. Mandans enim mandauit 21
deus uenientibus quando uenerunt, quid facientes uiuerent, et
quid obseruantes non punirentur. Hi autem non sunt persuasi 22
et contradixerunt ei, et constituerunt sibi cogitamenta uanitatis
Et proposuerunt sibi circumuentiones delictorum, et superdixe- 23
runt altissimum non esse, et uias eius non cognouerunt Et 24
legem eius spreuerunt et sponsiones eius abnegauerunt et legitimis eius fidem non habuerunt et opera eius non perfecerunt.
Propter hoc, Ezra, uacua uacuis et plena plenis. Ecce enim ²⁵₂₆
tempus ueniet, et erit quando uenient signa quae praedixi tibi,
et apparebit sponsa et apparescens ciuitas et ostendetur quae
nunc subducitur terra. Et omnis qui liberatus est de praedictis 27
malis ipse uidebit mirabilia mea. Reuelabitur enim filius meus 28
Iesus cum his qui cum eo, et iocundabit qui relicti sunt annis
quadringentis. Et erit post annos hos et morietur filius meus 29
Christus et omnes qui spiramentum habent hominis. Et con- 30
uertetur saeculum in antiquum silentium diebus septem sicut in

18 inpie C   gesserunt SA**CM, -rint A*   angust¹am S, angustι̣ A, -tiam CM
+non CM, n̄ A*, *om.* SA**   passi sunt SA, sunt passi CM   et (*bef.* spat-) SA,
om. CM   uidebunt M *cf. Syr. Aeth.*, uiderunt SAC   19 es C* *cf. verss. orient.*,
est AC**M, ē S   dm̄ S, dn̄ō A*, dn̄m̄ A**CM   20 pereant SC*, perient A,
pereunt M, pretereant C**   quam SC, quā A*, qūō A**, antequā M   neglegatur
SA*CM, -gitur A**   anteposita SAC, posita M   21 mandabit C   d̄s S, d̄n̄s
ACM, uenerint M   uiberent C   22 Hii CM   non SAM, qui non C   et
contrad- SAM, contrad- C   ei SAC, eis M   *om.* et const- sibi M   cogitamenta
SA, cogitationes CM   23 propos- SAM, prepos- C   su ṇdixerunt S, supra
dixerunt A, super hec dix- C (hęc) M   altissimum S**A**CM, -mo S*A*   cognoberunt C   24 *om.* Et legem...abnegauerunt M   Et leg- ipsius spreberunt C
spons- abneg- A   abnegaberunt C   et legitimis eius SA, et legitimis illius CM
25 Ezra SA, Esdra CM   *om.* et M   26 ueniet SA, uenit CM   et apparescens
S, et apparescet (t *on eras.*) A, apparens CM   hostendetur C   subducitur SC,
subditur A, dicitur M   27 ipsi uidebunt M   mᵉa *followed by eras., prob.*
magna *orig.* S, magna M   28 cum eo S, cum eo eŕ A, cum eo sunt CM   iocundabit S, -buntur AM, iucundabuntur C   ccccᵗⁱˢ S, cccc C, quadringentis M,
ccc (trecentis *written above*) A   29 *om.* annos A   et mor- SA, mor- CM
Christus SA, I͞hs x͞ps CM   omnes SA, -nis CM   spiramentum SAM, inspira-
mentum C   habent SA, habet CM   hominis ACM, -nes S   30 conuertextur
A   antiqᵘum A, anticum SC   sy̆lentium M   *om.* in C

8 ★

31 prioribus initiis, ita ut nemo derelinquatur. Et erit post dies
septem, et excitabitur quod nondum uigilat saeculum et morie-
32 tur corruptum. Et terra reddet qui in ea dormiunt, et puluis
qui in eo silentio habitant, et prumptuaria reddent quae eis
33 commendatae sunt animae. Et reuelabitur altissimus super
sedem iudicii, et pertransibunt misericordiae, et longanimitas
34 congregabitur; Iudicium autem solum remanebit, et ueritas
35 stabit, et fides conualescet, Et opus subsequetur, et merces
ostendetur, et iustitiae uigilabunt, et iniustitiae non dormibunt.
36 Et apparebit lacus tormenti, et contra illum erit locus requie-
tionis : clibanus gehennae ostendetur, et contra eum iocundi-
37 tatis paradisus. Et dicet tunc altissimus ad excitatas gentes :
uidete et intellegite quem negastis, uel cui non seruistis, uel
38 cuius diligentias spreuistis. Videte contra et in contra : hic
iocunditas et requies, et ibi ignis et tormenta. haec autem
39 loqueris ad eos in die iudicii. Hic talis qui solem non habet
40 neque lunam neque stellas, Neque nubem neque tonitruum
neque coruscationem neque uentum neque aquam neque aerem,

30 iniciis S, uitiis M   31 dies vii S, septem dies CM   et excit- S, excit-
ACM   quod A**CM, qui SA*   nondum SA**CM, non A*   32 Et SA,
om. CM   in ea S**A**CM, in eam S*A*   silentio SA*, cum silentio A**,
silentium CM   habitant A, -tat S, habent M, habet C   et SA, om. CM
prumptuaria SA*, prompt- A**M, promt- C   anime C, -mas M   33 et pertr-
SA, pertr- CM   misericordie SC   longanimitas S**, longanites S*   34 et fides
SA** (pr. m.), et ueri A*, fides CM   35 subsequetur ACM, -quitur S   et mer-
SA, mer- CM   hostendetur C   iusticiae SM   euigilabunt C   et iniusticiae S,
et iniustitiae A, ×× iustitie autem C, iniusticiae (-titie V) autem MV   dormibunt
SA* (ut vid.), dormient A**CMV   36 Et apparebit...rogauit (v. 106) deficit S
lacus] cf. Syr. Aeth., locus ACMV   contra CMV, cum A   om. illum...et contra M
illum CV, illo A   locus requietionis] locus requisitionis A, locus requiei C,
requiei locus V   clibanus CV cf. Syr., et clib- A   gehenniae A**CV, gechennae
A*, geenne C   hostendetur C   eum CM, eam AV   iucund- C   37 (om.
Et) tunc altiss- dicet C, txt. AMV   excitatas ACM, excitandas V   et intellegitxe
(a erased) A, et intellege V, intelligite CM   quem AMV, que C   uel cui A cf.
Syr. et cui CMV   seruistis A**CMV, seruiuistis A*   uel cuius diligentias A
cf. Syr. Aeth., uel cuius diligentiam CMV   sprebistis C   38 om. Videte
contra M   in contra A, ę contra M, contra CV   iucund- C   et ibi A cf. Syr.,
ibi CMV   hec V   ad eos CMV, dices ad eos A*, dicens ad eos A**   in diem V
39 Hic A**, haec A*V, hec C   Haec aūt requies ē talis M   qui A, que CV,
quae M   solem non habet CM, sedem non habet V, neque solem A   neque
stellas A cf. Syr., non stellas CMV   40 neque ton- A, non ton- CMV   coruscationem A**C, corrusc- A*, chorusc- M, coruscationes V cf. Syr.   neque uent-
A, non uent- CMV   neque aerem A, non aerem CV, non aera M

LIBER EZRAE QVARTVS.

neque tenebras neque sero neque mane, Neque aestatem neque $_{41}$ uer neque aestum neque hiemem neque gelu neque frigus neque grandinem neque pluuiam neque rorem, Neque meridiem neque $_{42}$ noctem, neque ante lucem neque nitorem neque claritatem neque lucem, nisi solummodo splendorem claritatis altissimi, unde omnes incipiant uidere quae anteposita sunt: Spatium $_{43}$ enim habebit sicut ebdomada annorum. Hoc est iudicium $_{44}$ meum et constitutio eius, tibi autem soli ostendi haec.

Et respondi: et tunc dixi, domine, et nunc dico: beati $_{45}$ praesentes et obseruantes quae a te constituta sunt; Sed de his $_{46}$ quibus erat oratio mea, quis enim est de praesentibus qui non peccauit, uel quis natorum qui non praeteriuit sponsionem tuam? Et nunc uideo quoniam ad paucos pertinebit futurum $_{47}$ saeculum iocunditatem facere, multis autem tormenta. Increuit $_{48}$ enim in nos cor malum quod nos abalienauit ab his et deduxit nos in corruptionem et in itinera mortis, ostendit nobis semitas perditionis et longe fecit nos a uita, et hoc non paucos sed pene omnes qui creati sunt. Et respondit ad me et dixit: audi me $_{49}$

---

40 neque sero A, non sero CMV   41 neque aestat- A, non aestat- CM, non estat- V   uer A**, uaer A*, uerem C, uernū M, aerem V   neque aestum A**, neque aestus A*, non estum C, non aestum MV   hiemem A**, chaemē A*, iemem C, yeme V   neque gelu A**, neque gaelus A*, non gelum CV, n̄ gęlu M   neque grand- A, non grand- CMV   plubiam C, pluuias M   rorem AV, ros CM   42 neque mer- A, non mer- CMV   neque noc- A, non noc- CMV   neque nit- A, non nit- CMV   neque claritatem A**C, nec clar- MV, neque claritas A*   lucem A**CMV, lux A*   nisi ACV, sed M   incipiant A cf. Aeth., -pient CMV que CV   43 spacium V   ebdomada A**M, ebdomadas A*C, et domus V 44 hostendi hec CV   45 et tunc] cf. Syr. tunc et ACV, tunc M   beati ××× praesentes et obseruantes (qui erased bef. the line) A, beati qui praes- sunt et obs- C, beati qui praes- et obs- sunt M, beatos qui praes- sunt (om. et obs-) V   quae A, ea que CV, ea quae M   a te A**CMV, autem A*   46 om. sed M   de his quibus C, de eis quibus V, de quibus M, et quibus his A*, et his A**   om. est M peccabit C   natorum CMV, natus A   qui non AM, non CV   praeteribit A, -riit CMV   spons- tuam A, tuam spons- CMV (C has on marg. uel dispositionem) 47 uid- qn̄m̄ A, dn̄e uid- quoniam M, uid- dn̄e ds qm̄ C, uid- đ de eo qm̄ V futurum A*CMV, -rā A**   saeculum CMV, -li A   iucund- C   autem CMV, enim A   in tormenta M   48 Increbit C   in nos A, in nobis CMV   abalienauit A*V, -bit C, abelinaū A*, alienauit M   in (above the line) itinera A, ad inferiora CMV   eras. bef. ostend- C, hostend- V   semitā M   longae fec- nos A, longe nos fec- CMV   et hoc A cf. Syr., et quidem CMV   pauci V   pene A**CV, paene A*M   qui added above line pr. m. C, om. V

50 et instruam te et de sequenti corripiam te. Propter hoc non
51 fecit altissimus unum saeculum sed duo. Tu enim quia dixisti
non esse multos iustos sed paucos, impios uero multiplicari, audi
52 ad haec. Lapides electos si habueris paucos ualde, ad numerum
eorum compones eos tibi, plumbum autem et fictile habundat.
53 Et dixi: domine, quomodo poterit? Et dixit ad me: non hoc
54 solummodo, sed interroga terram et dicet tibi, adulare ei, et
55 narrabit tibi. Dices enim ei: aurum creas et argentum et
56 aeramentum et ferrum quoque et plumbum et fictile. Multiplicatur autem argentum super aurum, et aeramentum super argentum, et ferrum super aeramentum, plumbum super ferrum,
57 et fictile super plumbum; Aestima ergo tu quae sint pretiosa et
58 desiderabilia, quod multiplicatur aut quod rarum nascitur. Et
dixi: dominator domine, quod habundat uilius, quod enim
59 rarius pretiosius est. Et respondit ad me et dixit: in te autem
pondera quae cogitasti, quoniam qui habet quod difficile est
60 gaudet super eum qui habet habundantiam; Sic et a me repromissa creatura, iocundabor enim super paucos qui saluabuntur,
propterea quod ipsi sunt qui gloriam meam nunc dominatiorem
61 fecerunt, et per quos nunc nomen meum nominatum est; Et

49 instruam CMV, struam A in corripiā (*om.* te) M 50 non sufficit altissimus A*, n- s- -mo A**, *txt.* CMV duos V 51 iustos multos M sed paucos AMV, *om.* C audi et hec V 52 paucos ualde CV, paucos · ualde A, paucos · uade M eorum ACV, aliorum M compones A**M, conp· A*CV eos A, illos CMV plumbum A**CMV, plummum A* habund- A, abund- MV 53 dn̄e q- pot- A, q- pot- dn̄e CMV 54 solummodo A**CMV, -dum A* adulare AM, adolare C, adolere V narrabit (*orig.* uit) A 55 Dices enim ei CMV, dicens; enim & A creas A*CMV, creatur A** et aeram- A, et eram- M, eram- CV et fer- quoque A, fer- quoque CM, fer- V et plumbum A**CM, et plummum A* (*and so below*), plumbum V 56 multiplicatur A, -cas CM, -cat V et aeram- A, et eram- CV, eram- M et fer- A, fer- CMV et fict- A, fict- CMV 57 aestima AM, extima C, estima V ergo CMV *cf. Syr.*, et A quae CM*, quae haec A*M**V, hec quae A** pra&iosa A in pretiosa est V quot (*bis*) C multiplicatur A, -cata CV, -cat M rarum A, raro CMV 58 × abund- A abund- alius V quid enim enim A*, quod enim A** pretiosius A**V, prec- C, praet- M, praetiosior A* 59 In te · stant · pondera quae A, Insta · ante · pondera quae C *but on marg.* ut inter istant (?), Instant pondera quae M, sta ante pondera quam V quod fictile est M dificile A g- s- e- q- h- habundantiam A, g- s- e- q- h- quod habundat (abund- M) CMV 60 a me repromissa M, amare promissa ACV ioc- A**MV, iuc- A*C paucos CMV, -cis A qui CMV, et qui A quod A, quia CMV dominatiorem] *conj.*, dominationem ACV, in dominatione M

LIBER EZRAE QVARTVS.

non contristabor super multitudinem eorum qui perierunt, ipsi enim sunt qui uapori nunc adsimilati sunt, et flammae ac fumo adaequati, exarserunt et feruerunt et extincti sunt. Et respondi 62 et dixi; O tu terra quid peperisti, si sensus factus est de puluere sicut et cetera creatura! Melius enim erat et ipsum puluerem 63 non esse natum, ut non sensus inde fieret. Nunc autem nobis- 64 cum crescit sensus, et propter hoc torquemur, quoniam scientes perimus. Lugeat hominum genus, et agrestes bestiae laetentur, 65 lugeant omnes qui nati sunt, quadripedia uero et pecora iocundentur. Multum enim melius est illis quam nobis, non enim 66 sperant iudicium, nec sciunt cruciamentum nec salutem post mortem repromissam sibi. Nobis autem quid prodest quoniam 67 saluati saluabimur sed tormento tormentabimur? Omnes enim 68 qui nati sunt commixti sunt iniquitatibus et pleni sunt peccatis et grauati delictis. Et si non essemus post mortem in iudicio 69 uenientes, melius fortassis nobis uenisset. Et respondit ad me 70 et dixit: et quando altissimus faciens faciebat saeculum et Adam et omnes qui ex eo uenerunt, primum praeparauit iudicium et quae sunt iudicii. Et nunc de sermonibus tuis intel- 71 lege, quoniam dixisti quia sensus nobiscum crescit. Qui ergo 72 commorantes sunt in terra hinc cruciabuntur, quoniam sensum

---

61 constris tabor A   *om.* sunt V   uapori A**CMV, uano A*   adsim- A*C, assim- A**MV   ac M, hac CV, adsimilatae (*deleted*) A   adęquati M, adequati CV, adaequati sunt A   exarserunt CM, et exars- A, et arserunt V   et feruerunt MV, et ferberunt C, feruerunt A*, ferbuerunt A**   62 quod pep- V   et c&era (c&e *on eras.*) A, terra CV, trae CV, trae CV   63 et ipsum CMV, ipsum A   notū M   64 uobiscum V   sensus A*CMV, -sum A*   quoniam scientes ACV, quia scient̄ M   65 lugeat A**CM, -giat A*, -geant V   aggrestes M   bestie letentur C, hostie letentur V   omnes A*CMV, homines A**   quadrip- A*, quadrup- A**CMV   iocundąontur A, iocundentur MV, iucund- C   66 nec sciunt] nec enim sciunt A, nesciunt CMV   cruciamentum] *cf. Syr.*, -ta A, cruciatum CMV   67 *om.* autem V   quoniam A*CMV, quod A**   saluati AV, salute (e *on eras.*) saluati C, non saluati M   sed A*CM, si A**, et V   tormento ACV, tormentati M   68 conmixti C   in iniq- V   pleni A**CMV, -nae A*   peccatis A, -torum CMV   et grauati AMV, adgrabati C   69 in iudicio A**, iudicio A*, in iudicium CMV   uenientes CMV, -tis A   fortassis A, fortasse CMV   70 et quando A *cf. Syr.*, quando CMV   et Adam CMV *cf. Syr.*, Adam A   ex eo CMV *cf. Syr.*, cū eo A   primum uen- prep- V   preparauit C, parauit M   et que CV   71 intellege AM (uel sensū *added above the line* A), intellige CV   sensus CMV, *om.* A   nobiscum AC*M*, uobiscum C**M**V   crescit ACV, creuit M   72 ergo ACV, autem M   in terrā C   quoniam ACM, qui V

habentes iniquitatem fecerunt et mandata accipientes non seruauerunt ea et legem consecuti fraudauerunt eam quam accepe-
73 runt. Et quid habebunt dicere in iudicio uel quomodo respon-
74 debunt in nouissimis temporibus? Quantum enim tempus ex
quo longanimitatem habuit altissimus his qui inhabitant saeculum, et non propter eos, sed propter ea quae prouidit tempora!
75 Et respondi et dixi: si inueni gratiam coram te, [dominator]
domine, demonstra et hoc seruo tuo, si post mortem uel nunc
quando reddimus unusquisque animam suam, si conseruati con-
seruabimur in requie, donec ueniant tempora illa in quibus
76 incipies creaturam renouare aut amodo cruciamur? Et respondit
ad me et dixit: ostendam tibi et hoc, tu autem noli commisceri
cum eis qui spreuerunt, neque connumeres te cum his qui cruci-
77 antur. Etenim est tibi thesaurus operum repositus apud altissimum, sed non tibi demonstrabitur usque in nouissimis tem-
78 poribus. Nam de morte sermo: quando profectus fuerit terminus
sententiae ab altissimo ut homo moriatur, recedente inspiratione
de corpore ut dimittatur iterum ad eum qui dedit illam adorare
79 gloriam altissimi primum. Et si quidem esset eorum qui
spreuerunt et non seruauerunt uiam altissimi et eorum qui
contempserunt legem eius et eorum qui oderunt eos qui timent

72 accip- ACM, habentes V   serbauerunt C*, seruau- C**   consecuti CMV,
-quuti A   fraudauerunt A, fraudati sunt CMV   eam quam A, quam CMV
accep- A**, accip- A*   73 om. in bef. nou- V   nobissimis C   74 tempus
A, -poris est CMV   habuit (-uit on eras., appar.÷erased at end) A   alt- hixs A,
eis alt- CMV   sclm M**, sudm M*, in seculum V   eos A, illos CMV   que CV
75 dominator domine] cf. Syr., domine ACM, om. V   et hoc CMV cf. Syr., dne
(deleted) A   quando reddimus un- A**C, q- -demus un- A*, q- un- reddet M, q-
retinet un- V   si A cf. Syr., om. CMV   conseruatus erit usque in dies quibus
incip- M   in requie CV, in (above the line) requie A   donec AC, quando V   in
quibus A, quibus CMV   incipient V   renobare C   amodo AM, quomodo CV
cruciamur A, -bimur CV, -bitur M   76 hostendam CV   noli × A   conmis- C
eis A, his CM, hiis V   spreuerunt A, dm̄ spreberunt C, dm̄ spreuerunt M, deum
preb'unt V   connumeres A**, -ris A*   his A, illis CMV   om. qui V   cruciabuntur M   77 Etenim est A, est enim CM, Hec est enim V   tesaurus C
aput A*C, apud A**MV   nobissimis C   78 Nam in morte quando M   sermo
A*CV, sermo est A**   sententie CV   demitatur M   illam C cf. Syr., illum
MV, om. A   adorare ACMV   altissimi primum; et si quidem esset (point
erased after first word) A, altissimi (-mum V) • primum quidem et si essent (sint M)
CMV   79 spreuerunt MV, -berunt C, inspirauerunt A   seruaberunt C   et
eorum AV, et illorum CM   contemserunt C   hoderunt V   eos A, illos CMV

LIBER EZRAE QVARTVS.

deum, Haec inspirationes in habitationes non ingredientur, sed 80 uagantes erunt amodo in cruciamentis, dolentes semper et tristes, per septem uias. Via prima, quia spreuerunt legem altissimi. 81 Secunda uia, quia iam non possunt reuersionem bonam facere 82 ut uiuant. Tertia uia, uidebunt repositam mercedem his qui 83 testamentis altissimi crediderunt. Quarta uia, considerabunt 84 sibi in nouissimis repositum cruciamentum. Quinta uia, ui- 85 dentes aliorum habitacula ab angelis conseruari cum silentio magno. Sexta uia, uidentes quoniam amodo de eis pertran- 86 sient in cruciamentum. Septima uia, quae omnium supra 87 dictarum uiarum maior est, quoniam detabescent in confusione et consumentur in honoribus et marcescent in timoribus, uidentes gloriam altissimi coram quo uiuentes peccauerunt et coram quo incipient in nouissimis temporibus iudicari. Nam 88 eorum qui uias seruauerunt altissimi ordo est hic, quando separari incipient a uaso corruptibili. In eo tempore commoratae 89 seruierunt cum labore altissimo et omni hora sustinuerunt periculum, uti perfecte custodirent legislatoris legem : Propter 90

---

79 deum CMV, eum A   80 haec A*M*, hec CV, hae A**, haee M** inspirationes A**CV, -tionis A*, -tines M   in hab- A, inhab- CMV   cruciamentis A, cruciatibus CMV   per septem uias CMV, om. A   81 prima erit M   quia A, quoniam CMV   82 sec- uia A**C, saec- uia A*, Via scda V, om. uia M quia iam CMV cf. Aeth. Ar¹., qnm̅ A   uibant C   83 tertia uia A, V- t- CMV uidebunt CMV, uident A   testamentis A cf. Aeth., -to CMV   84 quarta uia A, V- q- CMV   considerabunt A**CMV, -bant A*   nobissimis C   crucia ××tum A, cruciatum CMV   85 quinta uia A, V- q- CMV   uidentes A, uidebunt CMV habitacula CMV cf. Syr. Aeth., -lum A   86 sexta uia ACM, V- s- V   uidentes A, uidebunt CMV   quoniam amodo] conj., quemadmodum ACM, quem admodunt V de eis ACV, ab eis M   pertransient in] conj., pertransientem A*, -siens A**, pertransiet CMV   cruciamentum A, cruciatus CM, -tum V   87 septima uia (cruciamentum deleted betw. the words) A, V- s- CMV   quae M, que CV, × ẽ A supra dictarum CV, supra dictorum M, quae (added later) supra dictae sunt A om. uiarum M   est CMV, om. A   confusione CMV, -nem A   consumu̇ntur A honoribus A*CM*V, horroribus A**, doloribus M**   coram quo A**CMV, e- quem A*   uiuentes MV, -bentes C, uidentes A   peccaberunt C   et cor- quo A**CM, et cor- quem (prob.) A*, et cor- quod V   nobissimis C   88 uias seru- A, seruuias MV, seruaberunt u- C   est hic A, hic est CMV   separari incipient CMV, incipient (orig. -iet) seruari A   uaso A*, -se A**CM, om. V   89 In eo] suo (?) V commoratae A, -te C, cōmotionis M, comorantes V   seru- ACV, qui seru- M   omnia hora V   sustin- A**, susten- A*   uti A*M, ut A**, ut hii C, ut hi V   perfectae A, -te (eras. at end) C   legislatores (eras. in -res) C   90 om. propter quod hic M

91 quod hic de his sermo: Inprimis uident cum exultatione multa gloriam eius qui suscipit eas, requiescent enim per septem 92 ordines. Ordo primus, quoniam cum labore multo certati sunt ut uincerent cum eis plasmatum cogitamentum malum, ut non 93 eas seducat a uita ad mortem. Secundus ordo, quoniam uident complicationem in quo uagantur impiorum animae et quae in 94 eis manet punitio. Tertius ordo, uidentes testimonium quod testificatus est eis qui plasmauit eas, quoniam uiuentes seruaue-95 runt quae per fidem data est lex. Quartus ordo, intellegentes requiem quam nunc in promptuariis eorum congregati requiescent cum silentio multo ab angelis conseruati, et quae in 96 nouissimis eorum manet gloria. Quintus ordo, exultantes quomodo corruptibile effugerint nunc, et futurum quomodo hereditatem possidebunt, adhuc autem uidentes angustum et [labore] plenum, a quo liberati sunt, et spatiosum incipient recipere, 97 fruniscentes et inmortales. Sextus ordo, quando eis ostendetur

90 de his AC, de his enī M, de eis V   sermo A, ser- est CMV   91 uident A, uidebunt CMV   multa CMV, -tā A   que V   suscipit A, -cepit CM, -ceperit V   eas A, illos CMV   92 Primus hordo V   certarunt M   uicerent V   *om.* cum eis M   cogitamentum A, cogitatum CMV   multum V   eas sed- A, illas sed- CV, illos sed- M   ad uitam et V   ad mortem CMV *cf. Syr.*, Item A 93 saec- A   hordo V *(& so in foll. vv.)*   uident A, -debunt CMV   complicationem A**, complec- A*, conplic- CV *(marg.* uel conflictionem C), cōplagationē M   in quo A, in qua CMV   uagantur AM, uocantur C, uacantur V   inp- anime C que CV   in eis ACM, eis V   punitio AV, -tionem CM   94 uidentes tes-A, uidebunt tes- C, cum uidebunt tes- M, tes- uidebunt V   quod A**CMV, quo A* testificatum est V   *om.* eis M   plasmabit C   eas ACV, eos M   uiuentes MV, uibentes C, uidentes A   quae A, eam que CV, eam quae M   ē data V   lex A, legem CMV   95 intellegentes A, intellegent *(eras. at end)* C, cū intellegent M, intelligerent V   requiem animarum M   quam] quem A*, qua A**, que C, quae M, q̄ V   in promp- A**CM, in prump- A*, impromp- V   eorum CV, *om.* A, earum M   congregati A, -te CMV   requiescent A, -escunt CMV   cū psallentio multo M   conseruati A, -te CV, -tae M   et quae A*M, atque A**, sed *(marg.* et C) que CV   nobiss- C   eorum A, earum M, illorum CV   manet CMV, manentem A   gloria C, -am AMV   96 cū uidebunt exul- M   corript- A*, corrupt-A**   effugerint A, -runt CMV   futurum A*CMV, -ram A**   et quomodo M hereditatem AM, -te CV   possidebunt CV, -deī A, possederunt M   *om.* adhuc aut- u- a- et V   uidentes A, uidebunt CM   angustum A**C, -tam A*, -tiis M *om.* et M   labore plenum] *cf. Syr. Aeth.*, plenum ACMV   a quo M *cf. Syr.*, quoniam ACV   et spatiosum ACV, spatiū M   incipient C, -unt V, & incipient M, *om.* A   mercedem recipere M   fruniscentes] *conj.*, frui nescientes A, fruentes CM *Ambr.*, feruentes V   et inmortales A, inmortalitatem CV, immortalitate M 97 eis A, illis CM, *om.* V   ostendetur M, -itur A, hostendetur CV

LIBER EZRAE QVARTVS.

quomodo incipiet uultus eorum fulgere sicut sol, et quomodo incipient stellarum adsimilari lumini, amodo non corrupti. Sep- 98 timus ordo, qui est omnibus supradictis maior, quoniam exultabunt cum fiducia et quoniam confidebunt non confusi et gaudebunt non reuerentes, festinant enim uidere uultum eius cui seruiunt uiuentes et a quo incipiunt gloriosi mercedem recipere. Hic ordo animarum iustorum ut amodo adnuntiatur; prae- 99 dictae uiae cruciatus quas patiuntur amodo qui neglexerint.

Et respondi et dixi: ergo dabitur tempus animabus, postquam 100 separatae fuerint de corporibus, ut uideant de quo mihi dixisti? Et dixit mihi: septem diebus erit libertas earum ut uideant 101 septem diebus qui praedicti sunt sermones, et postea congregabuntur in habitaculis suis.

Et respondi et dixi: si inueni gratiam ante oculos tuos 102 demonstra mihi adhuc seruo tuo si in die iudicii iusti impios excusare poterint uel deprecari pro eis altissimum, Si patres 103 pro filiis uel filii pro parentibus, si fratres pro fratribus, si adfines pro proximis, si fidentes pro carissimis. Et respondit ad 104 me et dixit: quoniam inuenisti gratiam coram oculis meis, et hoc tibi demonstrabo: dies iudicii audax est et omnibus signaculum ueritatis demonstrans; quemadmodum nunc non mittit pater filium uel filius patrem, aut dominus seruum uel fidus

---

97 uultus eorum incipiet M   stellarum ads̈- lumini A *cf. Syr.*, stellis assim- (adsim- C) luminis CMV   amodo] quomodo A, sicut CMV   n̄ corrupti A, incorrupti CMV   98 supradictis A, praedictis CM, pred- V   fiducia A*CV, -tia A**   et quoniam AC, et que V, et M   confidebunt A*, -dent A**CMV   reuerentes C, reuertentes AMV   festinabunt M   enim (*orig.* eum) C   eius CMV, *om.* A   seruiunt AC*V, seruierunt C**M   uibentes C, *om.* V   incipiunt AC**, -ent C*MV   99 Hic autem hordo V   amodo AM, āmodū C, am̄odo V   adnuntiatur; praedictae] *cf. Syr.*, annuntientur (adn- A*C, -cientur V) praedictae (-te CV) ACMV   uie CV   & cruc- M   quas A*, quos A**CMV   patiuntur ACM, paciuntur V   que V   neglexerint A*C, neglix- A**, neglexerunt MV   100 *om.* Et V   separatae A**M, -te V, -ti A*, seperate C   de quo A, de eo quod CMV   mici C, michi M   101 mihi V, mici C, michi M, *om.* A   earum ACV, eorum M   (uid-) septem diebus CV, in sept- d- M, *om.* A   qui praedicti A**M, qui pred- CV, quae -tae A*   habit- ACM**V, tabernaculis M*   102 in oculis V   mici C, michi MV   *om.* iusti V   inpios C   poterint A*, -runt A**CMV   uel A**CMV, et A*   deprecare V   103 et si M   uel A (*on eras.*) MV, aut C et fratres M   adfinis A*, affines A**   si (fid-) A, uel CM, *om.* V   kcarissimis C 104 Et resp-...seruum CMV, *om.* A   *om.* Et V   dixit michi M   coram CV, in M   seruus V   uel A (*on eras.*) CMV   fidus A*CM, *om.* V, pro fido A**

3—2

LIBER EZRAE QVARTVS.

carissimum, ut pro eo intellegat aut dormiat aut manducet aut
105 curetur; Sic nunquam nemo pro aliquo rogabit; omnes enim
portabunt unusquisque tunc iniustitias suas aut iustitias.
106 Et respondi et dixi: et quomodo inuenimus modo quoniam
rogauit primus Abraham propter Sodomitas, et Moyses pro
107 patribus qui in deserto peccauerunt, Et Hiesus post eum pro
108 Israel in diebus Achar, Et Samuel [in diebus Saul], et Dauid
109 pro confractione, et Salomon pro eis qui in sanctionem, Et Helias
110 pro his qui pluuiam acceperunt et pro mortuo ut uiueret, Et
Ezechias pro populo in diebus Sennacherib, et multi pro multis?
111 Si ergo modo, quando corruptibile increuit et iniustitia multi-
plicata est, exorauerunt iusti pro impiis, quare et tunc sic non
112 erit? Et respondit ad me et dixit: praesens saeculum non est
finis, gloria in eo [non] frequens manet, propter hoc orauerunt
113 qui potuerunt pro inualidis. Dies autem iudicii erit finis temporis huius [et initium] futuri immortalis temporis, in quo per-
114 transiuit corruptela, Soluta est intemperantia, abscissa est
115 incredulitas, creuit autem iustitia, orta est ueritas. Tunc ergo

104 carissimum M, carisimum A*, kcar- C, kar- V, carissimus A** ut ACM,
et V manducet ACV, bibat M curetur A*CM, curet A**, duret V 105 Et
dix *added bef.* sic A num quā C nemo A, quisquam CMV rogauit A*, -bit
A** omnes enim A, tunc enim CV, terra enim M portabunt A, -bit CMV
unusquisque tunc A, unusq- CV, *om.* M iust- aut (et C) iniust- suas CMV, *txt.* A
106 rogauit AV, -bit C, -bat M (*after this* S *again*) habr- C fratribus M
peccaberunt C 107 Ihs CV post eum A *cf. Syr.*, qui p- e- SC, qui p- e- fuit
M Achar M *cf. Syr.*, Achaz S, Achaz (z *on eras.*) A, Acab (b *on eras.*) C 108
Samuel AC, -hel SM in diebus Saul] *cf. Syr. Aeth. Ar*[1]*., om.* SACM con-
fractione× S Salomon SA*CM, Sol- A** in sanctionem S, in sanctificationem
A, in -ne C, p templi sanctificatione M 109 hexlias S, Elias C plubiam
C, pluuias M et Essayas pro mort- C, et Isaias pro morituro M uiberet C
110 Ezecias C Senacherib A, Senncerib C, *txt.* SM 111 modo SA, tunc
CM corruptibile S**A**CM, incorruptibile S*A* increbit C exorauerunt
A, et orauerunt S, orauerunt M, -berunt C et tunc A** *cf. Syr. &c.,* et nunc
SA*M, et nunc (*on eras.*) C sic non SA, non sic CM 112 sed gloria M non
frequens manet] *cf. Syr.,* frequens manet SCM, permanæt A oraberunt C qui
potuerunt AC, qui poterant M, *om.* S pro inualidis A, pro ualidis S, pro inpiis
CM 113 Dies C *cf. Syr. Aeth.,* diei S, die CM autem A *cf. Syr.,* enim SCM
et initium] *cf. Syr. Aeth., om.* SAC, et ueniet M immortalis temporis S, immortalis (inm- C) AC, immortalitas temporis M pertransiuit S, -siit C, -sibit A, -siet
CM corruptela SA**CM, -tella A* 114 abscisa SACM incredulitas
SA**CM, incridelitas A* creuit SA, increbit C, increuit M iusticia S orta
est SA, et orta est CM

nemo poterit misereri eius qui in iudicio uictus fuerit, neque demergere eum qui uicerit. Et respondi et dixi: hic sermo meus primus et nouissimus, 116 quoniam melius erat non dare terram Adam, uel cum iam dedisset coercere eum ut non peccaret. Quid enim prodest 117 omnibus in praesenti uiuere in tristitia et mortuos sperare punitionem? O tu quid fecisti Adam? si enim tu peccasti, non 118 est factum solius tuus casus sed et nostrum qui ex te aduenimus. Quid enim nobis prodest si promissum est nobis 119 inmortale tempus, nos uero mortalia opera egimus? Et quoniam 120 praedicta est nobis perennis spes, nos uero pessime uani facti sumus? Et quoniam reposita sunt habitacula sanitatis et 121 securitatis, nos uero male conuersati sumus? Et quoniam 122 incipiet gloria altissimi protegere eos qui caste conuersati sunt, nos autem pessimis uiis ambulauimus? Et quoniam osten- 123 detur paradisus, cuius fructus incorruptus perseuerat, in quo est saturitas et medela, Nos uero non ingrediemur, in ingratis 124 enim locis conuersati sumus? Et quoniam super stellas fulge- 125 bunt facies eorum, qui abstinentiam habuerunt, nostrae uero facies super tenebras nigrae? Non enim cogitauimus uiuentes 126 quando iniquitatem faciebamus quid incipiemus post mortem

---

115 misereri...uictus fuerit CM, *om.* SA   neque dem- A*, (neque *del.*) dim-
A**   uicerit SA**CM, uincerit A*   *marg. (aft.* uicerit) neq- euerterit qui
uictus fuerat A   116 Hic ē s- M   et nouissimus AM *cf. Syr. Aeth. Ar*¹.,
et nobiss- C, et n̄ nou- S   dare terram SC, dari ter- A, ut non daret terra M
cum iam SCM, cum A   coercere AC, cohercēret S, coerceret M   117 omnibus
SA*C, hominibus SA**MC (*on marg.*)   uibere C   tristicia M   118 non
est factum (-tus A) solius tuus casus (caxsus A) ××× (*word erased* SA, est *written
above* A) et nostrum (ūr××× A) qui ex te adu- SA, non est factum tuum (tui M)
solius. Est casus et noster qui ex te adu- (Est...adu- *omitted in* M *but* Est
et cas- noster qui ex te adu- *added on marg.*) CM, *txt. cf. Syr.*   119 promisum A, pmissum M   inmor- SAC, immor- M   egimus SCM, agimus A
& *on marg. of* C   120 praedicta SA, praedicata CM   uero SA, autem CM
pessime S, -mi (*fin.* i *on eras.* A) ACM   et uani CM   121 rep- sunt SA, repsunt nobis CM   male SM, -lae A, mali male C   122 castae A   ambulabimus C, -lamus M, *txt.* SA   123 host- C   par- ost- A   paradȳsus M
perseuerauerit A*, -rabit A**   saturitas SA, satietas CM   medella S*A*C, -ela
S**A**M   124 uero SCM, autem A   ingredim̄r C   in ingratis S**, ingratis
S*AM, in gratis C   125 abstinentiam ACM, -tia S   uero SA, autem CM
tenebras SA**CM, -bris A*   126 cogitabimus uibentes C   incipiemus A, incipientes S, inciperemus CM   ppt mor- M

127 pati. Et respondit et dixit: hoc est cogitamentum certaminis
128 quem certabit qui super terram natus est homo, Vt si uictus
   fuerit patiatur quod dixisti, si autem uicerit recipiet quod dico
129 Quoniam haec est uia quam Moyses dixit cum uiueret ad
130 populum dicens : elige tibi uitam ut uiuas. Non crediderunt
   autem ei, sed nec post eum prophetis, sed nec mihi qui locutus
131 sum ad eos. Quoniam non esset tristitia in perditionem eorum,
   sicut et futurum est gaudium super eos quibus persuasa est salus.
132   Et respondi et dixi: scio, domine, quoniam nunc uocatus
   est altissimus misericors in eo quod misereatur qui nondum in
133 saeculo aduenerunt; Et miserator in eo quod miseretur illis
134 qui conuersionem faciunt in lege eius ; Et longanimis quoniam
   longanimitatem praestat his qui peccauerunt, quasi suis operi-
135 bus ; Et munificus quoniam quidem donare uult pro exigere;
136 Et multae misericordiae quoniam multiplicat magis misericor-
   dias his qui praesentes sunt et qui praeterierunt et qui futuri
137 sunt, Si enim non multiplicauerit, non uiuificabitur saeculum
138 cum his qui habitant in eo ; Et donator quoniam si non dona-
   uerit de bonitate sua, ut alleuentur hi qui iniquitates fecerunt
   de suis iniquitatibus, non poterit decies millensima pars homi-

---

126 *eras. aft.* pati A   127 Et r- ad me et d- michi M   hic est cogitatus CM,
txt. SA   quem SA*, quod A**C, quo M   certabit C *cf. Syr. Aeth.*, -uit S**M,
-bat A, creauit S*   128 Vt SCA*, et A**M   patiatur SA*CM, -etur A**   uicerit
SA**CM, uincerit A*   recipiet SA, percipiat C, percipiet M   129 uia SAC,
uita M   quam A**CM, quem SA*   cum uiberet C, cū ueniret M   pupulum A*,
pop- A** (*pr. m.*)   elege A*, elige SA**   uitam SAC, uiam S   uibas C
130 Et non crediderunt ei CM, *txt.* SA   sed nec post eum SA, nec post ipsum CM
prophetis AM, profetis C, prophetas S   mici C, michi M   eos SA, illos CM
131 tristicia SM   perditionem M, -ne AC, perdictionem S   sicut SA, sic CM
(*marg.* uel sicut C)   eos SA, illos CM   132 nunc SCM, *om.* A   qui SA,
horum qui C   *om.* qui nondum...miseretur (*ver.* 133) M   in sclm C   133
miserator] *cf. later MSS & Syr. Aeth. Ar*¹., misereatur SAC*, misereator C**
in eo qui A   illis SA, illorum CM   in lege SA, in legem CM   134 *om.*
longanimis quoniam M   hiis A*, his A**   peccaberunt C   135 munificus]
later MSS cf. Syr. Aeth., muneribus SACM   *om.* quoniam M   *om.* pro exigere
M   136 quoniam mult- SA, mult- enim CM   *om.* magis M   miseric- SA,
miseric- suas CM   hiis A*, his A**   137 multiplicaberit C   ñ uiuificat M
om. saeculum C   habitant A, -tabunt CM, inhabitabant S   138 Et donat M
                                                n
si non *added above pr. m.* A   donaberit C   alleuetur S, allebentur C   hii
A*M, hi A**   iniquitates SAC, -tem M   millensima S*A*, millesima
S**A**M, -me C   hom- uiuificari A**CM, hom- -care A*, uiuificari hom- S

LIBER EZRAE QVARTVS.

num uiuificari; Et iudex, si non ignouerit his qui creati sunt 139 uerbo eius et deleuerit multitudinem contemptionum, non fortassis derelinquentur de innumerabili multitudine nisi pauci ualde. VIII. Et respondit ad me et dixit: hoc saeculum fecit 1 altissimus propter multos, futurum autem propter paucos. Dicam autem coram te similitudinem, Ezra. quomodo autem 2 interrogas terram et dicet tibi quoniam dabit terram multam magis unde fiat fictile, paruum autem puluerem unde aurum fit, sic et actus praesentis saeculi: Multi quidem creati sunt, pauci 3 autem saluabuntur. Et respondi et dixi: absorbe ergo anima 4 sensum et deuoret quod sapit. Conuenisti enim obaudire et 5 profecta es nolens, non enim tibi est datum spatium nisi solum modicum uiuere. O domine super nos, si permittes seruo tuo ut 6 oremus coram te et des nobis semen cordis et sensui culturam unde fructum fiat, unde uiuere possit omnis corruptus qui portabit locum hominis. Solus enim es, et una plasmatio nos 7 sumus manuum tuarum, sicut locutus es. Et quoniam uiui- 8 ficans uiuificas nunc in matrice plasmatum corpus et praestas membra, conseruatur in igni et aqua tua creatio et nouem

139 ignouerit A**M, ignorauerit SA*, ignoret C   his SAM, hos C   deleberit C   contemptionum SA*, contemptorum A**, contemptus M, cum tempus C   fortassis SCM, -sc A   de innumerabili multitudine A** (*pr. m.*) *cf.*
Syr. Aeth., innumerabilē -nē A*, innumerabili multitudine S, innumerabili -ni C, in innumerabili -ne M   1, 2 pr- pauc- dicam autem *added above line* A   2 dicam SACM**, dico M*   Ezra SA, Esdra CM   autem SA, ergo CM   interrogabis SM   qnm̄ dicot t¹ *deleted after* tibi A   quoniam SA**CM, quā A*
(*marg.* quando)   terram SCM, -ra A   multam magis S**CM, multā multo magis S*, multo magis A   ut fiat fict- M   unde aur- fit SA, unde aur- fiat C, unde fiat aur- M   hactus C   praesentis S**, -tes S*   3 multi (*added above line* S) quidem SCM, similitudinem A*, -ne A**   4 absorbe] *later MSS.*, *cf. Syr.*, absolue SACM   anima SA*CM, -me A**   sensum S*ACM, -su S** deuoret SAC, deuora M   sapet C   5 enim] *cf. Syr. Aeth.*, in (obaud-) SA, non CM obedire CM   profecta es CM *cf. Syr. Aeth.*, prophetes S, prophetis A   nolens CM, noles S, et (*added extr. lin.*) noles A   non A, nec SCM   tibi est d- SA, d- est tibi CM   modicum AM, modū S, modo C   uiuere SA, conuibendi C, uiuendi M
6 si permittes SA*, si permittis A**C, *sup.* millis M   des SAC, das M   fructum SA*, -tus A**CM   et unde uiu- M   uibere C   portauit M   7 es, et S**CM, ē& S*, esset A   *om.* sicut loc- es M   8 Et SA, *om.* CM   uiuificans uiuificas nunc] *cf. Syr.*, uiuificans nunc C, uiuificas nunc SA, nunc uiuificas M in matrici S   prestas CM, praestas A**, praestans SA*   conseruatur SA (*eras. betw.* a *and* t A), conseruatur autem CM   in igni SC, igni M, in igne A nobem C

mensibus patitur tua plasmatio tuae creaturae quae in eo creata
9 est. Ipsum autem quod seruat et quod seruatur utraque seruabuntur seruatione tua. et quando iterum reddit matrix quae
10 in ea creata fuerint, Imperasti ut ex ipsis membris, hoc est
11 mamillis, praeberi lac, fructum mamillarum, Vt nutriatur id
quod plasmatum est usque in tempus aliquem, et postea dis-
12 pones eum tuae misericordiae. Enutristi eum tuae iusticiae
et erudisti eum in lege tua et corripuisti eum tuo intellectu,
13 Et mortificabis eum ut tuam creaturam et uiuificabis eum ut
14 tuum opus. Si ergo perdideris, qui tantis laboribus plasmatus
15 est tuo iussu, facili ordine, et utquid fiebat? Et nunc dicens
dicam: de omni homine tu magis scis, de populo autem tuo
16 quod mihi dolet, Et de hereditate tua propter quam lugeo,
et de Israel propter quem tristis sum, et de semine Iacob
17 propter quod conturbor. Ideo incipiam orare coram te pro
me et pro eis, quoniam uideo lapsos nostros qui inhabitamus
18 terram. Sed audiui celeritatem iudicii quod futurum est.
19 Ideo audi meam uocem et intellege sermonum meorum, et
loquar coram te.

8 menses M   tua (bef. pl-) SA, om. CM   tuae creat- SA, creat- tuae CM
eā quae in ipsa M   eo SA, ipso C   9 seruat et quod M cf. Syr., om. SAC
seruatione tua] cf. Syr. Aeth., Hilg., seruati SA, om. CM   et quando CM cf. Syr.
Aeth., quando SA   reddit SAM, -det C   qui in ea M   creata fuerint C, creati
fuerint M, creauerat A, creuerint S   10 ut ex SAC, ex M   ipsis SA (in A the
first i was orig. written m in anticipation of the next word), his CM   mamillis S,
mammillis A**CM, māmellis A*   praeberi] praebere SA*, -ret A**, prebeat C,
ut praebeat M   mammillarum SA**CM, mammellarum A*   11 id quod SA,
quod CM   aliquem SA*, aliquod A**CM   dispones SC, -nis AM   tuae
misericordiae SM, tue -die C, tua -dia A   12 Et enutris illum CM, txt. SA
tuae iusticiae SM, tue -tie C, tua -cia A   et erudisti S, erudisti AC, et erudis M
et corripis illū M   tuo intellectui S, tuo -tu A, intellectu tuo M, in intellectu
tuo C   13 om. Et C   mortificabis AC, -cauis S   om. tuam cr-... eum
ut M   tuam creaturam C, tuá (eras. about ā) -rā A, tua -ra S   uiuificabis AC,
-cauis S   eum SA, illum C   ut added above C   14 ergo SAC, enim M
qui SA, eum qui CM   ordine ACM, ordini S*, ordinari S**   et utquid] cf.
Syr., ut et quid SA, ut quid CM   fiebat SAC, faciebas M   15 de (added
bef. line M) omni homine S**AM, de -nem -nem S*, de omni humano genere C
mici C, michi M   16 de hereditatem tuam S   prop- quod lug- C   lugio
A*, -geo A**   de ishl C, de israhele M, propter israel S, prop- israhel A   de
semini S   17 lapsos S*C, lapsus (-sus on eras. A) S**AM   habitamus M
18 audibi C   iudicii SA**CM, iudicis A*   quod A**CM, qui SA**   futurum
est A**C, -rus est S, uenturum est M   19 Ideo SA, idcirco C, iccirco M   audix
A   meam uocem SC, uocem meam AM   et SAM, om. C   sermonum meorum
SA*, -nem meum A, -nes meos CM

LIBER EZRAE QVARTVS.

Initium uerborum orationis Ezrae priusquam adsumeretur. 20 Et dixit : domine qui inhabitas seculum, cuius oculi elati et superiora in aerem, Cuius thronus inextimabilis et gloria incon- 21 prehensibilis, cui adstat exercitus angelorum cum tremore, Quorum seruatio in uento et igni conuertitur, cuius uerbum 22 firmum et dicta perseuerantia, Cuius dispositio fortis et iussio 23 terribilis, cuius aspectus arefacit abyssos et indignatio tabescere facit montes et ueritas testificatur : Exaudi, domine, orationem 24 serui tui et auribus percipe precationem figmenti tui, intende uerba mea. Dum enim uiuo loquar et dum sapio respondeam. 25 Ne aspicias populi tui delicta, sed qui tibi in ueritate serui- 26 erunt. Neque adtendas impie agentium studia, sed qui tua 27 testamenta cum doloribus custodierunt. Neque cogites qui in 28

20 (*For text of* M *and Lyons, see App.* II) uerbi C orationis C *cf. Syr. Aeth.*, *om.* SA Ezrae SA (ez *on eras.* A), Esdre C ads- SA*C, ass- A** et dixit SA, dixit C inhabitas S, habitas AC Vat Jen Dub Moz, ʰabitas Colb saeculum SA**, in saeculum A*, in aeternum C Colb Jen Moz, in eter- Vat (G) Dub elati C Vat Colb Jen Dub Moz, ᵉlati A, helati S superiora C Colb (B) Jen Dub Moz, superna S, super A, superiores Vat in aerem SA*, in aere A**C Vat Colb Dub (Moz), in aera Jen Moz 21 cuius C Vat Colb Jen Dub Moz, et cuius SA tronus Colb Dub, est tronus C, est thronus Moz inextimabilis C Dub*, inexstimab- S, inixtim- Colb, inaestim- A, inestim- S** Vat (G) Jen Dub** gloria SAC Vat Moz, gloria eius Colb Jen, claritas Dub inconp̄hen- S, inconpreen- C, inconprech- Dub adstat SA*C Vat Moz, astat A**, adstant Colb, astant Jen Dub**, astam Dub* omnis ex- C Moz 22 seruatio SA Colb Jen, obseruatio C Vat Dub Moz *eras. after* uento A in uentu et in igne C, et (*sup. ras.*) igne Dub -etur Vat, -entur Moz firmum C Vat Colb Jen Dub Moz *cf. Syr. Aeth.*, uerum SA 23 dispositio...iussio C Vat Colb Jen Dub Moz *cf. Syr. Aeth.*, iussio... dispositio SA *eras. after* terribilis A arefacit C Vat Colb Jen Dub Moz, arefecit SA abissos Colb (B) Dub indignacione Jen tabescere facit SA Dub**, tabescere C Colb Jen Dub*, tauescere Vat (G), tabescit Moz uer- tua C Dub (*om.* et) testificatur A** *pr. m.*, -tus A* 24 dn̄e S*AC Colb Jen Dub, *om.* S** *verss. or.*, deus Vat. *om. et* C precationem SA*, -nes Dub, deprecationem A** Jen, inten- Vat Dub impie (inpie C) agentium (-cium Jen) intende uerba mea C Vat Colb Jen Dub *cf. verss. or.*, intende in uerba mea Moz, *om.* SA 25 uibo C *om. et* Dub respondeam SAC Colb Jen, -dam Vat, -debo Dub Moz 26 ne SA**C Vat Colb Jen Dub Moz, nec A* aspicias SA Vat Colb Jen Dub, aspicias dn̄e C, respicias domine Moz q- t- in u- seruierunt C, q- t- in u- seruiunt SA, q- t- seruierunt in u- Vat *cf. Syr.*, q- t- seruiunt in u- Colb Jen, ipsi (*om.* sed) q- t- seruiunt in u- Moz, quid seruierunt in u- Dub 27 neque C Vat Colb Jen Dub Moz, nec S, ne A adtendas SA*C Colb Moz, atten- Vat Dub, inten- Vat Dub impie (inpie C) agentium (-cium Jen) C Colb Jen Dub Moz, impi agentium S, impia gentium Vat, inpi gentium A*, inpingentium A** studias qui Vat (G) qui S**, quia S* *om.* tua Vat testamenta C Vat Colb (B) Jen Moz *cf. verss. or.*, testimonia SA Dub cum dolore Vat 28 *om. this verse* Vat cogites SA Colb Jen Dub, c- perdere C Moz

conspectu tuo false conuersati sunt, sed memorare qui ex uolun-
29 tate tuum timorem cognouerunt. Neque uolueris perdere qui
pecorum mores habuerunt, sed respicias eos qui legem tuam
30 splendide docuerunt. Neque indigneris eis qui bestiis peius sunt
31 iudicati, sed diligas qui semper in tua gloria confiderunt. Quoniam nos et patres nostri mortalibus moribus egimus, tu autem
32 propter nos peccatores misericors uocatus es. Si enim desideraueris ut nostri miserearis tunc misericors uocaberis, nobis enim
33 non habentibus opera iusticiae. Iusti enim quibus sunt operae
multae repositae apud te, ex propriis operibus recipient merce-
34 dem. Quid est enim homo ut ei indigneris, aut genus cor-
35 ruptibile ut ita amariceris de ipso? In ueritate enim nemo
de genitis est qui non impie gessit et de confitentibus qui non
36 deliquit. In hoc enim adnuntiabitur iusticia tua et bonitas

28 falsae A*, falso A**   memorare SAC Colb Jen Dub, memento Moz
tuum timorem AC Colb Jen, tuam timorem S, tua timore Dub**, nomen tuum
cum timore Moz   cognoberunt C   29 pecorum AC Vat Colb Jen Dub,
pecudum S Moz   respice Dub   eos SA, super eos C Vat Colb Jen Dub Moz
splendidae A   30 bestiis SA**C**, besteis A*, uestiis C*   peius SA*C
Vat Colb Jen Dub Moz, peiores A**   sunt iudicati AC Vat Colb Jen Moz,
iudicati S, sunt Dub   qui Vat Colb Jen Dub Moz, eos qui SAC   in tua
gloria SA Vat Colb Jen Moz, in tuam gloriam C   in gratia consteterunt
Dub   31 mortalibus moribus] cf. Syr. Aeth., mortalibus moribus Dub
(om. nostri), talibus moribus SC Vat Colb Jen Moz, talibus A*, talia A**
egimus S*AC Colb Jen Moz, egemus S**, regimur Vat, langmus Dub (lan sup.
ras.)   uocatus es C Vat Colb Jen Moz cf. Syr. Ar¹. Arm., uocaberis SA
Dub (sup. ras.)   32 desideraueris S Vat Colb cf. Syr., declinaueris A,
                                                 a
decreueris Dub, -beris C (Moz)   misereris S, miserans Dub   tunc misericors
written twice, the first cancelled A   uocaberis A*, -ueris A**   enim SAC Colb
Moz, autem Vat Dub, om. Jen   non habentibus SC, facientib;×× A   33 om.
Iusti...repositae Vat   Iusti S**A**C Colb Jen Dub, iustus (or -tis? S*) S*A*, iustis
Moz   enim S*A Colb Jen Dub, om. S**C, autem Moz   sunt A**, sint A*
opere S, om. A, opera C Colb Jen Dub Moz   multe repositae S, -te -site Dub,
-tae -sitae A*, -ta -sita A**C Colb Jen Dub** Moz   apud te A Colb Dub Moz,
aput te SC Jen   (te) domine C Vat Colb Dub Moz, om. SA cf. Syr. Aeth.
recipient SA, percipient C Vat Moz, percipiunt Colb Jen, percipiant Dub   mercedem SAC Colb Jen Dub, -de Vat, -dem suam Moz   34 tenus A   amariceris
C Colb Jen (Dub* Moz), mariceris Vat, amarisceris S, amarisceris A*, amaresceres
A**, amarus sis Dub**, exacerberis Moz   35 om. enim Vat   impiae A,
inpie C   aut de C Moz   om. de Dub   confitentibus SA Vat Jen Dub Moz,
confid- C Colb   qui tibi non Moz   deliquit S** Colb Moz, -quid S* Jen Dub,
derelinquit Vat, -quid C, -quet A   36 enim SA cf. Syr., om. C Vat Colb Jen Dub
adnun- SAC Colb (B), annun- Vat Jen Dub   om. tua (pr.) C Dub (Moz)

tua, domine, cum misertus fueris eis qui non habent substantiam operum bonorum. Et respondit ad me et dixit: recte locutus es aliqua, et iuxta sermones tuos sic et fiet. Quoniam uere non cogitabo super plasma eorum qui peccauerunt aut mortem aut iudicium aut perditionem; Sed iocundabor super iustorum figmentum, peregrinationis quoque et saluationis et mercedis receptionis. Quomodo ergo locutus sum, sic et est. Sicut enim agricola serit super terram semina multa et plantationis multitudinem plantat, sed non in tempore omnia quae seminata sunt saluabuntur, sed nec omnia quae plantata sunt radicabunt, sic et qui in saeculo seminati sunt non omnes saluabuntur. Et respondi et dixi: si inueni gratiam coram te loquar. Quoniam semen agricolae si non ascenderit, non enim accepit pluuiam tuam in tempore, et si corruptum fuerit multitudine pluuiae, Hoc perit, sed homo qui manibus tuis plasmatus est et tua imago nominatus, quoniam similatus est, per quem omnia plasmasti, et similasti eum semini agricolae. Non, domine super nos, sed parce populo tuo et miserere haereditati tuae, tuae enim creaturae misereris.

36 *om.* tua (*sec.*) Colb (B) Jen dum mis- Vat his qui Vat substantiam A**, scientiam A* op- bon- SAC Vat Colb** Jen, hop- bon- Colb*, bon- op- Dub Moz 37 sic et fiet S, sic et fiat A, sic fiet CM 38 Quoniam SAC, Quia M n̄ tantū cog- sup supbiam eor- M plasma^{ta} A qui AC, quae S peccaberunt C 39 Sed ioc- SA, sed iuc- C, sed & ioc- M peregrinationis S**AC, -nes S*M saluationis SA, -nes M, saluiuicationis C, saluificationes M et mercedis receptionis C, et mercedes receptionis S, *om.* A, et mercedes retributionis M 41 agricola A**, agricula A* *om.* serit M plantationis S*ACM, -nes S** multitudinem ACM, -nis S sed non in tempore omnia S** *cf. Syr.*, sed non in tempore non omnia S*A, sed in t- non om̄a CM saluabuntur A, saluantur S, salua erunt CM sed nec S, sed (s *on eras.*) n̄ A, nec CM *om.* sunt A radicabunt AC, radicabunt S*M, radicantur S** in caelo M seminati sunt SA, sunt sem- CM saluabuntur SAM *& marg.* C, seruabuntur C 42 coram te CM *cf. Syr. Aeth., om.* SA 43 *om.* agricolae M *om.* enim M accepit SCM, accipit A plubiam C fuerit corrumpetur M a mult- CM plubie C 44 hoc perit sed] *conj.*, hic pater et filius SAC, sic pat̄ & filius M ^tuis (*eras. bef.* u) A tua imago] tu ei imago S, tu ei imagine A*, tua imagine A**, tue imagini CM similatus est SA, soli datus est CM per quem omnia SAC, quem p om̄a M plasmasti SAM**, plasmastis C, plasmatis M* et similasti S, et simila A, similasti M, humilasti C *om.* semini CM agricolae A**, agriculae A* 45 domine] *cf. Syr. Aeth. Ar*[1]*. Arm., om.* SACM super nos SAC, s- n- irascaris M tuae enim S**ACM, tu e- S*

LIBER EZRAE QVARTVS. VIII

46 Et respondit ad me et dixit: quae sunt praesentia prae-
47 sentibus et quae futura futuris. Multum enim tibi restat ut
possis diligere meam creaturam super me, tu autem frequenter
48 temetipsum proximasti iniustis, numquam Sed et in hoc mi-
49 rabilis eris coram altissimo, Quoniam humiliasti te, sicut decet
te, et non iudicasti te inter iustos ut plurimum glorificeris.
50 Propter quod miseriae multae miserabiles efficientur qui habitant saeculum in nouissimis, quia in multa superbia ambulaue-
51 runt. Tu autem pro te intellege et de similibus tuis inquire
52 gloriam. Vobis enim apertus est paradisus, plantata est arbor
uitae, paratum est futurum tempus, praeparata est habundantia,
aedificata est ciuitas, probata est requies, perfecta est bonitas,
53 ante perfecta sapientia. Radix signata est a uobis, infirmitas
extincta est a uobis et [mors] absconsa est; infernus fugit et
54 corruptio in obliuionem. Transierunt dolores et ostensus est
55 in finem thesaurus inmortalitatis. Noli ergo adhuc adicere
56 inquirendo de multitudine eorum qui pereunt. Nam et ipsi
accipientes libertatem spreuerunt altissimum et legem eius
57 contempserunt et uias eius dereliquerunt. Adhuc autem et
58 iustos eius conculcauerunt. Et dixerunt in corde suo non esse

46 sunt *above line pr. m.* A   p̄senti^b; *extra lin.* A   47 creaturā meā M
temetipsum A**, te et ipsum SA*   iniustis SAC, iustis M   numquam SA, *om.*
CM   48 et SA *cf. Syr., om.* CM   miserabilis eris M   49 decet te SA,
decet CM   et quia n̄·M   ut *added bef.* plur- A *cf. Aeth. Ar*¹., *bef.* inter S, *om.*
ut CM   glorificeris SA, glorificaberis CM *cf. Syr.*   50 miserie S   multe C
miseri et multum miserabiles M   efficienter S   habitant S, inhabitant ACM
in nobissimis C   superuia ambulaberunt C   51 p̄pt̄ te M   intellege SAM,
intellige C   52 paradysus SM   & plantata est M   paratum est CM, prae-
paratum est SA   parata ē abund- M   habundantia SA*C, abund- A**M   ante
SAC, *om.* M   perfecta sapientia SCM, -tā -tiā A   53 est a uob infirm- M
extincta est A, extincta SM, *om.* C   a uobis A, *added above line* S, *om.* CM   et
SM, *om.* AC   mors] *cf Syr. Aeth. Arm., om.* SACM   absconsa est S**A (est;
A), abscondita est S*CM   infernus A**, -num A*, in infernum SCM (-num; S)
fugit; et A, fugit SM, fugiit C   in obliuionem; A, in -ne SM, in oblibionem C
54 *om.* et A   hostensus C   tesaurus C   inmortalitatis AC, immor- M, mor-
talitatis S   55 adhuc CM *cf. Syr., om.* SA   adicere S**M, adixcere A, dicere
S*, didicere C   de multitudine S**ACM, de -nem S*   pereunt S *cf. Syr.*, perierunt A, perituri sunt CM   56 et ipsi] Vulg. *cf. Aeth.* (ipsi *Syr.*), et si SA*M,
deleted thus & si A**, et sic C   accipientis A*, -tes A**   spreberunt C   contemserunt C, *txt.* SAM   uias eius SA, u- ipsius CM   derelinquerunt C, *txt.* SAM
57 et ACM, *om.* S   conculc-] con *extra lin.* (*prob.* c̄ *alt. to* con) A, conculcaberunt C

VIII IX LIBER EZRAE QVARTVS. 45

deum, et quidem scientes sciunt quoniam moriuntur. Sicut 59 enim uos suscipient quae praedicta sunt, sic eos sitis et cruciatus quae parata sunt. non enim altissimus uoluit hominem disperdi; Sed ipsi qui creati sunt coinquinauerunt nomen eius 60 qui fecit eos et ingrati fuerunt ei qui praeparauit eis uitam. Quapropter iudicium meum modo appropinquat: Quod non $^{61}_{62}$ omnibus demonstraui nisi tibi et tibi similibus paucis. et respondi et dixi: Ecce nunc, domine, demonstrasti mihi multi- 63 tudinem signorum quae incipies facere in nouissimis, sed non demonstrasti mihi quo tempore.

IX. Et respondit ad me et dixit: metiens metire in temet- 1 ipso, et erit cum uideris quoniam transiuit pars quaedam signorum quae praedicta sunt, Tunc intelleges quoniam ipsum est 2 tempus, in quo incipiet altissimus uisitare saeculum qui ab eo factus est. Et quando uidebitur in saeculo motio locorum, 3 populorum turbatio, gentium cogitationes, ducum inconstantia, principum turbatio, Tunc intelleges quoniam de his erat altis- 4 simus locutus a diebus qui fuerunt ante ab initio. Sicut enim 5 omne quod factum est in saeculo, initium per consummationem et consummatio manifesta, Sic et altissimi tempora: initia 6

58 et quidem SAC, equidē M   sciunt M cf. Syr., om. SAC   moriuntur SAC, -entur M   59 suscipient SCM, -entes A   praedicta SA**CM, -tae A*   a word erased (etiam or enim) after sic S   sitis et SC, sedes et A, suscipient M   quae parata sunt S, quae praeparatae sunt A*, qui -ti sunt A**, qui preparati sunt CM altis- uol- SCM, uol- alt- A   60 coinq- nom- eius SM, quo inquinatio|mē ei˜ A*, deleted and ētempser̄ eū written above A**, quo inquinaberunt n̄m̄n̄ eius C qui S**AC, quae S*   eos SA, illos CM   qui SA**CM, que A*   praeparauit SA, preparabit C, parauit M   eis SA, illis CM   uitam S** cf. Syr., nunc uitam S*AC, hanc uitam M   61 adpropinquat SC   62 quod ACM, q̄t| S & tuis similib; Syr.   63 mici C, michi M   facere nobissimis C   non mici dem- C, non michi dem- M, txt. SA   om. quo C   1 metiens A**CM, meties SA*   (om. in) temetipsū M   erit SA, om. CM   transiuit SA, transiit C, transir& M*, transiet M**   quedam pars CM, txt. SA   2 ipsum S*A**M, ipsud S*, ipsut A*C   qui ab eo factus est SA*, quod ab (hab C)   eo factum est A**CM   3 Et SA, om. CM   uidebitur SA, -buntur CM   in saeculo AC, in saeculum SM   motio SCM, munitio A   turbatio populorum M sentium A*, gentium A**   inconstantia SAC, instantia M   princ- SA, et princ- CM cf. Syr.   4 Tunc S**CM cf. Syr., Et tunc S*A   ante ACM, ant&e S   5 om. enim A   om. est A   initium SAC, in initio M   per consummationem SACM, habet pariter et consummationem Vulg   et consummatio SC, et consummatione A, om. M   manifesta SC, -tā A, -tatur M   6 iñitia SA, initio C, in initio M

LIBER EZRAE QVARTVS.

manifesta in prodigiis et uirtutibus, et consummatio in actu
7 in signis. Et erit omnis qui saluus factus fuerit, et qui pote𝐫
8 effugere per opera sua uel per fidem in qua credidit, Is reli𝐧
quetur de praedictis periculis et uidebit salutare meum in ter𝐫
9 mea et in finibus meis quae sanctificaui mihi a saeculo. E
tunc mirabuntur qui nunc abusi sunt uias meas, et in crucia
mentis commorabuntur hii qui eas proiecerunt in contempt𝐮
10 Quodquod enim non cognouerunt me uiuentes beneficia cons𝐞
11 cuti, Et quodquod fastidierunt legem meam, cum adhuc era𝐧
12 habentes libertatem, Et cum adhuc esset eis apertum paenite𝐧
tiae locus non intellexerunt sed spreuerunt, hos oportet pos
13 mortem in cruciamento cognoscere. Tu ergo adhuc nol
curiosus esse quomodo impii cruciabuntur, sed inquire quomod𝐨
iusti saluabuntur, et quorum saeculum et propter quos saecu-
14 lum et quando. Respondi et dixi : Olim locutus sum et nun𝐜
15 dico et postea dicam, quoniam plures sunt qui pereunt quam
16 qui saluabuntur, Sicut multiplicat fluctus super guttam.
17 Et respondit ad me et dixit : qualis ager, talia et semina;
et quales flores, tales et tincturae; et qualis opera, talis et
18 creatio ; et qualis agricola, talis et area. Quoniam tempus erat

6 consūmatione A in bactu C et signis A 7 poterit SAM, potuerit C opera sua S**ACM, operas suas S* in qua SA, in quā CM credidit (8) Is] *conj.* Hilg. *cf.* Syr. *Aeth.*, credidistis S, credidisti A*CM, credidit C** 8 Is *cf. lect. var. ad ver.* 7 quae] quē SA, quod C, q°s M scīficabi C mici C, michi M a saeculo SA, in scīo C, ab initio M 9 tunc S**A**CM, nunc S*A* abussi A cruciamentis SA, cruciatibus CM hii CM, hix A, his S eas M, eos SAC *cf. Syr.* contemtu C 10 quodquod S*C, quotquot S**A, quod M *om.* enim M agnoberunt C, agnouerunt M, *txt.* SA uibentes C consecuti SM, consequuti AC 11 quodquod C, quotquot A**M, quod SA* *om.* erant...(12) adhuc M 12 *om.* cum A eis SA, illis CM apertum SA*, -tus A**CM penitentiae S non SC, nec M, *om.* A spreberunt C hos A**, nos A* in cruciamento S*A *cf.* Ar¹., cruciatum C, cruciatus M cognuscere A*, cognoscere A** 13 Tu ergo adhuc noli SA (nolix A), Tu ergo noli adhuc C, Tu noli ergo adhuc M et quor- erit sclm M et æpt quod M 14 Respondi S*A, Et resp- S**CM 15 *om.* sunt A q̄m qui pereunt plures sunt quam C periunt A*, perient A** 16 multiplicat SAC, -catur M fluctus S**A**CM, fructus S*A* *om.* super A 17 (ager) tales A*, talia A** et qualis opera A**, et quales opera A*, et quales opere S, quales opera C, qualia opa M creatio SAC, opatio M *an erased space for* 3 *letters after* agricola A tale (e *on eras.*) A area CM (*conj.* Volk), atria S, atriū (-ū *on eras.*) A 18 Qm̄ ante tempus M

saeculi, et tunc cum essem parans eis, his qui nunc, antequam fieret illis saeculum, in quo inhabitarent; et nemo contradixit mihi tunc, nec enim erat quisquam : Et nunc creati in mundo 19 hoc parato et mensa indeficienti et lege inuestigabili, corrupti sunt moribus eorum. Et consideraui saeculum meum et ecce 20 erat perditum, et orbem meum, et ecce erat periclitans propter cogitationes quae in eo aduenerunt. Et uidi et peperci eis uix 21 ualde et saluaui mihi acinum de botru et plantationem de tribu multa. Pereat ergo multitudo quae sine causa nata est et 22 seruetur acinus meus et plantatio mea, quia cum multo labore perfeci haec. Tu autem si adhuc intermittas septem dies alios— 23 sed non ieiunabis in eis, Ibis autem in campum florum, ubi 24 domus non est aedificata, et manduca solummodo de floribus campi, et carnem non gustabis et uinum non bibes, sed solummodo flores—Et deprecare altissimum sine intermissione, et 25 ueniam et loquar tecum.

Et profectus sum sicut dixit mihi in campum quod uocatur 26 Ardat, et sedi ibi in floribus et de herbis agri manducaui et facta est esca earum in saturitatem. Et factum est post dies 27 septem et ego discumbebam supra fenum et cor meum iterum

18 sc̄ri tunc • (*no stop* M) cum CM, *txt.* SA parans SA*CM, parens A** his SA, *om.* CM fieret illis SC, perit illis M, fleret A sōlm M**, sōdm M* contradicit A michi tunc M, mihi (mici C) • Tunc SAC nec] *cf. Syr., om.* SAC *om.* nec...quisquam M quisquam AC, quisq̄ S 19 creati CM, creat S, erant A mundo hoc S, hoc mundo ACM parato SCM, -ti A mensa] *cf. Syr. Aeth.*, mense SACM indeficienti SA**CM, -te A* lege SA, legi CM corrupti S, -ta AC, -ta sunt omnia M moribus SACM, mores Vulg. 20 considerabi C et ecce erat perditum (perd- erat A) • et orbem meum ACM, *om.* S (2 *half lines have been here erased*) periclitans C, periculi S, -lū A in eo SA, in eum CM 21 uix ACM, *om.* S saluabi mici C, seruaui michi M botru A**, butro A*, butru S, butruo C, botro M plantationem CM, -ne S, -nes A 22 que M**, qui M* mea, quae cū multo labore p̱ficit. Tu M 23 intermittas C, intmittas SAM sed SCM, et C *marg.*, si A 24 ibis SA, abibis M, habitabis (*on eras.*) C manduca ACM, manduces S, manducabis Vulg. (mand-) solummodo SCM, *om.* A et carnem SA, carnem uero CM sed solummodo A, sed solummodum S, sed tantum CM 25 Et depr- S*ACM, Depr- S** intermissionem̄ S etloq- A tecum SA, ad te CM 26 quod SA*, qui A**CM Ardat S**, Adar S*, Ardad A, Ardas C, Ardaf M sede A*, -di A** erbis C agri SA**C, agni A*, campi M manducabi C aesca A saturitatem SA, satietatem CM 27 et ego SA, ego CM supra SA, super C, in M foenū M

LIBER EZRAE QVARTVS.

28 turbabatur sicut et ante. Et apertum est os meum et inchoaui
29 dicere coram altissimo et dixi: O domine in nobis ostendens
ostensus es patribus nostris in deserto quando erant exientes de
Aegypto et quando ueniebant in deserto quod non calcatur et
30 infructuoso, et dicens dixisti: Tu Israel audi me, et semen
31 Jacob intendite sermonibus meis. Ecce enim semino in uobis
legem meam, et faciet in uobis fructum, et glorificabimini in eo
32 per saeculum. Nam patres nostri accipientes legem non seruauerunt et legitima non custodierunt, et factus est fructus legis
33 non periens; nec enim poterat quoniam tuus erat. Nam qui
acceperunt perierunt non custodientes quod in eis seminatum
34 fuerat. Et ecce consuetudo est ut, cum acceperit terra semen
uel nauem mare uel uas aliud escas uel potus, et cum fuerit ut
exterminetur quod seminatum est uel quod missum est uel
35 quae suscepta sunt, Exterminentur haec, susceptoria uero ma-
36 nent: apud nos enim non sic factum est. Nos quidem qui
legem accepimus peccantes peribimus et cor nostrum quod
37 suscepit eam. Nam lex non perit sed permanet in suo honore.
38 Et cum loquerer haec in corde meo, respexi oculis meis et

27 turbabatur A**, turbatur A* ante SCM, -ea A 28 est *added above* A
et in quo abi loqui C, et inchoaui loq¹ M, *txt.* SA altissimum S 29 in
nobis SACM, te nobis Vulg. hostendens host- C exientes SA*C, exeuntes
A**M in deserto (*sec.*) SAM, in desertum C Egypto M quot S et SC, *om.*
AM infructuoso SA, -sum CM 30 semini S intendite SAC*M, -de C**
31 *om.* enim M in uobis semino M glorificabimini A**M, -camini SA*C
32 nr̄i S*CM, ūr̄i S**A seruauerunt SA, obserberunt C legitima CM *cf. Syr.*,
leg- mea SA factus est fructus A*CM, factum est fructum SA* 33 nec
cust- C 34 consuetudo SAM, consuetum C cum *om.* but *added early* A
in terra S uel (nau-) *on eras. extra lin.* A nabem C mare A**CM, maris SA*
mare nauem M aliud SA**C*M, aliut A*, aliquas C** escas C, aescas A,
ęscas M, esca S, escam Vulg. uel potus SA, aut potus CM, uel potum Vulg.
et cum S*A*CM, cum S**A** & cum fuerit: & cum extmin& q̄d sem- A*, uel
q̄dcumq- fuerit q̄d sem- A** sem- est SA, sem- CM quod (q̄t S) mis- est SA,
mis- est CM uel quod suscepta sunt S, ū quę (*on eras.*) accepta sunt A, uel haec
que suscepta sunt CM 35 exterminentur haec '; susc- S, susceptoria haec
susc- A, exterminentur • susc- CM suscepturia A*, -toria A** *om.* uero C
manent SAM, remanent C*, remanent uacua C** aput A*C, apud A** nos;'
(, A, : C, . M) si enim SACM non sic factum est SC, non sit factum xx A, *om.* M
36 Nos...legem] *om.* M accipimus M perimus C quod S**CM, qui S*,
q̄dx A accepit A 37 periit A*, peribit A** permansit S honore CM,
labore SA 38 Et cum loquerer S**M, et loquor S*, et cum loquor AC ęc C
respexi S**A**CM, et resp- S*A*

LIBER EZRAE QVARTVS.

uidi mulierem in dextera parte, et ecce haec lugebat et plorabat cum uoce magna, et animo dolebat ualde, et uestimenta eius discissa, et cinis super caput eius. Et dimisi cogitatus in quibus 39 eram cogitans et conuersus sum ad eam et dixi ei: Vtquid 40 fles? et quid doles animo? Et dixit ad me: dimitte me, domi- 41 nus meus, ut defleam me et adiciam dolorem, quoniam ualde amara sum animo et humiliata sum ualde. Et dixi ei: quid 42 passa es? dic mihi. et dixit ad me: Sterilis fui ego famula tua 43 et non peperi habens maritum annis triginta. Ego enim per 44 singulas horas et per singulos dies in annis triginta his deprecabar altissimum nocte ac die. Et factum est post triginta 45 annos exaudiuit me deus ancillae tuae et peruidit humilitatem meam et adtendit tribulationi meae et dedit mihi filium. et iocundata sum super eum ualde ego et uir meus et omnes ciues mei, et honorificauimus ualde fortem. Et nutriui eum cum 46 labore multo: Et factum est cum creuisset et uenissem acci- 47 pere illi uxorem, et feci diem epuli.

X. Et factum est cum introisset filius meus in thalamo suo, 1 cecidit et mortuus est. Et euertimus omnes lumina, et surrexe- 2 runt omnes ciues mei ad consolandam me, et quieui usque in alium diem usque noctem. Et factum est cum omnes quieuis- 3 sent ut me consolarentur ut quiescerem, et surrexi nocte et fugi

---

38 ad dexterā parte M om. haec M et cum C et uest- SA, uest- uero CM discissa S**A**, discisa S*A*, erant scissa C, erant dissuta M capud S 39 om. cogitans M eam SCM, mulierem A 40 om. fles? et quid C 41 dn̄s meus S*A*, dn̄e meus S**A**M, dn̄e mi C adiciam SA, abiciam C ualde on eras. A amarū an- A*, amara an- A** ualde SA, nimis CM 43 Sterilis S**A**, sterelis S*A* 44 oras A*, horas A** in annis triginta his A**, in annos xxx (trig- A) his SA*, in his annis trig- CM deprecabar A**CM, depreuare S*A*, -arer S** ac SA, hac CM 45 exaudibit C me SA, om. CM ancillae (-le S) tuae SA*, ancillam tuam A**C*M, anc- suam C** peruidit AC, praeuidit S, nidit M adtendit SA, intendit CM tribulatione meā M meae A*, mei A** honorificauimus A**M**, -camus A*M*, -cabimus C, -cabamus S 46 nutribi C multa A*, -to A** 47 Et cum creuisset (creb- C) CM et uenissem C, & uoluissē M, et uenisset S*A, ut uen- S** illi CM cf. Syr. Aeth. &c., om. SA et feci SA, feci CM aepuli A 1 in thalamo suo SA**, in talamo s- A*, in talamum (thal- M) suum CM 2 me¹ A ad consolandam (-dū M) me CM, ad me (om. me S) consolandam SA quiebi C aliā M usque noctem A, usque nocte S, et usque in noctem CM 3 quiebissent C et sur- SA*, sur- A**CM et ueni et fugi A fugii C

B. E.   4

4 et ueni, sicut uides, in hoc campo. Et cogito iam non reuerti in ciuitate sed hic consistere, et neque manducabo neque bibam, sed sine intermissione lugere et ieiunare usque dum moriar. 5 Et dereliqui sermones in quibus adhuc eram et respondi cum 6 iracundia ad eam et dixi: Stulta super omnes mulieres, non 7 uides luctum nostrum et quae nobis contigerunt? Quoniam Sion mater nostra omnium in tristitia contristatur et humilitate 8 humiliata est, lugete ualidissime. Et nunc quoniam omnes lugemus, et tristes estis, quoniam omnes contristati sumus, tu 9 autem contristaris in uno filio. Interroga enim terram et dicet tibi, quoniam haec est quae debeat lugere tantorum super eam 10 germinantium. Et ex ipsa initia omnes nacti, et alii uenient, et ecce pene omnes in perditionem ambulant et in exterminium 11 fit multitudo eorum. Quis ergo debet lugere magis nisi haec quae tam magnam multitudinem perdidit, quam tu quae pro 12 uno doles? Si autem dices mihi, quoniam non est similis planctus meus terrae, quoniam ego fructum uentris mei perdidi, 13 quem cum meroribus peperi et cum doloribus genui, Terra autem secundum uiam terrae, abiit quae in ea multitudo praesens 14 quomodo et uenit; et ego tibi dico: Sicut tu cum dolore peperisti, sic et terra dedit fructum suum hominem ab initio ei qui

3 in hoc campo SA, in hunc campum CM   4 cogitaui A   ciuitate S, -tem ACM   et neque SA, et non C   manducabo neque bibam SA*C, manducare neque bibere A**   om. neque mand-...lugere et M   usque dum] ut M   5 dereliqui SA**M, derelinqui A*C   serm- in q- adhuc eram] adhuc serm- in q- eram SAM, serm- adhuc in q- eram C   *et* dixi S   6 non SACM, nonne *Ambr.*   luctum SAM, dolum C   om. nostrum M   quae SA *Ambr.*, ea quae CM   7 m- omıūm nr̄m M   om. in *Ambr.*   om. et hum- humiliata est *Ambr.*   lugete S, lugere A, luget C, luge tu M, et luget *Ambr.*   ualidissime (8) & nunc · q̄m M   8 et tristes (-tis S*) estis S**A*, tristis es A**, et si tristes estis C, et tristes sumus *Ambr.* om. lugemus...omnes M   tu uero *Ambr.*   om. uno *Ambr.*   9 enim SA, *om.* CM *Ambr.*   quoniam] quanta M   tantorū SA, tantorum enim C, tantorū ęuū M, tant- casum *Ambr.*   eam SCM, ea A *Ambr.*   10 initia SA*, sumimus initia A**, initio C, ab initio M Vulg. *Ambr.*   nacti] *conj.*, nati SACM *Ambr.* et alii] aliique M   omnes pene A   perditionem S, -ne ACM   *om.* ambulant A exterminium SA**, -nio A*CM   fi* (t *e corr.*) A   11 Quis CM, Et quis SA, Ecquis Hilg.   debet SA *Ambr.*, deberet CM   *om.* magis M   12 dices S, dicis ACM   ego CM, *om.* SA   fructum S**A**C, -tus S*A*M   quae cū M peperi SA, genui CM   et cum dol- S, et dol- AM, dol- C   genui SA, peperi CM 13 abiit quae S, abiitq: A*, habiit quae C, abiit, et quae A**, abiit preteritq: M et uenit CM, euenit S, euenti A*, uenti A**   14 *om.* tu A   t- fr- suū d- ab init- hominē · & qui M   ʰominem C   ab initio (ini *written twice*) C   *om.* ei C

fecit eam. Nunc ergo retine apud temetipsam dolorem tuum, et 15 fortiter fer qui tibi contigerunt casus. Si enim iustificaueris ter- 16 minum dei, et filium tuum recipies in tempore et in mulieribus conlaudaberis. Ingredere ergo in ciuitatem ad uirum tuum. et 17 dixit ad me: Non faciam neque ingrediar ciuitatem, sed hic moriar. 18 Et adposui adhuc loqui ad eam et dixi: Noli facere sermonem 19 hunc, sed consenti persuaderi propter casus Sion et consolare 20 propter dolorem Hierusalem. Vides enim quoniam sanctificatio 21 nostra deserta effecta est, et altare nostrum demolitum est, et templum nostrum destructum est, Et psalterium nostrum hu- 22 miliatum est, et hymnus noster conticuit, et exultatio nostra dissoluta est, et lumen candelabri nostri extinctum est, et arca testamenti nostri direpta est, et sancta nostra contaminata sunt, et nomen quod nominatum est super nos profanatum est, et liberi nostri contumeliam passi sunt, et sacerdotes nostri suc- censi sunt, et Leuitae nostri in captiuitate abierunt, et uirgines nostrae coinquinatae sunt, et mulieres nostrae uim passae sunt, et iusti nostri rapti sunt, et paruuli nostri proditi sunt, et iuuenes nostri seruierunt, et fortes nostri inualidi facti sunt. Et 23 quod omnium maius, signaculum Sion, quoniam resignata est de

---

14 eam SA**, eum A*, illam CM   15 retene A*, retine A**   aput A*C, apud A**   temet (*inserted above*) M   fer (*written above the line*) AC (*eras. on line* A)   qui A**C** *Ambr.*, quae SA*C*, eos qui M   cont- tibi M   cassus A
16 iustificaris A, -beris C   a mul- C   conlaudaberis A**, -ueris SA*, collaud- M
17 *om.* tuum M   18 ciuitatem SA, in ciuitatem CM   19 apposui M   cū ea M
20 serm- hunc (hunc *added at beg. of line, to be inserted after* serm- S) SA, hunc serm- CM   persuaderi A**C *Ambr.*, -re SA*   propter casus C *cf. Syr. Arm.*, quid enim cassus (casus S) SA*, uide enim casus A**, qui enim cas- *Ambr.*   *om.* casus... propter M   consolare SA**C, -sulare A*   21 *om.* et (*bef.* alt-) CM   *om.* et alt-...humiliatum est (*ver.* 22) A   dimolitum. (*om.* est) CM   22 *om.* et *bef.* psalt- CM   hymnus SA**M, imnus A*, ymnus C   *om.* noster A   et exult- SA*, exult- (*eras. bef.* ex C) CM   et arca SA, arca C   *om.* et arca...direpta est M   direpta SA**, derepta A*, disrupta C   et nomen SA, nomen CM   profanatum A *cf. Syr.*, pene (penae M) profanatum SM, pene profanum C   contumeliā A*M, -lia SA**C et sac- SA, sac- CM   succensi sunt] *marg.* uel occisi sunt C   (Leu-) n̄rāe S*, n̄ri S**   captiuitate SC, -tem AM   habierunt AC   et uirg- SA, uirg- CM passae A**M', -se S, -si A*C   et ius- SA, ius- CM   rapti SA, quoinqᵘinate C proditi SACM (*marg.* uel producti C)   et iuu- SA, iuu- M, iubenes C   fortes nostri SA, fortes CM   sunt facti M   23 q- est om- m- C, q- ē m- om- M sign- qm̄ Syon resig- est a glā M

4—2

gloria sua nunc, et tradita est in manibus eorum qui nos oderunt.
24 Tu ergo excute tuam multam tristitiam, et depone abs te multitudinem dolorum, ut tibi repropitietur fortis, et requiem faciat tibi altissimus, requietionem laborum.
25 Et factum est cum loquebar ad eam, et ecce facies eius fulgebat ualde subito et species coruscus fiebat uultus eius, ut etiam 26 pauerem ualde ad eam...et cogitarem quid esset hoc. Et ecce subito emisit sonum uocis magnum timore plenum, ut commoue-27 retur terra a sono. Et uidi et ecce amplius mulier non comparebat mihi, sed ciuitas aedificabatur, et locus demonstrabatur de fundamentis magnis; et timui et clamaui uoce magna et dixi : 28 Vbi est Vriel angelus, qui a principio uenit ad me? quoniam ipse me fecit uenire in multitudinem excessus mentis huius, et factus est finis meus in corruptionem, et oratio mea in inpro-29 perium. Et cum essem loquens ego haec, et ecce uenit ad me 30 angelus qui in principio uenerat ad me, et uidit me, Et ecce eram positus ut mortuus, et intellectus meus alienatus erat, et tenuit dexteram meam et confortauit me et statuit me super 31 pedes meos et dixit mihi : Quid tibi est, et quare conturbaris, et quid conturbatus est intellectus tuus et sensus cordis tui ? et 32 dixi : Quoniam derelinquens dereliquisti me: ego quidem feci secundum sermones tuos et exiui in campum et ecce uidi et

---

23 sua nunc, et SCM *cf. Syr.*   in manibus SA, in manus CM   qui humiliauerunt nos M   24 propitietur CM, *txt.* SA   faciet SC, -et AM   requietionem SA, requiem CM   et faciet tibi alt- requiē laborū M   25 cū loquerer M   et ecce SA*, ecce A**CM   *om.* ualde M   species SA*CM, specie A** coruscus f- SA, -ci f- C, choruscabat M   uultus SAC, uisus M   paberem C ad eam SA, ab (b *on eras.*) eam C, *Syr.* has ad eam adpropinquare et cor meum uehementer stupebat, et cum cogitarem   et cog- SCM, cog- A   quid A**, quis A* 26 misit C   timore plenum A, cum timore pl- S, timoris pl- CM   commoueretur S*AM, -beretur C, comederetur S**   27 Et uidi M *cf. Syr., om.* SAC   comparebat ACM, -bit S   mici set (s *inserted*) C   de fund- SA, a fund- CM   clamabi C   *om.* et clamaui A   uocem magnam A   28 est *added extra lin.* A Vriel C, ×Vriel A, Hurihel S, Vrihel M   a princ- SA, in princ- CM   *om.* ad me M   me fec- SA, fec- me C, fecit M   in multitudinem SA, in -ne C, multitudinē M   excessus A**CM *cf. Syr.*, in excessu SA*   finis SCM, fletus (-letu- *on eras.*) A   corruptionem SAM, -ne C   inproperium SA*C, impr- A**M   29 loquens ego SA**, loqui ego A*, ego loquens CM   hec C   et ecce SA*, *om.* CM, ecce A** uenerat ad me SA, uenerat CM   30 confortabit C   *om.* et statuit 'me A 31 et quid SA, et ut quid CM   conturbatum est intellectum tuum SA*, *txt.* A**CM 32 derelinquisti C   exibi C   *om.* et uideo CM *Aeth.*

uideo quod non possum enarrare. et dixit ad me : Sta ut uir et $_{33}$ commonebo te; et dixi: Loquere, domine meus, tantum me noli $_{34}$ derelinquere, ut non frustra moriar, Quoniam uidi quae non $_{35}$ sciebam et audio quae non scio; Aut numquid sensus meus $_{36}$ fallitur, et anima mea somniatur? Nunc ergo deprecor te ut $_{37}$ demonstres seruo tuo de excessu hoc. Et respondit ad me et $_{38}$ dixit: audi me, et doceam te et dicam tibi de quibus times, quoniam altissimus reuelauit tibi mysteria multa. Vidit enim $_{39}$ rectam uiam tuam, quoniam sine intermissione contristabaris pro populo tuo et ualde lugebas propter Sion. Hic ergo intel- $_{40}$ lectus uisionis : mulier quae tibi apparuit ante paululum, Quam $_{41}$ uidisti lugentem et inchoasti consolare eam; Nunc autem iam $_{42}$ non speciem mulieris uides, sed apparuit tibi ciuitas aedificari; Et quoniam enarrabat tibi de casu filii sui, haec absolutio est: $_{43}$ Haec mulier quam uidisti haec est Sion, quam nunc conspicis $_{44}$ ut ciuitatem aedificatam. Et quoniam dixit tibi quia sterilis $_{45}$ fuit annis triginta, propter quod erant anni saeculo tres, quando non erat in ea adhuc oblatio oblata. Et factum est post annos $_{46}$ tres aedificauit Salomon ciuitatem et obtulit oblationes; tunc fuit quando peperit sterilis filium. Et quod tibi dixit quoniam $_{47}$

32 quod SA, quae CM   33 om. ut M   uir SCM, uis A   34 domine S**A**CM, dñs S*A*   meus SAM, mi C   me noli SA**, me nolis A*, noli me CM   35 uidi quae cf. verss. or., u- quē SA, u- quā C, u- q͞d M   non sciebam SC, nesciebam AM   audio quem (quē A) SA, audiui quod CM   non scio S, nescio ACM   36 et an-] aut an- M   somniatur S, somniat ACM   s- nunc. Ergo M   37 excessu S**A**CM, -so S*A*   38 et dicam CM, dicam SA de ACM, om. S   reuelauit A**M cf. Syr. Aeth., -bit SA*C   39 enim CM cf. Syr., om. SA   quoniam SA, quia CM   intermisione A   p added above S Syon CM   40 ergo SA, est ergo CM   uisionis S**, -nes S*   41 quā S
u
inqoasti C   consolare SA*, -ri A**CM   42 uides A, uidens S, uidisti CM 43 enarrabat SA, -bit C, -uit M   casu SA**, cassu A*, causa M   ē absolutio. M 44 Haec mulier SA, mulier illa CM   quē uid- S   Syon CM   Sion, quam] cf. verss. or., S- et (om. et C) quoniam dixit tibi quam SACM   conspicis M, -cies SAC   45 om. Et q- d- tibi M   quoniam SA, quia C   quia ster- SM, q̄ ui ster- A, ster- C   steriles A**, sterelis SA*   fuit SA, fui CM   annis xxx SAC, annos triginta M   ppt̄ hoc dixit q̄d erant M   saeculo SC, -li AM   iii SA*, tres CM, tria milia A** (written above), annorum tria milia Syr. Aeth. &c.   ea A**, eā A*   ablatio (ab on eras.) A   46 factum est SA, om. CM   aun- tres SACM, annorum tria milia Syr. Aeth. Ar¹.   et aedif- A*, aedif- A**, -bit C   obtulit eam. Tunc M   sterilis S**A**, -relis S*A*   47 quod SA**CM, quō A*

48 nutriuit eum cum labore, haec erat habitatio Hierusalem: Et
quoniam dixit tibi quod filius meus ueniens in suo thalamo
mortuus esset et contigisset ei casus, haec erat quae facta est
49 ruina Hierusalem. Et ecce uidisti similitudinem eius, quomodo
filium luget, et tu inchoasti consolare eam de his quae contige-
50 runt †haec erant tibi aperienda†. Et nunc uidens altissimus
quoniam ex animo contristatus es, et quoniam ex toto corde
pateris pro ea, ostendit tibi claritatem gloriae eius et pulchritu-
51 dinem decoris eius. Propterea enim dixi tibi ut maneres in
52 campo, ubi domus non est aedificata. Sciebam enim ego quo-
53 niam altissimus incipiebat tibi ostendere haec. Propterea dixi
54 tibi ut uenires in agrum, ubi non est fundamentum aedificii. Nec
enim poterat opus aedificii hominis sustinere in loco ubi incipie-
55 bat altissimi ciuitas ostendi. Tu ergo noli timere, neque expa-
uescat cor tuum, sed ingredere et uide splendorem et magnitudi-
nem aedificii, quantum capax est tibi uisus oculorum uidere.
56 Et post haec audies quantum capit auditus aurium tuarum
57 audire. Tu autem beatus es prae multis, et uocatus es apud
58 altissimum sicut et pauci. Nocte autem quae in crastinum
59 futura est manebis hic, Et ostendet tibi altissimus eas uisiones
somniorum quae faciet altissimus his qui habitant super terram

47 nutriuit S, -ui A, enutriui M, -bit C laborem S hab- hierus- SAC,
hab- iērlm M 48 talamo C ei SC, eum M, *om.* A hierus- SA, ihrslm
C, in ierlm M 49 uidisti] uide M *om.* filium A lugit C tu SA,
om. CM inquoasti C consolari SA**CM, consûlare A* haec...aperi-
enda (experienda A) SAC, *om.* M *Syr. Aeth. Ar*¹. 50 Et nunc SA, Nunc uero
C, *om.* M uidens C, uidens ergo M, uides S*, uidet S**A quia ex an- M es
SAM, esses C et quoniam SA, et quia M, quia C peteris M ostendit SM,
-dam A, hostendit C (gl-) eius SA, *om.* CM et (*bef.* pul-) *added above line* A
pulchritudine S 51 campo A**, -pū A* 52 ego SC, *om.* AM ost-
(host- C) tibi CM 53 Propterea S, propter hoc A, ideo CM 54 Nec enim
SA, quia non CM hominis *added above line* S sustinere S*ACM, -ri S** in
loco SA, locum CM ciuitas altissimi ostendi (host- C) CM, altissimus ciuitas
ostendi A*, -mus ciuitatem ostendere A**, *txt.* S 55 nolix A expabes-
cat C et magn- M *cf. Syr.*, uel magn- SAC uisus A**CM, uisu SA* 56
aurixxū A 57 beatus] locutus M prae multos S, prae multitudine A uoces SA, uoc- CM aput A*C, apud A** et pauci SA, pauci CM 58 que
A*, quae A** est fut- A 59 ostendet SA**M, -dit A*, hostendet C uisi-
onesomniorum C faciet his (*om.* alt-) M hixs A habitant S, inhabitant
ACM

in nouissimis diebus. Et dormiui illam noctem et aliam sicut 60
praecepit mihi.

XI. Et factum est secunda nocte, et uidi somnium et ecce 1
ascendebat de mari aquila, cui erant duodecim alae pennarum
et capita tria. Et uidi et ecce expandebat alas suas in omnem 2
terram, et omnes uenti caeli insufflabant ad eam et [nubes ad
eam] colligebantur. Et uidi et de pennis eius nascebantur 3
contrariae pennae, et ipsae fiebant in pennaculis minutis et
modicis. Nam capita eius erant quiescentia, et medium caput 4
erat maius aliorum capitum, sed et ipsa quiescebat cum eis. Et 5
uidi et ecce aquila uolauit in pennis suis ut regnaret super
terram et super eos qui habitant in ea. Et uidi quomodo sub- 6
iecti erant ei omnia sub caelo, et nemo illi contradicebat neque
unus de creatura, quae est super terram. Et uidi et ecce 7
surrexit aquila super ungues suos et misit uocem pennis suis
dicens: Nolite omnes simul uigilare, dormite unusquisque in 8
loco suo et per tempus uigilate: Capita autem in nouissimo 9
seruentur. Et uidi et ecce uox non exiebat de capitibus eius, 10
sed de medietate corporis eius. Et numeraui contrarias pennas 11
eius, et ecce ipsae erant octo. Et uidi et ecce a dextera parte 12
surrexit una penna et regnauit super omnem terram. Et 13
factum est cum regnaret et uenit ei finis et non apparuit, ita ut

59 in nou- A, a nou- SM, nobissimis C   60 dormibi C   illam noctem
et aliam SA*, illa nocte et alia A**CM   praecepit A cf. Syr. Aeth., dixerat SCM
1 Et...nocte CAM, om. S   (nocte) et alia sicut dixerat mihi A   et uidi SA, uidi
CM   et ecce SAM, ecce C   mari ACM, mare S   pinnarum C   trea
A*, tria A**   2 insufflabant ad eum et SA, insufflantes ad eam CM   nubes
ad eam cf. Syr. &c., om. SACM   collegebantur A*, collig- A**   3 et de
S**A**CM, de S*A*   pinnis C   econtrariae S   pinne C   ipsae (-se M) fiebant
SM, ipsa fiebat AC   pinnaculis C   4 medium A**CM, dimedium S*, dimid- S**,
demedium A*   aliis capitibus M   sed et SCM, sed A   ipsū M   5 uidi
M**, uidit M*   uolauit SM, -bit C, -bat A   pin- C   ut regnaret C cf. Syr.
Aeth. Ar². Arm., et regnauit AM, et regnabit S   habitant S, inhabitant ACM
6 ei erant M   quae sub caelo A*, q- s- c- sunt A**   neque SA, nec CM
7 ung- suas M   misit SC, emisit AM   pennis SA*, ex pen- A**, in pen- (pin-
C) CM   8 eras. bef. unusq- A   in locum suum M   9 nobissimo C
10 non S**CM, om. S*A   cap- suis CM   medietate (fin. e on eras.) A, -tem S
11 om. Et (bef. num-) A   numerabi C   pinnas C   et ecce S**A**, ecce S*A*
om. ecce M   ipse S**, & ipse S*   12 ad dextera parte S, ad dexteram partem
CM, txt. A   penna A**, panna A*, pinna C   regnabat C   om. omnem A
13 et uenit S, aduenit A, uenit C, om. et uenit...(14) regnaret M

non appareret locus eius; et sequens exsurrexit et regnauit et
14 ipsa multum tenuit tempus. Et factum est cum regnaret et
15 ueniebat finis eius, ut non appareret sicut prior. Et ecce uox
16 emissa est illi dicens: Audi tu quae toto tempore tenuisti terram,
17 hoc annuntio antequam incipias non parere. Nemo post te
18 tenebit tempus tuum, sed nec dimidium eius. Et leuauit se
tertia et tenuit principatum sicut et priores et non apparuit et
19 ipsa. Et sic contingebat omnibus alis singulatim principatum
20 gerere et iterum nusquam conparere. Et uidi et ecce in
tempore sequentes pennae erigebantur et ipsae a dextera parte,
ut tenerent principatum; et ex his erant quae tenebant, sed
21 statim non conparescebant. Nam et aliquae ex eis erigebantur,
22 sed non tenebant principatum. Et uidi post haec et ecce non
23 conparuerunt duodecim pennae et duo pennacula. Et nihil
superauit in corpore aquilae, nisi tria capita quiescentia et sex
24 pennacula. Et uidi et ecce de sex pennaculis diuisa sunt duo
et manserunt sub capite, quod est ad dexteram partem; nam
25 quattuor manserunt in loco suo. Et uidi et ecce hae subalares
26 cogitabant se erigere et tenere principatus. Et uidi et ecce

13 regnauit cf. Syr., -bit C, -bat SA   om. multum A   14 et uen- SA,
uen- CM   app- locus eius sicut (a stroke below locus eius erased) A   et pr- C
appareret • Similit & sēda regnauit • sicut & pr- M   15 missa C   16 audix A
toto SACM, tanto Vulg.   terram SCM, dexteram A   hoc SACM, haec Vulg.
                    ante
annunciante • quam S, adnuntia (fin. a e corr. A, ann- M) antequam ACM, annuntio
tibi a- Vulg.   parere SA*, apparere A**CM   17 q¹a post te ueniens ten- M
dimidium A**, demedium A*   18 leuabit C   et ten- A**, ten- A*   ten- et
ipsa pr- C cf. Syr.   sicut et pr- SA**, sicut pr- A*CM (et added in A but erased)
n̄ M**, om. M*   19 sic ACM, si S   contingebat SA**CM, -tigebat A*   alis
CM, auis S, auib; A   singulatim SA*, -gillatim A**CM   om. et it- non
conp- M   20 om. in A   sequentis S   pinne C   erig- A**, ereg- A*   et
(ip-) SA*CM, ut A**   addextra parte S, ad dextrā partē M   ut (ten-) CM, et
S, om. A   ten- prin- CM cf. Syr., ten- et ipsae prin- SA   hixs A, eis M
quae ACM, qui S   tenebant principatū M   conparescebant SA, conparebant C,
comparebant M   21 eis SAM, his C   erig- A**, ereg- A*   ten- SAM, con-
tinebant C   22 conp- S, comp- A**M, paruerunt A*C   pennae A**, pin- A*C
                    uit
pinnac- C   23 supera (a on eras.) A, -bit C   tria A**, trea A*   pinnac- C
24 diuisa C, uisa M, diuise (e on eras. A) SA   sunt] s̄ added extra lin. A   duo
CM, due S, duae A   sub added above line A   quatuor M   in loco suo A**, in
locum suum A*   25 hae S, om. (but eras. above line) A, hec C   subalare S
om. se A   erig- A**, ereg- A*   principatus A*, -tū A**

una erecta est, sed statim non conparuit; Et secunda, et haec 27 uelocius quam prior non conparuit. Et uidi et ecce duae quae 28 superauerunt apud semetipsas cogitabant et ipsae regnare; Et in eo cum cogitarent, ecce unum de quiescentium capitum, 29 quod erat medium, euigilabat, hoc enim erat duorum capitum maius. Et uidi quomodo complexa est duo capita secum, 30 Et ecce conuersum est caput cum his qui cum eo erant et 31 comedit duas subalares quae cogitabant regnare. Hoc autem 32 caput percontinuit omnem terram et dominauit qui inhabitant in ea cum labore multo et potentatum tenuit orbis terrarum super omnes alas quae fuerunt. Et uidi post haec et ecce 33 medium caput subito non conparuit et hoc sicut alae. Super- 34 auerunt autem duo capita quae et ipsa regnauerunt super terram et super eos qui inhabitant in ea. Et uidi et ecce 35 deuorauit caput a dextera parte illud quod est a laeua.

Et audiui uocem dicentem mihi: conspice contra te et con- 36 sidera quod uides. Et uidi et ecce sicut leo suscitatus de silua 37 mugiens, et audiui quomodo emisit uocem hominis ad aquilam et dixit dicens: Audi tu et loquar ad te; dicit altissimus tibi: 38 Nonne tu es qui superasti de quattuor animalibus quae feceram 39 regnare in saeculo meo, et ut per ea ueniret finis temporum

26 erecta] recta S 27 om. ver. 27 A secunda et haec CM, secunde S uelocius SM, -cior C prior CM, -res S conparuit C, comp- M, apparuit S 28 due SC superaberunt M apud A**, aput A* semetipsas AM, semetipse S, semetipsa C ipse S 29 ecce S**A**CM, et ecce S*A* de (×× A) quiescentium capitum SA, de quiescentibus capitibus CM euigilabat SA, uigilabat CM maius A**CM, marg. eius C, maior SA* 31 capud S eo A**CM, ea SA* om. erant A subalas A 32 percontinuit A**C cf. Syr. Aeth. &c., percontenuit A*, obtinuit C marg., perconteruit (eras. after r) S, piruit M dominaū (but cancelled) A, -bit SC, domuit M inhabitant SA, -tabant CM in ea ACM, terram in ea S potentatum SCM, -tem A*, potestatem A** orbis A**, -bi S, -bem A*C, in omnē M quae A**, qui A* 33 capud S conparuit SA, apparuit CM 34 superaberunt C, -uerant A regnaberunt C eum qui S habitant SAM, txt. C in eā S 35 deforabit C illud (-t C) caput CM addextera parte S, ad dexterā partē M istud (-t C) quod CM a (ad S) leua (-ba C) SCM 36 audiui M**, -uit M*, -bi C te S**, me S* quid C 37 et ecce A**, ecce A* mugiens SA*, rugiens A**CM (cf. xii. 31) audiui S*ACM, uidi S** emisit A**CM, emittit A*, -tebat S dicens SA*, om. A**CM 38 et loq- SAM, hec loq- C dicit alt- tibi C, t- dicit alt- M, et (haec A**) dic (dicet S) a- t- SA* 39 qui sup- S, quae sup- ACM quod fec- C regn- fec- M in saeculo meo SCM, saeculi mei A per ea uen- A**, per hec uen- C, per eos uen- SA*, peruen- M

40 meorum ? Et quartus ueniens †deuicit† omnia animalia quae
transierunt, et potentatu tenens saeculum cum tremore multo
et omnem orbem cum labore pessimo, et †inhabitabant† tot
41 temporibus orbem terrarum cum dolo, Et iudicasti terram non
42 cum ueritate ; Tribulasti enim mansuetos et laesisti quiescentes,
odisti uerum dicentes et dilexisti mendaces, et destruxisti habitationes eorum qui fructificabant, et humiliasti muros eorum
43 qui te non nocuerunt. Et ascendit contumelia tua ad altissi-
44 mum et superbia tua ad fortem. Et respexit altissimus super
sua tempora, et ecce finita sunt, et saecula eius conpleta sunt.
45 Propterea non apparens non appareas tu aquila et alae tuae
horribiles et pennacula tua pessima et capita tua maligna et
46 ungues tui pessimi et omne corpus tuum uanum, Vti refrigeret
omnis terra et releuetur liberata de tua ui et speret iudicium et
misericordiam eius qui fecit eam.

1   XII. Et factum est dum loqueretur leo verba haec ad
2 aquilam, et uidi Et ecce quod superauerat caput non conparuit.
et surrexerunt alae duae quae ad eum transierunt et erectae
sunt ut regnarent, et erat regnum eorum exile et tumulti

---

39 meorum AC, eorum S, meū M*, in eum M**   40 quartus SA, quartum CM
deuicit SCM, deiecit A, *but cf. verss. orr.*   potentatū (*om.* et) M   seculum S,
scīī M   inhabitabant SM, inhabitabunt C, inhabitaxt (*appar.* n *erased*) A, *but*
                                                                u
cf. verss. orr.   tot SAM, tood C   orbi S   terrarum • Qum dolox iud- C   41
n̄ in ueritate M   42 laesisti A, lesisti SCM   odisti uerum dicentes CM, *om.*
SA, *but cf. verss. orr.*   *om. et bef.* dilexisti C   *om. et bef.* destruxisti (dextrux-
C) CM   qui fruct- SAM, que fruct- C   nouerunt M   43 *om.* Et CM   tua
(*added later above line on eras.* A**) A**M, *om.* SA*C   superuia C   44 *om.*
Et CM   super sua CM, supba SA   secula S   conpleta CM, conplecta S,
         a
conplext̟e A   45 non apparens non appareas SA, non apparens appareas M,
non appareasx C   alae tuae A, alẹ tuae M, ale tuae S, ale tue C   horribiles M,
orrib- C   pinnacula C   ungues tui (*altered to* tue) pessime M   46 Vti SA,
ut CM   refrigereṫ SAC, refrigeretur M   releuetur] relebetur C, liberetur M,
reuertetur SA*, reuertatur A**   ui (*above eras.* A) CM, uix S   misericordia S
fecit illam CM   1 dum SA, cum CM   *om. et bef.* uidi CM   2 super-
aberat C   non conparuit (-uit *on eras.*) A, non conparaberunt (*marg.* cōparuerunt)
C, et non conparuerunt (comp- M) SM   et surrexerunt alae *cf. Aeth.*, Et su(*on
eras.*)peraveř (*written above line*) quattuor: alae A, quattuor ale • SC, quatuor alẹ M
duae SACM (*punct. del.* C)   quae SAC (*changed to* que SA), q; M   transierunt
SCM, pertransiebant A   earum CM, eorum SA (*changed to* earum A)   tumulti
(*changed to* -tu) S, tumultu C, tumulto A*, -tu A**, multū M

plenum. Et uidi et ecce ipsa non apparescebant, et omne 3 corpus aquilae incendebatur, et expauescebat terra ualde. et ego a multo excessu mentis et a magno timore uigilaui, et dixi spiritui meo: Ecce tu mihi praestitisti haec in eo quod 4 scrutas uias altissimi. Ecce adhuc fatigatus sum animo, et 5 spiritu meo inualidus sum ualde, et nec modica est in me uirtus a multo timore quem expaui nocte hac. Nunc ergo orabo 6 altissimum ut me confortet usque in finem. Et dixi: domi- 7 nator domine, si inueni gratiam ante oculos tuos, et si iustificatus sum apud te prae multis, et si certum ascendit deprecatio mea ante faciem tuam, Conforta me et ostende seruo tuo mihi 8 interpretationem et distinctionem uisus horribilis huius, ut plenissime consoles animam meam. Dignum enim me habuisti 9 ostendere mihi temporum finem et temporum nouissima.

et dixit ad me: Haec est interpretatio uisionis huius quam 10 uidisti: Aquilam quam uidisti ascendentem de mari, hoc est 11 regnum quartum quod uisum est in uisu Danielo fratri tuo. Sed non est illi interpretatum quomodo ego nunc tibi interpretor 12 uel interpretatus sum. Ecce dies ueniunt et exsurget regnum 13 super terram et erit timoratior omnium regnorum quae fuerunt ante eam. Regnabunt autem in ea XII reges, unus post unum. 14

2 plenū turbationis M   3 ipsa SCM (=πτερύγια), ipsae A   apparescebant SA, apparebat CM   omnis S   expabescebat C   a multo] cf. verss. orr., multu (a tu added before, above line; eras. over 2nd u) C, a tumultu SAM   excessu SA (et added later bef. ex- A), in excessu CM   & timore magno M uigilaui SAM (e- pref. later A), uigilabi C   spū meo C   4 mici C, michi M praest&- A*, praestit- A**   scrutas S, scrutes C, ρscrutares (orig. -rem) A, scrutaris M   5 Ecce SCM, Et ego A   animo sū M   sum after inual- deleted and fui on marg. A   nec] ne A   timore SA, terrore CM   quem] quam SA (changed to quo A), quo C, quod M   expabi C   6 orabo SA, rogabo CM   7 si iust- S, iust- ACM   aput C   certum SA, ad certū M, certus sū C, certe Vulg.   ascendit SAM, -dat C   deprecatione ea C   8 host- C   mici seruo tuo C, s- t- michi M orribilis C   & plen- M   consoles] consules changed to -soleris A, consulas S, consoleris CM   9 om. enim M   hostendere C   mici C, michi M   mihi temporum (changed to tempus) nouissimum A   nobissima C   10 uissionis A*, uisionis A**   quam uidisti CM, cf. Syr., om. SA   11 Aquila M   ascendere M de mare S   quartum ACM, om. S   quod (-od e corr.) A   Danielo AC, Danihelo S, Daniheli M   12 interpr- illi M   interpraet- A   tibi tunc C, om. M interpreto C   uel interpretatus sum CM cf. Syr., uel interpretaui SA (del. in A) 13 ueniunt SA, uenient CM   exurget CM   timoratior] timoratio A, timor acrior S, timor CM   eam altered to eum S, eum ACM   14 in ea] ACM, in eam S   XII reg- A, duodecim reg- CM, reges XII. S   unus] S, unum ACM (changed to unus A)

15 Nam secundus qui incipiet regnare, ipse tenebit amplius
16 tempus prae XII. Haec est interpretatio XII alarum quas
17 uidisti. Et quoniam audisti uocem quae locuta est non de
18 capitibus eius exientem sed de medio corpore eius, Haec est
interpretatio: quoniam post tempus regni illius nascentur contentiones non modicae, et periclitabitur ut cadat, et non cadet
19 tunc, sed iterum constituetur in suum initium. Et quoniam
20 uidisti subalares octo coherentes alis eius, Haec est interpretatio : exsurgent enim in ipso octo reges, quorum erunt tempora
21 leuia et anni citati, et duo quidem ex ipsis perient Adpropinquante tempore medio, quattuor autem seruabuntur in
tempore cum incipiet adpropinquare tempus eius ut finiatur,
22 duo uero in finem seruabuntur. Et quoniam uidisti tria capita
23 quiescentia, Haec est interpretatio: in nouissimis eius suscitabit
altissimus tria regna et renouabit in ea multa et dominabunt
24 terram, Et qui habitant in ea cum labore multo super omnes
qui fuerunt ante hos; propter hoc ipsi uocati sunt capita
25 aquilae. Isti enim erunt qui recapitulabunt impietates eius, et
26 qui perficient nouissima eius. Et quoniam uidisti caput maius
non apparescens, quoniam unus ex eis super lectum suum

15 qui ACM, *om.* S   ipse ACM, & *added above bef.* ipse S   amplius
tenebit regnum prae M   duo decim A   16 quas (s *above the line*) A, quae M
17 quoniam SACM   quae loquta (u *added over* u) A, quae locutus est S, eius que
locuts est C, eius que locusta est M   exientem SA*, exeuntem A**CM   *om.*
eius *after* corp- CM   18 Hoc est S   nascentor *corr. to* -tur A   periclitabitur AC, periclitabuntur SM (*orig.* -bantur S)   et non] & sic M   tunc SAM,
nunc C   in suum initium SA, in suo initio CM   19 coherentes AM, quoherentes S, quoerentes C   20 Hoc est S   *om.* Haec est int- A   exsurgens AS
(*corr. to* -gent S), exurgent CM   eras. bef. enim A   erant S   ex his
per- M   21 adpropinquante ACM (appr- M), adpropinquantem S   quattuor
SC, quatuor M, vi (sex *written above*) A   adpr- SA*C, appro- A**, appropinquare (*eras. at end*) M   ut fiatur C   duo ACM, duae S   22 quō (*orig.*
quorum) A   tre *corr. to* tria A   23 nobissimis C   suscitabit ACM, suscitauit S   trea *corr. to* tria A   regna×× (-re *erased*) A   et renouabit SC (*orig.*
-bis C), & renuntiabit M, et (*altered to* ut) renouet A   in ea SA*, in eis A**CM
dominabunt SA*, dominabuntur A**CM   terram SA*, terrae A**CM   24 habitant S, inhabitant AM, inhabitabunt C   in ea AM, in eam SC   hos SAC,
eos M   hoc SAC, quod M   25 recapitulabunt A (*erased space bef.* -bunt),
recapitulabant S, recapitabunt M, recapitant C (*marg.* uel, iterabunt)   perficient
A**CM, perficiunt A*S   nobissima C   26 Et quoniam SA, Et quia CM
caput SA, caput eius CM   *om.* maius M   apparescens A**, apparescente S,
apparescentē A*, apparens CM   unus SA, unụ̄ CM

morietur, et tamen cum tormentis. Nam duo qui superauerunt, 27
gladius eos comedet. Vnius enim gladius comedet qui cum eo, 28
sed tamen et hic gladio in nouissimis cadet. Et quoniam uidisti 29
duas subalares treicientes super caput quod est a dextera parte,
Haec est interpretatio : hii sunt quos conseruauit altissimus in 30
finem suam, hoc erat regnum exile et turbationis plenum, Sicut 31
uidisti ; et leonem quem uidisti de silua euigilantem mugientem
et loquentem ad aquilam et arguentem eam iniustitias ipsius et
omnes sermones eius, sicut audisti; Hic est unctus, quem 32
reseruauit altissimus in finem ... ad eos et impietates ipsorum
arguet illos et de iniustitiis ipsorum, et infulciet coram ipsis
spretiones eorum. Statuet enim eos primum in iudicium uiuos, 33
et erit cum arguerit eos, tunc corrumpet eos. Nam residuum 34
populum meum liberabit cum misericordia, qui saluati sunt
super fines meos, et iocundabit eos, quoadusque ueniat finis,
dies iudicii, de quo locutus sum tibi ab initio. Hoc est somnium 35
quod uidisti, et haec interpretatio eius : Tu autem solus dignus 36

26 tamen SA, quidem CM turnentus *changed to* tormentis A 27 qui SA,
que C, quae M superaberunt C, sup fuerunt M, perseuerauerunt SA**, -rant A*
eos SA, ea CM comedet SM, comedit *corr.* to -det A, metet C 28 Vnius SAC,
Vnus M comedit A*, -det A** qui SA, eos qui M, et eos qui C cum eo
SA*, cum eo ā A**, cum illo sunt C, cum eis sunt M et hic SA, et hoc C, *om.* M
gladio in nouissimis cadet SA, in nouissimis (nob- C) diebus fiet ut gladio cadant CM
29 treicientes SA**, treiecientes A*, crescentes CM a dextera parte A, ad dextra
parte S, ad dextera parte C, ad dexterā parte M 30 hic ACM, hi S conseruauit SA*M, -bit A**C suam SA*, suum A**CM hoc SAC, hoc enim M
erat S*A*C, erit A**M, est S** exile ACM, exili S turbationis SAM, -one C
31 mugientem SA*, et mug- C, rugientem A**, et rug- M (*cf.* xi. 37) leonē *erased*
bef. aquilam A eam A (*del. punct.*) CM, eas S iniustitias SA, de iniustitia C,
de iniusticiis M et omn- CM *cf. Syr.*, per omn- SA 32 reseruauit SA*, reseruabit
A**C, seruauit M finem...] *the Syr. supplies here* dierum, qui oritur (*or* orietur) ex
semine Dauid, et ueniet et loquetur (ad eos), *cf. the other versions* et (*om.* et A) impietates SAC, et ad impietates M ipsorum SA, eorum CM arguet illos S, arguet
A, Et arguet illos CM et (*om.* et CM) de iniustitiis ipsorum ACM, *om.* S iniust-
ipsorum] + increpabit illos *Syr.* infulciet A**C, infulcet A*, infulcit S, fulgeant
M spretiones SA**M, spreuitiones A*, pretiones C eorum SCM, ipsorum A
33 eos] illos M primū CM, *om.* SA in iudicium SA, in iudicio suo CM
uibos C erit SA, *om.* CM argueret *corr.* to -rit S arg- eos SAC, arg- illos M
corrumpet S**A**C, corrumpit S*A*, corripiet M eos SAM, illos C 34 liberabit ACM, -uit S *om.* meos...finis M iucundabit C, iocundabit S, iucundauit
altered to iocundabit A finis S**, fines S* dies SA, die C, diei M 35 est
A**CM, *om.* A*S et haec SA, et haec est CM interpretatio eius ACM, interpretationes S 36 autem CM, ergo SA sol- dig- f- SA, sol- f- dig- C, f- sol- dig- M

37 fuisti scire altissimi secretum hoc. Scribe ergo omnia ista in
38 libro, quae uidisti, et pones ea in loco abscondito. Et docebis
ea sapientes de populo tuo, quorum scis corda posse capere et
39 seruare secreta haec. Tu autem adhuc sustine hic alios dies
septem, ut tibi ostendatur quicquid uisum fuerit altissimo
40 ostendere tibi. Et profectus est a me.

et factum est cum audisset omnis populus, quoniam pertransierunt septem dies, et ego non fuissem reuersus in ciuitatem, et
congregauit se omnis a minimo usque ad maximum et uenit ad
41 me, et dixerunt mihi dicentes: Quid peccauimus tibi, et quid
iniuste egimus in te; quoniam derelinquens dereliquisti nos et
42 sedisti in loco hoc? Tu enim nobis superasti ex omnibus prophetis, sicut botrus de uindemia, et sicut lucerna in loco obscuro,
43 et sicut portus naui saluatae a tempestate. Aut non sufficiunt
44 nobis mala quae contigerunt? Si ergo tu nos dereliqueris,
quanto erat nobis melius, si essemus succensi et nos in incendio
45 Sion: Nec enim nos meliores sumus eorum, qui ibi mortui
sunt. et plorauerunt uoce magna.
46 et respondi ad eos et dixi: Confide Israel, et noli tristari
47 tu domus Jacob. Est enim memoria uestri coram altissimo,
48 et fortis non est oblitus uestri in contentione. Ego enim non

36 altissimi secretum hoc SA, al- hoc secr- C, hoc secr- al- M   37
Omnia ista scribe M   in libro, quae uidisti SAM, que uidisti in libro C
38 ea S, eax (s erased) A, illa CM   posse added above line A   capere SAC,
sapere M   serua altered to -uare A   secr- haec SA, haec secreta CM   39
sustene altered to -tine A   adhuc sust- hic SA (hic added A), sustine hic adhuc
C**, sustine hic C*M   al- dies vii. SA, al- septem dies C, dies septem al- M   ut
ACM, & S   ostendatur A**C(hos-), ostendantur SA*M   quicquid SA**CM,
quidquid A*   host- C   40 Et profectus est A(est added above line) C**M,
Et prof- es S   vii SA   °gox A**   et (om. et A) congregauit se omnis SA, congregati sunt omnes CM   uenit SA, uenerunt CM   mici C, michi M   dicentes
SA*M, om. A**C   41 quid...quid] qui...qui, d added above (bis) A   iniuste]
in added above C   aegimus A   derelinquens dereliqusti nos C**, derelinquens
nos SAM   et sedisti S, et resedisti C, sedisti AM   42 nobis SA, solus nobis CM
profextis (c erased) A, profetis C   uindimia (-di- corr. to -de-) A   naui C, nauis
SAM   saluatae A**C (-te), saluata SA*, saluatus M   43 aut SCM, et A
sufficiunt SAM, -cient C   44 dereliqueris A**, derelinqueris SA*, derelinqueres
C, dereliquisti M   quando corr. to quanto A   succensi SA (-ce- orig. -ci- and
-si on eras. A), incensi CM   in added above line ACM, om. in S   Syon CM
45 eorum SA, eis C, scis M   46 nolix (i erased) A   Israhel A   tristari
tu d- SA**, -rii d- A*, contristari tu d- C, tu contristari d- M   47 m- uestri
SAC, m- uestra M   48 om. enim C

XII XIII LIBER EZRAE QVARTVS. 63

dereliqui uos neque excessi a uobis, sed ueni in hunc locum ut deprecarer pro desolatione Sion, et ut quererem misericordiam pro humilitate sanctificationis uestrae. Et nunc ite unusquis- 49 que uestrum in domum suam et ego ueniam ad uos post dies istos. Et profectus est populus sicut dixi ei in ciuitatem. 50 Ego autem sedi in campo VII diebus, sicut mihi mandauit, et 51 manducabam de floribus solummodo agri, de herbis facta est mihi esca in diebus illis.
XIII. Et factum est post dies VII, et somniaui somnium 1 nocte, Et ecce de mari uentus exsurgebat ut conturbaret omnes 2 fluctus eius. Et uidi et ecce .... conuolabat ille homo cum 3 nubibus caeli, et ubi uultum suum conuertebat ut consideraret, tremebant omnia quae sub eo uidebantur. Et ubicunque 4 exiebat uox de ore eius, ardescebant omnes qui audiebant uocis eius, sicut liquescit cera quando senserit ignem. Et uidi post 5 haec et ecce congregabatur multitudo hominum, quorum non erat numerus, de quattuor uentis caeli, ut debellarent hominem, qui ascenderat de mari. Et uidi et ecce sibimetipso sculpsit 6 montem magnum et uolauit super eum. Ego autem quaesiui 7 uidere regionem uel locum unde sculptus esset mons, et non potui. Et post haec uidi et ecce omnes, qui congregati sunt ad 8

48 dereliqui S**A**M, derelinqui S*A*C   excessi SA*CM, recessi A** ut...Syon *added on marg.* C   desolationem S*C, -one S**M**, desolutione (-u-*corr. to* -a-) A, delatione M*   Syon CM   et ut ACM, ut S   quererem SAM, quererer C   uestrae ACM, urn S   49 ego (e *above line*) A   dies octo M 50 ei SA, eis CM   in ciuitate A, in -te S, ad -tem CM   51 Et ego A*, Ego A** VII SA, septem CM   mici C, michi M   mandabit C   de herbis SA, et de her- C (er-) M m̅ (*above line*) aesca A, mici esca C, michi esca M, esca S   *om.* in diebus illis M 1 VII SA, septem CM   et somn- SA, somniabi C, -ui M   2 Et ecce SA, Et uidi et ecce CM   de mare S, mari M   exurg- CM   fluctos (u *above* o) S *om.* eius M   3 *after* ecce *Syr. adds* hic uentus ascendere fecit de corde maris quasi similitudinem hominis, et uidi et ecce, *comp. Aeth. &c.*   conuolabat] -litabat? *cf. Syr. Aeth. &c.*, conualescebat SACM   ille S, ipse ACM   ××××trem- A subuidebant' M   4 ubicūq; S, ubicumque A, quocumque CM   uocis] uoces SA (××××× uoces A), uocem CM   liquescit cera] *cf. Syr. &c.*, quiescit terra SACM   igne S   5 hec S   congregabatur AC, congregabaṇtur S, congregabant M   multitudine M   quatuor M   de mare S   6 sibimetipso A*, sibimetipsos S, -ipsi A**C (e *over* -si C), sibimet M   7 quaexsiui (s *erased*) A, quesibi C   regionem uidere M   esset SAM, est C   8 congr- ad eum exrant (r *erased*) A

eum, ut expugnarent eum, timebant ualde, tamen audebant
9 pugnare. Et ecce ut uidit impetum multitudinis uenientis,
non leuauit manum suam, neque frameam tenebat, neque
10 aliquod uas bellicosum, nisi solummodo uidi Quomodo emittit
de ore suo sicut fluctum ignis, et de labiis eius spiritum flammae,
et de lingua eius emittebat scintillas tempestatis; et commixta
sunt simul omnia haec, fluctus ignis et spiritus flammae et
11 multitudo tempestatis. Et concidit super multitudinis impetum quod paratum erat pugnare, et succendit omnes, ut
subito nihil uideretur de innumerabili multitudine nisi solum-
12 modo puluis cineris et fumi odor. et uidi et extiti. Et post
haec uidi ipsum hominem descendentem de monte et aduo-
13 cantem ad se multitudinem aliam pacificam. Et accedebant
ad eum uultus hominum multorum, quorundam gaudentium,
quorundam tristantium, aliqui uero alligati, aliqui adducentes
ex eis qui offerebantur. et ego a multitudine pauoris experge-
14 factus sum et deprecatus sum altissimum et dixi : Tu ab initio
demonstrasti seruo tuo mirabilia haec, et dignum me habuisti
15 ut susciperes deprecationem meam ; Et nunc demonstra mihi
16 adhuc et interpretationem somnii huius. Sicut enim existimo
in sensu meo, uae qui derelicti fuerint in diebus illis, et multo

8 exp- eum SA, exp- illum CM   ualide A   ualde t- aud- *supplied on marg.* M
9 ut uidi inpetū C   ueniente M   lebabit C   bellicoxsū (s *erased*) A   solum-
modū S   10 emittit SA*CM, emisit A**   fluctum S*A*C, fluctus M, flatum
S**A**   labis (i *added above*) A   eius] suis M   spiritum CM *cf. Syr.*,
spiritus SA   *om.* et de ling-...spir- flammae A   ling- eius S, ling- sua CM
mittebat M   tempestatis] *cf. Syr.* Hilg., tempestate S, a (c *added above*) tempestate C, ac tempestatē M   conmixta C, cōmixta M, commixte S   fluctus ·
ignis M   tempestates S*, -tis S**   11 concedit (-ce- *corr. to* -ci-) A   multitudinis impetum] *cf. Syr.*, multitudinem (in *added above*) impetum S, -dinem in
impaetū (*altered to* -tu) A, inpetum multitudinis CM   quod paratum SA*, quo
paratus A**, quae parata CM   nichil M   uiderenter A*, uideretur A**
multitudineṁ S   solummodo ACM, solummodum S   cineris SA**CM, -res A*
&ui, & extiti S, *om.* M   exstiti A*, steti A**, extiti (*marg.* uel extimabi) C
12 disc- A*, desc- A**   aduocantem S(-can- *pr. m. on eras.*) A, uocantem CM
13 adced- A*, acced- A**, accedebat M   *om.* ad eum A   quorundam (*bis*) SCM
ligati M   *om.* allig- aliqui A   adducentes SA, ducentes CM   *om.* a A
multitudine SA**M, -nem A*, -nis C   pabore C   et depr- sum alt- CM (& depr-
sum *repeated and deleted* M) *cf. Syr. &c., om.* SA   14 deprecationem SCM,
orationem A   15 et interpr- S*A, interpr- S**CM   16 *om.* enim M
multū A

XIII   LIBER EZRAE QVARTVS.   65

plus uae his qui non sunt derelicti! Qui enim non sunt derelicti, 17 tristes erunt, Intellegentes quae sunt reposita in nouissimis 18 diebus et non occurrentes eis; sed et qui derelicti sunt Propter 19 hoc uae! uidebunt enim pericula magna et necessitates multas, sicut ostendunt somnia haec. Adtamen facilius est pericli- 20 tantem uenire in haec quam pertransire sicut nubem a saeculo et non uidere quae contingent in nouissimo. Et respondit ad me et dixit: et uisionis interpretationem 21 dicam tibi, sed et de quibus locutus es adaperiam tibi. Quoniam 22 de his dixisti qui derelicti sunt, haec est interpretatio. Qui 23 adferet periculum in illo tempore, ipse custodibit qui in periculo inciderint, qui habent operas et fidem ad fortissimum. Scito 24 ergo quoniam magis beatificati sunt qui derelicti super eos qui mortui sunt. Interpretationes uisionis haec: quia uidisti 25 uirum ascendentem de corde maris, Ipse est quem conseruat 26 altissimus multis temporibus, qui per semetipsum liberabit creaturam suam, et ipse disponet qui derelicti sunt. Et quo- 27 niam uidisti de ore eius exire spiritum et ignem et tempestatem, Et quoniam non tenebat frameam neque uas bellicosum, 28 corrumpit enim impetum eius multitudinis quae uenerat ad

16 hiis (i *erased*) A, *om.* M   17 qui...tri(stes) *supplied on marg.* M   erunt ACM, erant S   18 intellegentes M Hilg. *cf. Aeth. Ar*[1]. *Ar*[2]., intellige nunc S*A*C (-le- S**A*), intellego nunc A**   repoxsita (s *erased*) A   nobiss- C   occurrentes S*A, occurrent S**CM   qui SA, his qui CM   19 uidebunt CM, uiderunt SA   in pericula S   ostendi *corr. to* ostendunt A   20 adtamen S, et tamen A, Tamen CM   haec] *cf. Syr. Aeth.*, hac SA, hanc CM   quae ptransit sic nube* | a scīō quā non uidere M   nubem SA, nubes CM   nunc (uid-) (*marg.* non) C   contingent] *cf. Syr. Hilg.*, contigerunt SA, contigerint CM   21 de his de quibus M   loqutus A   22 de his dixisti S, dixisti de his ACM   derelicti sunt]+et de his qui non derelicti sunt *cf. Syr. Aeth. Ar*[1]. est A**CM, *om.* SA*   23 adferet S, adferat A*, afferet A**C, afferret M, sufferet (*or* sustinet) *Syr.*   in illo ACM, illo S   custodibit] custodiuit SA, -diet eos CM periculū (u *on eras.*) C   incederent A*, inciderint A**   operas S, opera ACM fortissimum SA, altissimum CM, altissimum et fortissimum *Syr. cf. Aeth.*, fort- altis- *Ar*[1].   24 scito SA (-ci- *on eras.*) M, scitote C   ergo SAC, enim M beati facti C   derel- SA, derel- sunt CM   25 interpretationes SA*, -tio A**CM   uisxionis (s *erased*) A   haec SA, hec (hęc M) est CM   26 ipsae A conseruauit A   liberabit ACM, liberauit S   27 ut *bef.* spir- SA, *om.* CM *cf. verss. or.*   28 *om.* et C   uas bellicosum SA, uasa -cosa C, uasa bellica M corrumpit enim SA (m *erased*) C, corripuit aut M   impetum SAC (inp- M)   eius SA, huius CM   multitudinem SA*, multitudinis A**CM

B. E.   5

29 expugnare eum, haec interpretatio: Ecce dies ueniunt, quando
30 incipiet altissimus liberare eos qui super terram sunt. Et
31 ueniet excessus mentis super eos qui inhabitant terram. Et in
alios alii cogitabunt bellare, ciuitates ciuitatem et locus locum
32 et gens ad gentem et regnum aduersus regnum. Et erit cum
fient haec, et contingent signa quae ante ostendi tibi, et tunc
33 reuelabitur filius meus quem uidisti uirum ascendentem. Et
erit, quando audierint omnes gentes uocem eius, et derelinquet
unusquisque regionem suam et bellum quod habent in alterutro,
34 Et colligetur in unum multitudo innumerabilis sicut uidisti
35 uolentes uenire et expugnare eum. Ipse autem stabit super
36 cacumen montis Sion. Sion autem ueniet et ostendetur omnibus
parata et aedificata, sicut uidisti montem sculpi sine manibus.
37 Ipse autem filius meus arguet quae aduenerunt gentes impietates eorum, has quae tempestati adpropiauerunt, et inproperabit coram eis mala cogitamenta eorum et cruciamenta,
38 quibus incipient cruciari, Quae adsimilatae sunt flammae, et

---

28 ad expugnare SA*, expug- A**CM   eum S**ACM, eam S*   haec SA, hec (hęc M) est CM   29 ueniunt S*A, uenient S**CM   incipiet SCM, ueniat A sup- ter- sunt S, sunt sup- ter- A, sup- ter- metuunt CM   30 ueniet A**CM, ueni S, uenit A*   excessus A**CM, in excessu S, in excessū A*   habitant M inh- super ter- C   31 in alios alii CM, in aliis alio S, in aliis alia A   cogitabunt ACM, -bant S   ciuitates A, ciuitatis S, ciuitaxxs C, ciuitas M   ciuitatem SA*, aduersus (on marg.) ciuit- A**, ad ciuit- CM   et locus SA, locus (orig. locū M) CM   locum SA*C, ad (later insert. A**) locum A**M   et gens SA, gens CM ad gentem SAM, gentem C   et regnum SA, regnum CM   aduersus SA, ad CM
32 fient ACM, fiet S   contingent A   ostendæ tibi (æ corr. to i) A*, oston eras. C   et tunc] tunc M   filius] on marg. Vide filius (sic) dei uenturum a proprio ore domini adnuntiatum C   uirum SACM, ut uirum Sab. cf. Syr. Ar¹.
33 et derel- SA*; derel- A**CM   regionem suam SACM, in regione sua Sab. et bellum S*ACM, bellum S** Sab.   in alterutro SAM, in alterutrum C
34 colligentur S   et exp- SCM, ad (erased) exp- A   35 om. montis A om. Sion M   36 Sion autem ueniet SA, om. CM   ostenditur A*, -detur A** parata SA, parata Syon CM   37 quae SA, eas quae (que C) CM   aduenerint M   gentes A**CM, gentem SA*   impietates (et added bef. imp- A) SA, in (added above line M) inpietatibus CM   eorum SA*, earum A**CM   has SA*, om. A**CM   quae SCM, qui A   tempestati S, tempestatem A, sicut tempestas CM appropiauerunt A**, adpropria- SA*, aduenerunt C, aduenient M   inproperabit (impr- M) A**CM, inproperauit SA*   mala cogitamenta eorum SA, malas cogitationes earum CM   cruciamenta SA, cruciatus CM   38 adsimilatae sunt A*, adsimilate s̄ S, assimilatae sunt CM, assimilata sunt A**   flamme CM

perdet eos sine labore et legem quae igni adsimilata est. Et 39 quoniam uidisti eum colligentem ad se aliam multitudinem pacificam, Haec sunt decem tribus, quae captiuae factae sunt de 40 terra sua in diebus Iosiae regis, quem captiuum duxit Salmanassar rex Assyriorum, et transtulit eos trans flumen, et translati sunt in terram aliam. Ipsi autem sibi dederunt 41 consilium hoc, ut derelinquerent multitudinem gentium, et proficiscerentur in ulteriorem regionem, ubi nunquam inhabitauit genus humanum, Vt uel ibi obseruarent legitima sua, 42 quae non fuerant seruantes in regione sua. Per introitus autem 43 angustos fluminis Eufratis introierunt. Fecit enim eis tunc 44 altissimus signa, et statuit uenas fluminis usquequo transirent. Per eam enim regionem erat uia multa itineris anni unius et 45 dimidii, nam regio illa uocatur Arzareth. Tunc inhabitauerunt ibi 46 usque in nouissimo tempore: et nunc iterum coeperunt uenire; Iterum altissimus statuit uenas fluminis, ut possint transire. 47 propter hoc uidisti multitudinem collectam cum pace, Sed et qui 48 derelicti sunt de populo tuo, qui inueniuntur intra terminum meum Sanctum. erit ergo, quando incipiet perdere multitu- 49

38 pdet M cf. Syr. Aeth. Arm., perdere SA   om. et perd- eos C   eos SA, eas M   et legem SAC, in lege Syr., per legem Sab.   om. et leg-...adsim- est M adsim- SA*C, assim- A**   39 colligendā S   40 haec SA*, hec C, hae A**, heę M   decem SA**, nouem A*C Aeth. Ar²., om. M Arm., nouem et dimidia Syr. Ar¹. de terram suā C   Iosiae SA* Syr., Yosie C, oseae A**M   salmanassar SAC, -asar M   assyriorum SA**M, assir- A*C   et translati sunt SA, om. CM 41 ipse A*, ipsi A**   hoc consil- A*, consil- hoc SA**CM   derelinquerent SA**C, derelinquerint A*, relinquerent M   et SCM, ut A   numquam C, nūquā M, numquā (nū- S) quisquam SA   inhabitauit A**M, inhabitabit C, inhabitauit ibi S (ibi above line) A*   genus SAC, gens M   humanum SA, hominū M   42 fuerant S, fueī AM, fuerunt C   seruantes SA, seruata CM 43 om. autem A   angustus C   Eufratis cf. Syr. Aeth., eufrates C, -teˢ M, eufraten SA   intro¹erunt A   44 fecit auī eis alt- M   usquequo SA, quousque C, quoadusque M   45 per eam reg- enim C, per eam quidem reg- M, txt. SA   erit M   iteneris A*, itineris A**, om. CM   om. anni A   unius demedii A*, unius diei et dimidii A**   arzareth. (46) tunc S**, arzareth nunc S*, arzareth nunc; A, arzar. Et tunc C, aszaren. Tunc M   46 inhabitaberunt C in nouissimum tempus C (nob- C) M, txt. SA   coeperunt SCM, coepeī A, cum coeperint Sab. cf. Syr. Aeth. Ar¹·².   47 iterum alt- statuit SA, et statuit alt- CM   possint SM, possent AC   48 inueniuntur S, -entur ACM   meum scm; erit A, meum· (; A) scm erit SCM, meum. Factum erit Sab.   (erit) ergo quando A, (erit·) ergo quando SC, (erit·) Quando auī M

dinem earum quae collectae sunt gentes, proteget qui supera-
50 uerit populum, Et tunc ostendet eis multa plurima portenta.
51 Et dixi ego: dominator domine, hoc mihi ostende, propter
quod uidi uirum ascendentem de corde maris. et dixit mihi:
52 Sicut non potest hoc uel scrutinare uel scire quis, quid sit in
profundo maris, sic non poterit quisquam super terram uidere
filium meum uel eos qui cum eo sunt nisi in tempore diei.
53 Haec est interpretatio somnii quod uidisti, et propter hoc
54 inluminatus es haec solus. Dereliquisti enim tua, et circa
55 mea uacasti, et legem meam exquisisti; Vitam enim tuam dis-
56 posuisti in sapientiam, et sensum tuam uocasti matrem. Et
propter hoc ostendi tibi haec, merces enim apud altissimum.
erit enim post alios tres dies ad te alia loquar, et exponam tibi
57 grauia et mirabilia. Et profectus sum et transii in campum,
multum glorificans et laudans altissimum de mirabilibus quae
58 per tempus faciebat, Et quoniam gubernat tempora et quae
sunt in temporibus inlata: et sedi ibi tribus diebus.
1 XIV. Et factum est tertio die, et ego sedebam sub quercu;
2 Et ecce uox exiuit contra me de rubo et dixit: Ezra, Ezra! et

49 gentes SA*C, gentium A**M   proteget qui SA*, protegetq· qui A**, proteget eum qui CM   superauerit SM, -berit C, -uerat A   populum. et tunc SCM,
populum tunc: et A   50 ostendet (host- C) A**CM, ostendit SA*   multa
plurima SA, multa CM, multo Hilg. (with Cod. Dresd.) Fritz.   51 Et dixi. Ergo M
52 potest SA**CM, potes A*   hoc] huc (*eras. over* c, *&* u *corr. to* o) S, hunc (*erased*)
A, *om.* CM   uel scrutinare SA, scrutare C, scrutari M   quis SAM, *om.* C
                                        d   sit
quid...maris] qui in corde aut in profundo maris A   poterit quisquam (quisq S)
SCM, poterit A   *eras.* (*of* sup.?) *bef.* super A   quisquam uidere A   eo SA,
illo CM   sunt *added later* A   diei]+eius *Syr. cf. Aeth. Ar*[1]. *Arm.*   53 *om.*
somnii M   quod A**M, quem SA*, quam C   propter hoc CM *cf. Syr. Aeth.*
Ar[1]. *Arm.*, propter quod SA   inluminatus SAC, illum- M   haec SA*, *om.* A**CM
54 dereliquisti SA**CM, derelinquisti A*   tua CM, tuam SA   et circa meam
uacasti legem (· A) exquisisti (ex- *altered to* & A, -qui- *to* -quae- S) SA, *txt.* CM *cf.
Syr. Aeth. Ar*[1].   55 in sapientiam SA, in -tia CM   tuam C (? *e sil.*) *cf. Syr. Aeth.*,
tuum SAM   56 *om. et* (*bef.* prop-) M   *om.* tibi M   enim tua M   tibi haec,
merces enim apud alt-] tibi emerces apud (*eras.*) alt- S   erit enim post] non perit.
Ergo post M   alios] aliis S   ad te] a te S   57 transii SA, -ibi C, -iui M
multum SA, *om.* CM   58 et quae SA, et ea quae CM   temporibus SA, -pora
C, -pore M   inlata SAC, ill- M   tribus diebus SCM, tres dies (s *of* dies *on eras.*) A
1 Et ego SA, ego CM   sub *added above* S   2 exibit C   *eras. before* contra
C, de contra (*om.* me) M   rubxo S   Ezra, Ezra S, ezrax, ezrax (a *erased*) A,
Esdra, Esdra C, aesdra xęsdra M

XIV LIBER EZRAE QVARTVS. 69

dixi: ecce ego, domine. et surrexi super pedes meos, et dixit ad
me: Reuelans reuelatus sum super rubum, et locutus sum 3
Moysi, quando populus meus seruiebat in Aegypto, Et misi 4
eum et eduxit populum meum de Aegypto, et adduxi eum
super montem Sina et detinui eum apud me diebus multis, Et 5
enarraui ei mirabilia multa, et ostendi ei temporum secreta et
temporum finem, et praecepi ei dicens: Haec in palam facies 6
uerba et haec abscondes. Et nunc tibi dico Signa quae demon- 7
straui, et somnia quae uidisti, et interpretationes quas tu 8
audisti, in corde tuo repone ea; Tu enim recipieris ab hominibus, 9
et conuerteris residuum cum filio meo et cum similibus tuis
usquequo finiantur tempora. Quoniam saeculum perdidit iu- 10
uentutem suam, et tempora adpropinquant senescere. XII enim 11
partibus diuisum est saeculum, et transierunt eius X iam et
dimidium Xmae partis, Superant autem eius duae post medium 12
decimae partis. Nunc ergo dispone domum tuam, et corripe 13
populum tuum, et consolare humiles eorum, et renuntia iam
corruptae uitae, Et dimitte abs te mortales cogitationes, et 14
proice abs te pondera humana, et exue te iam infirmam naturam,
et repone in unam partem molestissima tibi cogitamenta, et

2 *om.* et dixi...pedes meos M   3 rubū S, rubxū A, rubrū M, rubo C
4 *om.* et misi...de Aegypto M   eduxit *cf. Syr. Ar*[1,2]*.*, eduxi SA *cf. Aeth. Arm.*
adduxi CM, adduxi S, a^dduxi A   eum SA, illum CM   sina S, syna ACM   detinui CM,
detenebam SA*, detinebam A**   aput AC   5 et narrabi (-ui M) illi CM, *txt.* SA
temporum secreta SCM, secreta multa temporum A   et temporum finem CM *cf.
Syr. Aeth. Ar*[1]*. Arm.*, et finem SA   praecipi A*, praecepi A**   ei SA, illi CM
6 in pax×la C   8 demonstrabi C   que uid- S   interpraet- A   quas
tu audisti CM, quas aud- A, quas tu uidisti S   9 recipieris AC *Ambr. de bono
mortis* 11, rociperis S*, receperis S**, repperieris M   hominibus C *Ambr. (Ed.
Bened.) cf. Syr. Aeth. Ar*[1]*. Arm.*, omnibus SAM   conuerteris SACM, conuersaberis
Ambr.   ad residuum M   usquequo SA, quousque CM   10 saeculum
S**AC, -la S*, cęlū M   iubentutem C   adpropinquant SA*C, appr- A**M
11 X iam S*, decē iam A, Xam S**, iam decem C, decē M   demedium A*, dimid-
A**   Xmę S, decimae A, -me C, undecimę M   12 *om. verse* M   superant SAC,
supersunt Sab.   p̄ medium S, prae medium A (*altered to* -dio), preter dimidium C
13 et consolare M, cons- CM   renuntio S   *om.* iam M   corrupte uitę· M *cf.
Syr. Aeth. Ar*[1,2]*. Arm.*, corrupte uie C, corrupte S, corruptioni A   14 et dim-
SA, dimitte C, demitte M   montales A*, mort- A**   cogitationes SA, cogitatus
CM (*marg.* -tos C)   proice SA**CM, ₊piece A*   et exue te iam S, et exue iam
A, exue te C, et excute M   infirma natura C   et repone SA, et reponere C,
repone aut̄ M   in una parte CM, *txt.* SA   molestissimas tibi (*om.* tibi M)
cogitationes CM, *txt.* SA

LIBER EZRAE QVARTVS.

15 festina transmigrare a temporibus his; Quae enim uidisti nunc
16 contigisse mala, iterum horum deteriora facientur: Quantum
enim inualidum fit saeculum a senectute, tantum multiplicabun
17 super inhabitantes in eo mala. Prolongabit enim magis ueritas
et adpropinquabit mendacium. iam enim festinat aquila uenire
quam uidisti in uisionem.
18
19 Et respondi et dixi coram te, domine, Ecce enim ego abibo
sicut praecepisti mihi, et corripiam praesentem populum : qu
20 autem iterum nati fuerint, quis commonebit? Positum es
enim saeculum in tenebris, et qui inhabitant in eo sine lumine
21 Quoniam lex tua incensa est, propter quod nemo scit quae a te
22 facta sunt uel quae incipient operari. Si enim inueni gratiam
coram te, inmitte in me spiritum sanctum, et scribam omne
quod factum est in saeculo ab initio, quae erant in lege tua
scripta, ut possint homines inuenire semitam, et qui uoluerin
23 uiuere in nouissimis uiuant. Et respondit ad me et dixit :
uadens congrega populum et dices ad eos, ut non te quaerant
24 diebus XL. Tu autem praepara tibi buxos multos et accipe
tecum Saream, Dabriam, Selemiam, Ethanum et Asihel, quinque
25 hos quia parati sunt ad scribendum uelociter; Et uenies hic,

15 conti gisse (*sic*), *marg.* ut coegisse C   facient SACM, fient *late MSS cf. Syr.
Aeth. Ar*[1].   16 quanto S*, -tum S**ACM   inualidissimum M   fit CM,
fieri SA*, fuerit A**, fiet *late MSS* Sab.   *om.* a M   multiplicabunt SA*,
-buntur A**CM   super *om.* but added on *marg. pr. m.* S   inhabitantes SA**M,
habitantes C, inhabundantes A*   in eo CM *cf. Aeth., om.* SA   17 prolongabit C,
-gabitur M, -gauit SA**, -guauit A*   magis S *cf. Syr. Arm., om.* ACM, se magis *late
MSS* Sab.   adpropinquabit (appr- M) CM, adpropinquauit SA**, appropinquauit A**
festina C   aquila] *cf. Syr. Aeth. Ar*[1]. *Arm.*, itaque SA, tu C, *om.* M Sab.   uenire
altered to uide A   in uisionem (uissi- A*) SA*, uisione A**, uisio CM   18 di
erased bef. resp- S   et dixi A**, dixi A*   coram (.Coram M) te SACM, loquar c- te
cf. Syr. Aeth. Ar[1]. *Arm.*   19 enim SA, *om.* CM   abibo S**AM, habebo S*, habibo
(*marg.* habito) C   praecipisti A*, praecep- A**   qui autem SA, illos autem qui CM
20 scĩm enim in tenebris positum est CM   possitum A*, positum A**   enim
CM *cf. Syr. Aeth. Ar*[1]. *Arm.*, ergo SA   tenebriis A*, -bris A**   *om.* et qui...
lumine M   in eū S   lumine sunt C   21 a te SA**M, autem A*, ante C
operari A**?, opere S*A*, opera S**C, fieri opa M   22 inuenix (*prob.* o *erased*)
S   inmitte SA, mitte CM   spir- s- in me A   omnem S   quae A*, quod A**
erat A   scripta A*, -tū A**   uiuent A   23 uadens (*eras. at e* S) SA, uade CM
24 buxus M   multos SA*CM, -tas A**   tecum SAC, tibi M   saream SA*C,
sariam A**M   selemiam CM, et selemian A, sclemiam S   ethanū S, & aethanum
A, etanum CM   asiel C   quia C *cf. Syr. Aeth.*, qui SAM   25 hic SA*, huc
A**CM

et ego accendam in corde tuo lucernam intellectus, quae non extinguetur quoadusque finiantur quae incipies scribere. Et 26 cum perfeceris, quaedam palam facies, quaedam sapientibus absconse trades : in crastinum enim hac hora incipies scribere. Et profectus sum, sicut mihi praecepit, et congregaui omnem 27 populum et dixi : Audi, Israel, uerba haec: Peregrinantes pere- 28 grinati sunt patres nostri ab initio in Aegypto, et liberati sunt 29 inde, Et acceperunt legem uitae quem non custodierunt, quem 30 et uos post eos transgressi estis. Et data est uobis terra in 31 sortem in terra Sion, et uos et patres uestri iniquitatem fecistis et non seruastis uias quas uobis praecepit altissimus; Iustus 32 iudex cum sit, abstulit a uobis in tempore quod donauerat. Et 33 nunc uos hic estis, et fratres uestri introrsum uestrum sunt. Si ergo imperaueritis sensui uestro et erudieritis cor uestrum, 34 uiui conseruati eritis et post mortem misericordiam consequemini ; Iudicium enim post mortem ueniet quando iterum 35 reuiuiscemus ; et tunc iustorum nomen apparebit, et impiorum facta ostendentur. Ad me autem nemo accedat nunc, neque 36 requirent me usque diebus XL.

Et accepi quinque uiros, sicut mandauit mihi, et profecti 37 sumus in campo et mansimus ibi. Et factum est in crastinum 38 et ecce uox uocauit me dicens : Ezra, aperi os tuum et bibe quod te potiono. Et aperui os meum, et ecce calix plenus 39

25 ubi ego M   accendam SA**M, ascendam C, iucendam A*   exung- A*, exting- A**   quoadusque S**AC, quaeadusque S*, quousq; M   finiatur A*, -antur A** (*pr. m.*)   26 pala C   quaedam SA, quedam uero CM   absconse SA, abscondite CM   in crastinum SA, cras CM   27 praecipit A*, -cepit A**   congregabi C   29 in egyptum C   30 accip- A*, accep- A** quem (non) SA*, quam A**CM   quem (et) S*, quam S**ACM   *eras. aft.* uos S eos SA, illos CM   31 in terra S**M *cf. Syr.*, et in terram A, & terra S*, terra C   sion SA, syon CM   et (*om.* et CM) uos et p- u- ACM *cf. Syr. Aeth. Arm.* Ar[1]., et p- u- et uos S   32 iudex iustus CM, *txt.* SA   cum sit abstulit SA, cum sit. et abstulit (*marg.* ut qūm sic abstulit) C, cū se abstulit M   donauerat C 33 introrsum S, -sus A**C, intrursus A*, int M   uos M   sunt uestrum A 34 inperaberitis C   erueritis C   post C*, & post C**   mortem conseruati mis- A   consequemini S**AM, -quimini S*C   35 reuibescemus C   iustnomen apparebit A *cf. Syr. Arm.*, iust- nomina parebunt SC, nomina iust- parebunt M   inpiorum C   36 requirent SA*, requirat A**CM   usque SA, *om.* CM 37 accepix M   mandabit (-uit M) mici (m̄ M) dn̄s CM, *txt.* SA   campo SA*, -pum A**CM   38 factū÷ A** *cf. Syr. Arm.*, factus sum SA*, facti sumus CM   uocabit C   ezra SA**, ezraa A*, esdra C, aesdra M   potionor M 39 et ecce *repeated and del.* M

porrigebatur mihi; hoc erat plenum sicut aqua, color autem
40 eius ut ignis similis. Et accepi et bibi, et in eo cum bibissem
cor meum eructuabatur intellectum et in pectus meum incres-
41 cebat sapientia, nam spiritus meus conseruabat memoriam : Et
42 apertum est os meum et non est clausum amplius. Altissimus
autem dedit intellectum quinque uiris, et scripserunt quae
dicebantur ex successione notis quas non sciebant, et sederunt
43 XL diebus: ipsi autem per diem scribebant Et nocte mandu-
cabant panem : ego autem per diem loquebar et nocte non
44 tacebam. Scripti sunt autem in XL diebus libri DCCCCIIII.
45 Et factum est cum completi essent XL dies, et locutus est ad
me altissimus dicens : priora quae scripsisti in palam pone, et
46 legant digni et indigni; Nouissimos autem LXX conseruabis, ut
47 tradas eos sapientibus de populo tuo; In his enim est uena
48 intellectus et sapientiae fons et scientiae flumen. Et feci sic.

1   XV. Ecce loquere in aures plebi meae sermones prophetiae
2 quos inmisero in os tuum, dicit dominus, Et fac ut in carta
3 scribantur, quoniam fideles et ueri sunt. Ne timeas a cogitationibus aduersum te, nec turbent te incredulitates contra-

39 porrigebatur S**A**CM, porreg- S*A*   hoc erat plenum SA*, hic erat
plenus A**CM   om. ut M   40 accipi A*, -epi A** (eras. after bibi) S   in eo
                                                    c
(added above line S) SA, om. CM   eructuabatur S, ru♭txabatur A, eructuabat CM
et in pectus SM, et ×× pect- A, in pect- C   crescebat C, accrescebat M, txt. SA
sapientiam (m del.) S   conser|bat M   memoriā A, -ria;· S, omnia memorie
C, omā memorit M   41 clusum A*, clausum A**   42 mihi erased aft. dedit S
intellectum] sapientiā M   ex successione C, ex successionem S, ex×××cessiones A,
& successione⁰ M   notis quas cf. Syr. Aeth. Ar¹. Arm., conj. Hilg., noctis
quas SA, noctis que C, diei noctisq; M   43 et nocte mand- CM, nocte
autem maud- SA   ego uero C   nocte SC, noctu AM   44 in XL diebus
SA, in di⁰b; quadraginta M, diebus quadraginta C   DCCCCIIII S, nongenti quatuor
M, DCCCCLXXIIII (n̄genti septuaginta quatuor written above) A, DCCCCLXX (LXX on
eras.) C, nonaginta quatuor Syr. Aeth. Ar¹. Arm.   45 et loc- S*A, loc- S**CM
ad me CM cf. Syr. Aeth. Ar¹. Arm., om. SA   46 nouissimus A*, -mos A**
47 est uena S**A, est uenia S*C, ueniet M   intellectus SAM, et int- C   48 et
feci sic SA, om. M, et feci sicut precepit mici dn̄s C   explicit liber quartus Ezrae
homini dī S, explicit liber quartus A
XV (For the text of CM see Appendix 1)   Tit. Incipit liber quintus Ezrae cū vēr
IICCXXX S   Incipit 1- quintus (1- inserted) A·   1 plebi S*A*, plebis S**A**
prof- A   2 points erased over ut in S, om. ut A   carta A**, cartas A*, carthā S
scribantur (points erased under -antur) S, scribi (fin. i on eras.) eos A   3 gogi-
tationib; A*, cog- A**   eras. of about 9 letters bef. aduersum S   nec SA**,
ne A*   conturbent A   contradicentium] dicentium SA

dicentium. Quoniam omnis incredulus in incredulitate sua 4 morietur. Ecce ego induco, dicit dominus, super orbem terrarum mala, 5 gladium et famem et mortem et interitum, Propter quod super- 6 posuit iniquitas omnem terram, et adimpleta sunt opera nociua illorum. Propterea dicit dominus : Iam non silebo in impietatibus 7 eorum quae inreligiose agunt, nec sustinebo in his quae inique 8 exercent. ecce sanguis innoxius et iustus clamat ad me, et animae iustorum clamant perseueranter. Vindicans uindicabo 9 illos, dicit dominus, et accipiam omnem sanguinem innoxium ex illis ad me. Ecce populus meus quasi grex ad occisionem 10 ducitur; iam non patiar illum habitare in terra Aegypti, Sed 11 educam eum in manu potenti et brachio excelso, et percutiam Aegyptum plaga sicut prius, et corrumpam omnem terram eius. Lugeat Aegyptus et fundamenta eius a plaga uerberationis et 12 castigationis quam inducit dominus. Lugeant cultores operantes 13 terram, quoniam deficient semina eorum, et uastabuntur ligna eorum ab uredine et grandine et a sidus terribile. Vae saeculo 14 et qui inhabitant in eum! Quia adpropinquauit gladius et 15 contritio eorum, et exsurget gens super gentem ad pugnam, et rumphea in manibus eorum. Erit enim inconstabilitio homin- 16 ibus; alii aliis inualescentes non curabunt regem suum et principem megestanorum suorum in potentia sua. Concupiscet 17 enim homo in ciuitatem ire et non poterit. Propter superbiam 18

6 *two or three letters erased bef.* omnem S   adimpleta SA*, adimpletae A**   operationes eorum A   8 in (*bef.* imp-)] *cf.* CM, *om.* SA   impietates (-es *on eras.*) A   quae S*, quas S**   *om.* quae inrel-…exercent A   inreligiose S*, irrel- S**   inno^{cu}ns (*eras. bef.* -us) A   *om.* et iustus A   perseuerant S, -rantes A 9 innoxium S*, innocuum S**A (*alteration erased* S)   11 potenti S**, -tem S* brahio A   aegiptum A   plagā S*, plaga S**   omnem terram S**, terram omnem S*A   12 Aegyptus A   uerberationis] uerberati SA   et castigationis] et mastigati (*points below and a letter above* m *erased,* i *written above* g *in another hand*) A, in castigationes S   quam A, quas S   inducit S, inducat A*, -cet A** dš S   13 deficient S**, deficiet S*A**, -ciat A*   semina S, semita A   uastabunt^r SA   uredine (*on eras.*) S, (-ed- *on eras.*) A   et a sidus (sȳd- A) terribile SA (*underlined in* A)   14 habitant A   in eum SA*, in eo A**   15 adpropinquauit SA*, appro- A**   contritio SA**, extritio A*   eorum S, illorum A   exsurget (-get *added later*) A   super S, contra A   rumphea SA*, romphea A**   16 constabilitio A   alii S**A**, alius S*A*   aliis SA**, alios A* supualescentes A   *om.* et princ- meg- su- A   me gestanorum S   17 ciuet n- p- ire A

enim eorum ciuitates turbabuntur, domus exterentur, homines
19 metuent. Non miserebitur homo proximum suum ad impetum
faciendum in domos eorum in gladium, ad diripiendas substantias eorum propter famem panis et tribulationem multam.
20 Ecce ego conuoco, dicit deus, omnes reges terrae ad me
uerendum ab oriente et ab austro, ab euro et a libano, ad con-
21 uertendos se et reddere quae dederunt illis. Sicut faciunt
usque hodie electis meis, sic faciam et reddam in sinu eorum.
22 haec dicit dominus deus: Non parcet dextera mea super
peccantes, nec cessabit rumphea super effundentes sanguinem
23 innocuum super terram. Et exiit ignis ab ira eius et deuorauit
24 fundamenta terrae et peccatores quasi stramen incensum. Vae
eis qui peccant et non obseruant mandata mea, dicit dominus;
25 Non parcam illis. discedite filii apostatae, nolite contaminare
26 sanctificationem meam. Quoniam nouit dominus omnes qui
derelinquunt in illum, propterea tradidit eos in mortem et in
27 occisionem. Iam enim uenerunt super orbem terrarum mala,
et manebitis in illis, non enim liberabit uos deus propter quod
peccastis in eum.
28
29 Ecce uisio horribilis, et facies illius ab oriente! Et exient
nationes draconum Arabum in curris multis, et sibilatus eorum
a die itineris fertur super terram, ut etiam timeant et trepi-
30 dentur omnes, qui illos audient. Carmonii insanientes in ira

18 enim *on eras.* A   metuent (2nd e *on eras.*) A   19 proximum suum
SA*, -mi sui A**   impetum] irritum SA   in domos SA**, in domus
A*   in gladium SA*, in gladio A**   tribulationem multam A, -ne -ta S
20 ad me uerendum] ad me uendum S, ad mouendum A   qui sunt ab or- A, ḍ s̄
(*these words added above line*) ab or- S   ab orea et a notho et ab A   euro A,
auro S   ad conuertendos in se SA   21 electis *added pr. m. above the line*
A   in sinum (i *on eras.*) ipsorum A   deus SA, meus Gildas   22 suṇx A
peccantes A Gild., peccatores S   cessabit SA** Gild., cessauit A*   romphaea
Gild., romphea Gild. (B)   23 Et exiit SA, exibit Gild.   deuorauit SA, -bit Gild.
24 eis S Gild., hixs A   25 apostatae A Gild., a potestate S   et nolite Gild.
26 quoniam S, *om.* A Gild.   dominus S, deus A Gild.   omnes S, *om.* A Gild.
dexxlinquunt S, peccant A Gild., peccauit Gild. (B)   illum S, eum A Gild.
tradidit eos dē S, tradet eos A Gild.   27 mala multa Gild. (*cf.* CM)   liberabit
A**, liberauit SA*   propterea quod A   eum SA*, eo A**   28 horribilis
A, et horr- S   29 Arabȳ A**, -bā A*   curris SA*, -ibus A**   sibilatus A,
sic flatus S   et trepidentur S, & rep&entur A   30 Carmini A*, -ne A**
insaniạ̊ntes; in ira exient A, ins- in ira et ex- S

LIBER EZRAE QVARTVS.

exient ut apri de silua et aduenient in uirtute magna et constabunt in pugnam cum illis et uastabunt portionem terrae Assyriorum in dentibus suis. Et post haec superualescent 31 dracones natiuitatis memores suae, et si conuerterint se conspirantes in uirtute magna ad persequendos eos, Et isti tur- 32 babuntur et silebunt in uirtute illorum et conuertent pedes suos in fugam, Et a territorio Assyriorum subsessor obsidebit 33 illos et consumet unum ex illis, et erit timor et tremor in exercitum illorum et inconstantia in reges ipsorum.

Ecce nubs ab oriente et a septentrione usque ad meridianum 34 et facies illorum horrida ualde, plena irae et procellae; Et con- 35 lident se inuicem et effundent sidus copiosum super terram et sidus illorum, et erit sanguis a gladio usque ad uentrem equi Et femur hominis et suffraginem cameli, et erit timor et tremor 36 multus super terram, Et horrebunt qui uidebunt iram illam, et 37 tremor adprehendit illos. et post haec mouebuntur nimbi copiosi A meridiano et septentrione et portio alia ab occidente. 38 Et superinualescent uenti ab oriente et recludent eum et 39 nubem quam suscitauit in ira, et sidus ad faciendam exteritionem ab orientalem notum et occidentem uiolabitur. Et exaltabuntur 40 nubes magnae et ualidae plenae irae et sidus, ut exterant omnem terram et inhabitantes eam, et fundent super omnem altum et eminentem sidus terribile, Ignem et grandinem et 41 rumpheas uolantes et aquas multas, ut etiam impleantur omnes

30 om. ut apri A   assiriorum A   31 superualescet draco SA   natiuitatis memores sui S, memoriae natiuitatis suae A   33 et auerterit orio assiriorum A sobsessor S   obsedebit S, subsedebit A   eos A   exercituum S, exercitu A et constantia S, et inconstabiliᵘo A   in reges ipsorum S, regno illorum A 34 nubs SA*, nubes A**   a septentrione S**, nem S*, a septemtrione A 35 conlident SA   inuicem S, in se A   sy̆dus cop- A   om. et erit A sanguis SA**, sanguine A*   ad inserted later after usque A   aequi S 36 femur S*, fimur (or -us) S**, faemʳ A   camelli A*, cameli A**   multōs S ter | terrā A   37 adprehendit S*A*, appr- A**, -det S**A**   38 a septemtrionem A*, -ne A**   om. et (bef. port-) A   39 quam S**A, quē S* suscitauit SA*, -bit A**   situs A   exteritione S, ×extri tionem A*, extricationem A**   ab orientalem S, ab orientale A*, ab -li A**   notum] natū S, natho (-ho on eras. orig. nati) A   occidentem SA*, -te A**   40 ualidae A**, -da S, -das A* plena S   exterant SA**, exterrant A*   eam S, in eam A*, in ea A**   fundent S*A*, fundet S**, effundent A**   terribile A**, -lem SA*   41 rhumpheas A*, rhom. A**

1 1 *

42 campi et omnes riui plenitudine aquarum illarum. Et demolient
ciuitates et muros et montes et colles et ligna siluarum et fena
43 pratorum et frumenta eorum. Et transibunt constanter usque
44 Babylonem et exterent eam. Conuenient ad ipsam et circuibunt
eam et effundent sidus et omnem iram super eam, et subibit
puluis et fumus usque ad caelum, et omnes in circuitu lugebunt
45 eam. Et qui subremanserint seruient his qui eam exteruerunt.
46 Et tu Asia consors in specie Babylonis et gloria personae
47 eius, Vae tibi, misera, propter quod adsimilasti ei, ornasti filias
tuas in fornicatione ad placendum et gloriandum in amatoribus
48 tuis qui te cupierunt semper. Fornicariam odibilem imitata es in
omnibus operibus eius et adinuentionibus eius; propterea dicit
49 deus: Inmittam tibi mala, uiduitatem, paupertatem et famem et
gladium et pestem ad deuastandas domos tuas, ad uiolationem
50 et mortem. Et gloria uirtutis tuae sicut flos siccabitur, cum
51 exsurget ardor qui emissus est super te. Et infirmaberis et
paupera a plaga et mastigata a uulneribus, ut non possis tuos
52 suscipere potentes et amatores. Numquid ego sic zelabo te,
53 dicit dominus, Nisi occidisses electos meos in omni tempore,
exultans percussione manuum et dicens super mortem eorum
54
55 cum inebriata es? Exorna speciem uultus tui! Merces forni-
56 cariae in sinus tuos, propterea redditionem recipies. Sicut facies
electis meis, dicit dominus, sic faciet tibi deus et tradet te in

---

41 plenitudinē (*line over* e *deleted*) S, a plenitudine A   42 demolient SA*,
-entur A**   muros SA**, -rus A*   foena A   43 constanter A, *final letter
doubtful* s *or* r S   Babilonem S   exterent SA**, exterrent A*   44 cū
uenient A   ipsṃm S   circūibunt A   suṇ S, in A   circuitu (a *stroke above*
-cu- *and points above* -itu *erased*) A   lugebạnt S   45 seruientes SA   exteruerunt A**, exterruerunt SA*   46 Asia SA**, Assia A*   speciae A
Babilonis S   47 adsimilasti SA*, assimilasti te A**   te SA*, te cū A**
semper. (48) Fornicariam] *cf.* CM, semper fornicari. (; S) SA**, semper fornicare A*
48 odiuilem A*, odib- A**   operibus *added on marg. pr. m.* A   49 domos A
auiolationem S   51 & firmaberis S, infirmaberis A**, -ueris A*   et (*sec.*) S,
an eras. A   possituos S, possint uos A*, possis uos A**   53 occidiss& A
electus meus A*, electos meos A**   exultans S*A, exaltans S**   per-
cussionem SA   manuum S**A***, manum S*A**, meam A*   dicens SA,
deridens CM   55 merces S**A, -cis S*   fornicaria A   sinus S**A, -nos S*
ṛcipies A   56 electos meos S   faciet S**A, -at S*

malis. Et nati tui fame interient, et tu rumphea cades, et 57 ciuitates tuae conterentur, et omnes tui in campo gladio cadent; Et qui sunt in montibus fame peribunt, et manducabunt carnes 58 suas et sanguinem bibent a fame panis et siti aquae. Infelix 59 primaria uenies, et rursum accipies mala. Et in transitu 60 allident ciuitatem otiosam et exterent aliquam portionem terrae tuae et partem gloriae tuae exterminabunt rursum reuertentes a Babylonia subuersa. Et demolita eris illis pro stipula et ipsi 61 erunt tibi ignis. Et deuorabunt te et ciuitates tuas, terram 62 tuam et montes tuos, omnes siluas tuas et lignum fructiferum igni conburent. Filios tuos captiuos ducent et censum tuum 63 praeda habebunt et gloriam faciei tuae exterminabunt.

XVI. Vae tibi, Babylon et Asia, uae tibi, Aegypte et Syria! 1 Praecingite uos saccis et ciliciis et plangite filios uestros et 2 dolete eos, quoniam adpropinquauit contritio uestra. Inmissus 3 est uobis gladius, et quis est qui auertat illum? Inmissus est 4 uobis ignis, et quis est qui extinguat illum? Inmissa sunt 5 uobis mala, et quis est qui repellat ea? Numquid repellet 6 aliquis leonem esurientem in silua, aut extinguet ignem in stipula mox quae coeperit ardere? Numquid aliquis repellet 7

57 famae A   tui (bef. in) SA**, tuae A*   58 famae A   manducabąnt S bibent S**A, -ant S*   famae A   siti SA**, sitis A*   59 Infelix...mala] S, Propter priorem (-em on eras.) miseria; et iterum excipies mala A   60 transitu S**, -tum S*A   allident S**A, adl- S*   otiosam S, odita A   et exte × rent eam; portione aliquā gloriae tuae & territorii tui (altered from terrae turiae tuae) dum reuertuntur a babylonia; A   terre S   glorie S   ad babiloniam subuersam S   61 Et (bef. demol-)] ut S   Et...stipula] extrita illis eris in stramine A tibi erunt A   62 Et deuor-...conburent] omnes hii comedunt te et ciuitates tuas et territoria (altered from terraxturia) tua et montes et omnem siluam tuam et ligna pomifera igne consument   63 Filios...habebunt] Et natos tuos captiuabunt et honestatem tuam spoliabunt A   1 Babilon A   Asia SA**, Assia A* Aegyptae SA   2 saccos A*, sacco A**   om. et ciliciis et A   eos quoniam S, de his quia A   adpr- SA   3 Inmissus S**A*, Missus S*, inmisus A*, imm- Gild.   gladius uobis A Gild.   om. et quis...(4) uobis Gild.   illum S**, illud S*, eum A   4 Inmissus S**A, Missus S*   om. et quis...(5) mala Gild.   illum S**, illud S*, eū A   5 Inmissa S**A**, Missa S*, inmisa A* repellat S, recuciat A**, -ciet A* Gild. (B), -tiet Gild. (ed.)   6 nunquid Gild. repellet S, recutiet A Gild., -ciet Gild. (B)   aut...ardere] aut nūquid (nunquid Gild.) extinguit (-guet Gild.) ignem cum stramen incensum fuerit A Gild. extinguet S**, -guat S*   stipulam moxque S   7 aut nūquid recutiet sagitam inmisam a sagitario forte. A   om. ver. 7 Gild.   repellet S**, -lit S*

8 sagittam a sagittario forti missam? Dominus deus mittit
9 mala, et quis repellet ea? Exiet ignis ex iracundia eius, et quis
10 est qui extinguat eum? Coruscabit, et quis non timebit?
11 tonabit, et quis non horrebit? Dominus comminabitur, et quis
12 non funditus conteretur a facie ipsius? Terra tremuit et fundamenta eius, mare fluctuatur de profundo, et fluctus eius distur-
babuntur et pisces eius a facie domini et a gloria uirtutis eius.
13 Quoniam fortis dextera eius quae arcum tendit: sagittae eius
acutae quae ab ipso mittuntur, non deficient cum coeperint mitti
14 in fines terrae. Ecce mittuntur mala et non reuertentur, donec
15 ueniant super terram. Ignis succenditur et non extinguetur,
16 donec consumat fundamenta terrae. Quemadmodum non redit
sagitta missa a sagittario ualido, sic non reuertentur mala quae
17 missa fuerint in terram. Vae mihi, uae mihi! quis me liberabit
18 in illis diebus? Initium dolorum et multi gemitus, initium
famis et multi interient, initium bellorum et formidabunt
19 potestates, initium malorum et trepidabunt omnes. In his quid
20 facient, cum uenerint mala? Ecce fames et plaga et tribulatio
21 et angustia missa sunt flagella in emendatione. Et in his
omnibus se non conuertent ab iniquitatibus suis, neque flagel-

8 mittet Gild.   repellet S**, -lat S*, recuciet A, est qui recutiet (-ciet B) Gild.
9 exiet S, Et exiet A* Gild., et exit A**   ex irac- S Gild., et irac- A   quis
extinguet Gild., quis qui extinguet Gild. (B)   10 coruscabit S**A** Gild., corrus-
S*, curus- A*   nun A*, non A**   thonabit Gild. (B)   horrebit A Gild., surge-
bit S   11 Dn̄s SA, Deus Gild.   cōminatur A, cuncta minabitur Gild.   et
quis S Gild., quis A   om. funditus A Gild.   conteritur S, conterretur? A*, terretur?
A**, terrebitur? Gild.   A facie (-ciae A) eius (connected with ver. 12) A Gild.
12 Terra tremuit S, tremet terra A* Gild., tremit terra A**   et fundamenta
maris fluctuantur de profundo (de superbo B) Gild.   a fundamento eius A
fluctuatr SA*, fluctuat A**   turbabuntur A   faciae A   a (bef. gloria) added
above the line S   13 Quoniā fortis gloriae; qui tendit sagittam et acumen eius
acutum quae dimisa est ab eo non deficiet missa sup fines terrae; A   acute S
14 ueniant A**, -ent SA*   15 Et ignis incendetur A   donec excomedat
frumenta terrae A   16 Quomodo non reuertitur sagit̄a mis̄a a sagitario A
quae fuerint emis̄a A   17 liberabit S**A**, -uit S*A*   in diebus
illis? A   18 Initium gemitus • et copiosi suspirantium; initium famis et
multi× disperient; initium belli, et timebunt potestates A   omn̄s S, ab eis A
19 om. In his A   quid S*A, que S**   facient A, fecerint S   20 Ecce
famis plaga dimissa est, et tribulatio eius • tāquā mastix; castigatio in disciplina. A
fames S**, -is S*   21 Et sup his omnib; non se auertent ab iniquitatibus suis
nec sup has plagas • memorantur sempiterna; A

lorum memores erunt semper. Ecce erit annonae uilitas super 22 terram sic ut putent sibi esse directam pacem, et tunc germinabunt mala super terram, gladius, fames et magna confusio. A fame enim plurimi qui inhabitant terram interient, et gladius 23 perdet ceteros qui superauerint a fame; Et mortui tamquam 24 stercora proicientur, et non erit qui consoletur eos; derelinquetur enim terra deserta, et ciuitates eius deicientur. Non derelin- 25 quetur qui colat terram et qui seminet eam. Ligna dabunt 26 fructus, et quis uindemiabit illa? Vua matura fiet, et quis 27 calcabit illam? erit enim in locis magna desertio; Cupiet enim 28 homo hominem uidere uel uocem eius audire; Relinquentur 29 enim de ciuitate decem, et duo de agro qui absconderint se in densis nemoribus et fissuris petrarum. Quemadmodum relin- 30 quentur in oliueto in singulis arboribus tres aut quattuor oliuae, Aut sicut in uinea uindemiata racemi relinquentur ab his qui 31 diligenter uineam scrutantur; Sic relinquentur in diebus illis 32 tres aut quattuor ab scrutantibus domus eorum in rumpheam. Et relinquetur deserta terra, et agri eius in uepres erunt, et 33 uiae eius et omnes semitae germinabunt spinas, eo quod non transient oues per eam. Lugebunt uirgines non habentes 34

22 uilitas in breui s- t- A   om. sic A   et tunc germinabunt S, tunc supflorescent A   et (bef. fam-) A   fames S**A**, -mis S*A*   om. et magna confusio A   23 Et aperiant uitā sup terram, et gladius dispsit quae superauerint a fame. A   ceteros S**, caeteros S*   24 tamquam S, quasi A   piciuntur S, proixcientur (e erased) A   erit S, habent A   consulentur A*, consol- A** derxlinquetur S**, derelinquitur S*   et derelinquetur (orig. -quētur) desertax terrax (s erased) A   deicientur S, demolientur A   25 qui S, agricola qui A colat SA**, -let A*   seminet S**A**, -nat S*A*   26 dabunt fructos S, fructiferabunt A   uindemiabit S**A**, uindiamit S*, uindemiet A*   27 Et uua tradet se ad uindemiam (orig. -di-) et quis alligabit (orig. adl-) eam? erit enim et locis (orig. -cus) desertio multa A   calcabit S**, -uit S*   in locis S**, locis S*   28 cupiet S, concupiscet A   uel S, uel certe A   29 decem de ciu- A   ex agro A   om. in silua et in fisuras A   30 relinquentur S, relinquentur A   om. in sing- arb- A   aut S, uel A   31 uinea SA**, -nia A* uindemiata (orig. -dim-) & subremanet racemus patens - ab scrutantibus uindemiam (orig. -dim-) diligentxx A⁻   racemi S**, -cimi S*   relinquentur S   32 relinquentur S, remanebunt A   aut S, uel A   domus SA*, -mos A**   in rūpheā S, in rumphea A*, in rom- A**   33 relinquetur S**A, -quentur S* in uepres erunt] cf. CM, inueterauerunt S*A*, inueterabunt S**A**   transeat ouis A

sponsos, lugebunt mulieres non habentes uiros, lugebunt filiae
35 earum non habentes adiutorium. Sponsi earum in bello consumentur, et uiri earum in fame exterentur.
36 Audite uero ista et cognoscite ea, serui domini. Ecce uer-
37 bum domini, excipite eum, ne discredatis de quibus dicit
38 dominus: Ecce adpropinquant mala et non tardantur. Quemad-
39 modum praegnans in nono mense filium suum, adpropinquante
hora partus eius, ante horas duas uel tres gementes dolores
circum uentrem eius, et prodiente infante de uentre non tardabit
40 uno puncto, Sic non morabuntur mala ad prodiendum super
terram, et saeculum gemet et dolores circumtenent illum.
41 Audite uerbum, plebs mea, parate uos in pugnam et in malis
42 sic estote quasi aduenae terrae; Qui uendit, quasi qui fugiet;
43 et qui emit, quasi qui perditurus; Qui mercatur, quasi qui
44 fructum non capiat; et qui aedificat, quasi non habitaturus; Qui
seminat, quasi qui non metat; sic et qui putat, quasi non uinde-
45 miaturus; Qui nubunt, sic quasi filios non facturi, et qui non
46 nubunt, sic quasi uidui: Propter quod qui laborant sine causa
47 laborant; Fructus enim illorum alienigenae metent et substantiam illorum rapient et domus euertent et filios eorum
captiuabunt, quia in captiuitate et fame generant natos suos.
48 Et qui negociantur negociantur in rapina, quamdiu exornant
49 ciuitates et domus suas et possessiones et personas suas; Tanto
50 magis adzelabor eos super peccata, dicit dominus. Quomodo
51 zelatur fornicariam mulierem idonea et bona ualde, Sic zela-

34 sponsus (*altered to* -sos) *on eras.* A lugebunt mul- non hab- uiros *added between the lines* A habe×ntes adi- A 35 exterentur SA**, exterrentur A* 37 eum SA*, illud A** discredatis] diis credatis S*A*, dis credatis S**A** 38 adpropinquant SA*, appr- A** tardantur SA*, tardant A** 39 in adpropinquantem S, in adpropinquante A*, in appropinquante A** hora S**A, ora S* partus S**, -ti S* prodiente infante A 41 ad pugnam, in malis A 42 uendit A**, -det SA* qua×si A fugiet S, fugit A qui perditurus S, qui (*erased*) periturus A *ver.* 43 *omitted from homoeot.* A habitaturus S**, habiturus S* 44 Et qui sem- A quasi non messem facturus, et qui portat A uindemiaturus S**A**, uindim- S*A* 45 filios S**A, filii S* 47 rapient SA**, -ant A* domus A*, -mos SA** euertent S, auertent A 48 negociantur (*semel*) S, negociantur, negotiantur A domus A*, -mos SA** 49 adzelabor S*A, zelabo S** 50 zelatur SA**, zelabor A* fornicariā S**, -ria S*A idonea et bona S**, -neam et -nam A, -neā et -nā S* (*there are slight traces of eras. over the final letters*)

XVI LIBER EZRAE QVARTVS.

bitur iusticia iniquitatem cum exornat se, et accusat eam in faciem, cum uenerit qui defendat exquirentem omnem peccatum super terram. Propterea nolite similari eam nec operibus eius. 52 Quoniam ecce adhuc pusillum et tolletur iniquitas a terra, et 53 iusticia regnabit in nos. Non dicat peccator non se peccasse, 54 quoniam carbones ignis comburet super caput eius qui dicit: non peccaui coram deo et gloria ipsius. Ecce dominus cognoscit 55 omnia opera hominis et adinuentiones illorum et cogitatum illorum et corda illorum. Qui dixit: fiat terra, et facta est: 56 fiat caelum, et factum est: Et in uerbo illius stellae fundatae 57 sunt, et nouit numerum stellarum; Qui scrutat abyssum et 58 thesauros illorum, qui metitus est mare et conceptum eius; Qui conclusit mare in medio aquarum et suspendit terram 59 super aquam uerbo suo; Qui extendit caelum quasi cameram et 60 super aquas fundauit eum; Qui posuit in deserto fontes aquarum 61 et super uertices montium lacus ad emittendum flumina ab eminenti ut potaret terra; Qui finxit hominem, et posuit cor in 62 medio corporis, et misit ei spiritum et uitam et intellectum, Et 63 spiramentum dei omnipotentis, qui fecit omnia et scrutinat absconsa in absconsis. Certe hic nouit adinuentionem uestram 64 et quae cogitatis in cordibus uestris. uae peccantibus et uolentibus occultare peccata sua. Propter quod dominus scrutinando 65 scrutinabit omnia opera eorum et traducet uos omnes. Et uos 66 confusi eritis, cum processerint peccata uestra coram hominibus, et iniquitates erint quae accusatores stabunt in die illo. Quid 67

51 x exquirentem (*prob. & erased*) A   omnem S*A, omne S**   52 similari eam SA**, similure eam A*   53 regnabit (*orig.* -uit) iustitia A   54 non se S, in se A   coram dō SA   55 cognoscit A, -cct S   omnia opera A, omnes -ras S   et corda illorum (*added on marg., other words erased over the line*) A   56 Qui dixit A, *om.* S   et fiat cael- A   57 uerbo SA**, -ba A*   fundatae SA**, -ti A*   58 scrutat S, -tatur A   abyssum S, abysum A*, abyssos A**   qui meritus (*orig.* meretus) est manere et conceptum (*all underlined*) A   *om.* eius A   59 clusit A   60 eum SA*, illud A**   61 emittendum SA*, -da A**   ab eminenti S**, ademinenti S*A (*underlined in A*)   ut potaret] *cf.* CM, ut portaret SA   62 Qui uinxit S   posuit SA**, possuit A*   misit SA**, missit A*   et (*bef.* intel-) *added above line* A   63 *om. et bef.* spir- A   scrutinatʳxx (-ur *erased*, ʳ *added*) A   in absconsis absconsa A   63, 64 in absconsis certa; S   65 dā A   scrutabit S**, -uit S*, scrutatus est (-tus *on eras.*, est *add. extra lin.*) A   uos SA**, nos A*   66 confusi SA**, -fussi A*   erint S, uestrae *on eras.* A   quae (*altered to* quasi) A

B. E.   6

LIBER EZRAE QVARTVS. XVI

facietis? aut quomodo abscondetis peccata uestra coram deo et
68 angelis eius? Ecce iudex deus, timete eum; desinite a peccatis
uestris et obliuiscimini iniquitates uestras iam agere eas sempiterno, et deus educabit uos et liberabit de omni tribulatione.
69 Ecce enim incenditur ardor super uos turbae copiosae, et rapient
70 quosdam ex uobis et cibabunt idolis occisam. Et qui consenserint
eis, erint illis in derisum et in inproperium et in conculcationem;
71 Erit enim locis locus et in uicinas ciuitates exsurrectio multa
72 super timentes dominum. Erint quasi insani neminem parcentes
ad diripiendum et deuastandum adhuc timentes dominum,
73 Quia deuastabunt et diripient substantias eorum et de domos
74 suas eos eicient. Tunc parebit probatio electorum meorum, ut
aurum quod probatur ab igne.
75 Audite, electi mei, dicit dominus, ecce adsunt dies tribula-
76 tionis, et de his liberabo uos. Ne timeatis nec haesitemini,
77 quoniam deus dux uester est. Et qui seruatis mandata et
praecepta mea, dicit dominus deus, ne praeponderent uos
78 peccata uestra, nec supereleuent iniquitates uestrae. Vae qui
constringuntur a peccatis suis et obteguntur ab iniquitatibus
suis, quemadmodum ager constringitur a silua et spinis tegitur
semina eius, per quem non transit homo, et excluditur et
mittitur ad deuorationem ignis.

67 abscondetis S**A, -ditis S*   deo S, dño A   et angelis (*fin.* s added
above line) eius S, et gloria eius A   68 et timete A   et de × × sinete
(-ne- *altered to* -ni-) A   obliuiscimini S**A**, obliuiscemini S*A*   sempiterno
(*underlined*) A   educabit S**, -uit S*, edocauit (e *on eras.*, o *altered to* u, -uit *to*
-bit) A   uos S**A, nos S*   liberabit S**A**, -uit S*A*   69 incendetur
turbe copiose S   cÿbabunt A   occisam S, occisum A   70 erint S*, erunt
S**A   derisum SA**, dir- A*   in inproperium S, inproperium A*, impro- A**
71 locis locus S, in (*added*) locis (*orig.* -cus) A   uicinis ciuitatibus (*orig.* -tis) A
exsurrectio S**A, exresurrectio S*   72 Erint S*, erunt S**A   neminem S,
-ne A*, -ni A**   adiripiendum S, aderip- A*, addirip- A**   73 diripient SA**,
eripient A*   de domos suas S*, de domo sua S**A**, de domo suo A*   eicient
SA**, iecient A*   74 apparebit A   pro *erased bef.* ut A   75 adsunt S*A,
assunt S**   76 timeatis (eatis *on eras.*) neque A   haessitemini A*, esitemini
S**, sitemini S*, haesitetis A**   77 seruatis] *cf.* CM, seruat SA   mandata
mea A   liberabo eū *added above the line bef.* ne praep- A   superelebent S*,
supereleuent se S**A   78 semina S*, semen S**, semita A   per quem S,
per quam A   transit S, -siit A*, -siet A** et excludetur et emittetur A

Explicit liber Ezrae quintus S   (*Then occurs enigmatical writing given by
Delisle.*)   finiunt quinque libri (finit liber quintus *a later correction*) ezræ ꝑfaete;
dō gratias ago ꝑ hoc facto ꝑfecto :· A

APPENDIX I.

4 ESDRAS I—II, XV—XVI.

(The text of C is here printed, the capitals of the MS being for convenience neglected. The variants of M are given at the foot of the page.)

I. Verbum dñi quod factum est ad Esdrā filium Cusi, in diebus regis 4 Nabuqʳodonosor dicens. Vade adnuntia populo meo facinora ipsorum et 5 filiis eorum iniquitates quas admiserunt ad me, filiis autem eorum nuntient filiis filiorum suorum. Qm̄ peccata patruum suorum in filios creberunt. 6 propter quod obliti sunt in me et sacrificaberunt diis alienis. Nonne ego 7 eduxi eos de terra Ęgypti et de domo seruitutis. quare irritaberunt me et consilia mea spreberunt? Hec dicit dn̄s : concute comam capitis tui et 8 excute hec omnia mala super eos. quoniam non obedierunt legi meę. pp̄īs indisciplinatus. Vsquequo eos sustinebo. qui tanta beneficia in illis 9 contuli. Reges multos propter eos subuerti : ego Farionem cū pueris suis 10 et omne exercitu eius dimersi in mare. Nonne propter uos Bethsaydam 11 ciuitatem euerti. et ad meridianum duas ciuitates. Tyrum et Sydonem igni cremabi. et eos qui aduersum eos fuerunt male interfeci. Tu uero 12 loquere ad eos dicens : haec dicit dominus, Nonne ego uos mare transieci. 13 et dextera adq́. sinixtra muros feci. duces uobis dedi Moysen et Aaron. Lucem uobis dedi in columna nubis. hec sunt magna mirabilia mea que 14 feci in uobis. et me obliti estis dicit dn̄s. Haec dicit dn̄s. coturnix 15 uobis in signo fuit, castra uobis ad tutelam dedi. et illic murmurastis. Persecutorem urm̄ cum exercitu eius dimersi in mare. et adhuc murmurat 16 pp̄īs. et ipsi de perditione eorum. Vbi sunt beneficia mea que uobis dedi? 17 et in uia deserta esurientes et sitientes proclamastis ad me et dixistis. Quare nos in hoc desertum adduxisti ut moriamur. Melius enim nobis 18 fuerat seruire Ęgyptiis. quam mori in solitudine hac. Propter hoc. ego 19 dolens gemitus us̄os. mannā uobis dedi manducare et manducastis. Sitientibus uobis petram excidi et fluxerunt aquae in satietatė. et propter 20

4 chusi   nabuchod-   5 annuntia   filiis ipsorum   ammiserunt in me
Filii autem eorum nutrient   6 patrū ipsorum   increueř   om. in   -uerunt
7 eos eduxi   -uerunt bis   8 Hęc   Concita   om. comam—quoniam
obaud-   9 eū   illū   10 eū   pharaonem   omnē exercitū de-
mersi   11 bethsaidam   igne cremaui   adu- uos   12 om. Tu—dominus
13 dextra & sinistra   14 lucē   nubis] ignis   Hęc   15 signo] cibo
16 eius] suo   ipse   18 deserto   19 manna   20 scidi

6—2

21 estum. arbores uobis foliis tectis creabi. Terras uobis pingues dedi.
Cananeos. Cettheos. Perezeos et filios eorum a facie vestra proieci. quid
22 uobis faciať adhuc. Hec dicit dn̄s. in deserto cum essetis in flumine
23 amaro sitientes et blasfemantes nomen meum. Non indigne tuli. sed
24 missum lignum in aqua dulce uobis flumen feci. Quid tibi faciam Jacob,
noluit obaudire me Iuda. transferam me ad gentem alteram, et dabo illi
25 nomen meum et custodientes custodient legitima mea. Nam qui me
26 dereliquerunt petentes misericordiam. non miserebor eorum. Erit enim
quando inuocaberint me, ego non exaudiam eos. maculaberunt enim
animas suas et manus sanguine maculatas habent. pedes uestri non pigri
27 ad effundendum sanguinem. Non quia me derelinquistis dicit dn̄s sed
28 uos. Haec dicit dn̄s. nonne ita uos ego rogabi ut pater filium, et ut
29 mater filiam suam, et ut nutrix que amat paruulum suum. Cū essetis
mici in pp̄lō. et ego uobis in deo. uos mici in filiis, et ego uobis in patrem.
30 Leta enim collegi uos, ut gallina pullos suos sub alis suis. modo autem
31 quid faciam uobis? dicam proiciam uos a facie mea. Immolationes mici
offerentes. uertam oculos meos a uobis dies festos et neomenias. sabbata
32 et circumcisiones non mandabi uobis. Ego misi pueros meos prophetas
ad uos, quos acceptos interfecistis et laniastis corpora ap̄stlorum. quorum
33 animas et sanguinem exquiram. dicit dn̄s. Hec dicit dn̄s omnipotens.
34 domus uestra deserta est proiciam uos sicut uentus stipulam. Et filii
uestri procreationem non facient q̄m mandatum meum neglexerunt et
35 quod malum est coram me fecerunt. Tradam domos uestras populo
uenienti a longe. et qui te non noberunt credent tibi, et quibus signa non
36 hostendo facient quae dixi. Profetas non uiderunt et memores sunt anti-
37 quitatum eorum. Testantur ap̄stli pp̄lm̄ uenientem cum letitia. me autem
non uidentes oculis carnalibus sp̄u credunt, et que dixi audierunt. et
38 credunt mici. Iam pater aspice cum gloria et uide populum uenientem ab
39 oriente. Cui dabo ducatum cum Habraam Isaac. et Iacob. Elia. et Enoc.

20 ęstum   tectas creaui   21 chananeos et cetheos   faciam   26 -uerint
ego non] & ego   -uerunt   non (sec)] + sunt   27 dereliq-   28 rogaui   29 michi
m¹ patre   30 Leta] Ita   dicam] + uobis   om. mea   31 m¹ offerentib;
auerta   neomeniā & s-   -aui uobiscū   33 sic legitur: Hec dicit dn̄s omnipotens. Nouissime et in me man' urās iniecistis acclamantes ante tribunal iudicis
                                    iniquū (sic)
ut me trader& uobis. Accepistis me tanquā, non ut patrē qui uos liberaui de
seruitute. & suspensū ligno morti tradidistis. Hęc est opa quā opati estis. Idōq;
dicit |dn̄s. Redeat paṫ m̄s & angłi eius. & iudicent inṫ me & uos. Si patris man-
datū non feci. si non uos alui. si non feci quae paṫ m̄s iussit. iudicio uobis cū
contendā dicit dn̄s. Hęc diċ dn̄s omp̄s. Domus uestra deserta est. Proiciam uos
sicut uenti stipulam   34 est coram me] in conspectu meo ē   35 uestras]
eorum   a longe uenienti   om. te   nouerunt   hostendisti   36 Prophās
om. sunt   antiquitatis   37 testati sunt apłi popło uenienti   lęticia   michi
39 abraham   helia   enoch   zacharia   osee   & Iohel   Michea
sophonia   Iona   Mathathia   abacuch

APPENDIX I. 85

Zaccaria. et Ose. Amos. Ioel. Mice. Abdia. Soffonia. Naum. Yona. Mattia. 40
Abbacuc. et angelos duodecim cum floribus.
II. Haec dicit dominus. ego eduxi ppl̄m̄ cui mandata dedi que 1
audire noluerunt sed irrita fecerunt mea consilia. Matrem sibi pro- 2
generaberunt que dicit eis. Ite filii qm̄ uidua sum et derelicta. Edocabi 3
uos cum letitia. amittam uos cum fletu et luctu q̄m̄ peccastis coram domino
deo et fecistis iniquitatem in conspectu eius. Modo autem quid faciam 4
uobis, que uidua sum et derelicta a filiis meis. ite filii petite a dn̄o misericordiam, Ego enim desolata sum, te patrem inuoco sup matrem eorum 5
qui noluerunt testamentum tuum seruare. Vt tu des eis confusionem et 6
matrem illorum in direptione. ne quando generatio in eis fiat. Et dis- 7
pergantur in gentibus. et nomen eorum deleatur de terra. q̄m̄ respuerunt
testamentum meum. Vae tibi Assur, que abscondes iniquos penes te, 8
ciuitas mala, quid fecerim Sodomae et Gomorrae. Quorum terra descendit 9
usque ad infernum. sic dabo eos qui me non obaudierunt. Hec dicit dn̄s 10
ad Esdram adnuntia populo meo q̄m̄ parabi eis manducare et dabo illis
regnum Ih̄rl̄m. quod daturus eram Israel. Vt sumant sibi gloriam 11
illorum. et dabo eis tabernacula aeterna que paraberam illis In odore 12
unguenti non laborabunt neque fatigabuntur. Petite et accipietis, rogate 13
uobis dies paucos. ut minorentur dies ūrī. iam enim paratum est regnum
meum aduenire. uigelate animo. Testor celum et terram omisi malū et 14
creabi bonū quia uibo ego dicit dn̄s. Mater bona conplexa filios tuos, et 15
da illis letitiā. sicut columba que ducit filios suos. confirma pedes
eorum. q̄m̄ te elegi dicit dn̄s. Et suscitabo mortuos de locis suis et de 16
monumentis eorum q̄m̄ cognobi nomen meum in illis. Noli pabere. matrem 17
filiorum te elegi dicit dns. Mitto tibi adiutorium pueros meos Iheremiam 18
Esayam et Danielē ad quorum consilium scīficabi te. et para tibi arbores
duodecim aliis et aliis fructibus. Et septem fontes fluentes lac et mel et 19
montes inmensos habentes rosam et lilium quos parabi tibi et filiis tuis,
gaudio replebi filios tuos. Viduam iustificate. pupillo iudicate. egenti 20
subministra. orfanum tuere. nudum uesti. Confractum hac debilem 21
cura, claudum inridere noli sed tuta luscū. ad uisionem claritatis meę
admitte. Senem. et iubenem intra muros tuos collige. infantes tuos 22
custodi. serui et liberi tui letentur. et caterua tua omnis cum iucunditate
erit. Mortuos tuos ubi inuenero, suscitabo. signa prospiciam et dabo eis 23
primam sessionem in resurrectione mea. Pausate pusillum. ueniet 24

II. 2 -uerunt   3 Educaui   leticia   4 que] quia   6 *om.* tu
-tionē   in eis gener-   7 de] a   8 -dis   mala]+memorare   10 Annuntia   paraui   ierlm   isrł   11 & sumā   eis] illis   12 nec
13 anmo   14 creaui   uiuo   15 conplexare   *om.* et   leticiā   educat
suos]+et   16 cognoui   17 pauere   18 Ier-   Isaiā   danichelē
-aui   parabo   19 imm-   paraui   *om.* tibi et   -eui   20 iustificato
pupillū iudica egentib;   21 hac] ac   irrid-   tutare   meę] tuae   22 iuuenem   iocunditate tua erit   23 ubi inuenero] in numero

APPENDIX I.

25 requies uestra. Nutrix bona, nutri filios tuos. confirma quos genuisti.
26 et confirma pedes eorum. Quia quos tibi dedi, nemo ex illis, interiit,
27 ego illos requiram de numero tuo. Noli satisagere, conseruabo eos.
uenient dies pressurae et angustiae, alii plorabunt et tristes erunt tu
28 autem ilaris et copiosa eris.· Zelo te habebunt omnes gentes et nicil
29 aduersum te poterunt dicit dns. Me tremunt omnia. oculi mei Geennam
30 uident. Iucunda mater cum filiis tuis et eripiam te dicit dns. Filios
31 tuos dormientes memorabor, q̄m ego illos exquiram de latitudine terrae.
et confirma mare in amplitudine glorie tue, et misericordiam faciam. q̄m
32 misericors sum dicit dns. Confirma natos tuos usque dum uenio. et
aliis praesta misericordiam q̄m exuberabunt fontes mei et gratia mea non
33 deficiet. Ego Esdra accepi praeceptum a dno in monte Cobar ad Isħl et
34 respuerunt mandatum hoc. Vobis dico qui auditis et intelligitis, expectate
pastorem uestrum. requiem aeternitatis ūre dabo uobis q̄m in proximo
35 est finis scli. et diminutio hominum. Parati estote ad praemia regni.
lux perpetua lucebit uobis. et ęternitas temporum uobis parata est.
36 Fugite umbram scli huius. captiuitatem gle ūre. testor saluatorem
37 meum Mandatum esse a dno. uos accipite gratias agentes ei qui uos
38 ad celestia regna uocabit. Surgite et state et uidete numerum signatorum
39 in conuibio. Qui se de umbra scli tulerunt, et splendidas tunicas a dno
40 acceperunt. Accipe Syon. mons numerum tuum. conclude candidatos
41 tuos seruientes tibi in obtemperantia. q̄m legem dei suppleberunt. Quia
olim optabas filios tuos uenire inple numerum eorum. roga inperium
42 dni ut sanctificetur pp̄lus qui uocatus est ab initio. Ego Esdra uidi in
monte Syon turbam magnam quam numerare nemo poterat. omnes
43 canticis conlaudabant dnm. Et in medio eorum erat iubenis statura
excelsus. omnibus illis eminens. et in capite illorum coronas singulas
44 ponebat. et magis exaltabantur. ego autem mirari cepi. Et interrogabi
45 angelum et dixi ei qui sunt hii. Et respondens dixit mici isti sunt qui
mortalem tunicam deposuerunt et inmortalem uitam sumserunt et confessi
46 sunt nm̄n fili dei. modo coronantur et accipiunt palmas. Et dixi ad
47 angelum : quis est iste iubenis qui eis coronas dat et palmas. Et ille
respondit mici. ipse est filius dei quem confessi sunt in sclo mortali.

26 *om*. ex illis   interi&   27 satis agere   conseruabo] confirma   hilaris
28 nichil   29 Me tremunt] Mater uult   gehennam   30 iocunda
31 dormientes] morientes   memorabo   confirma mare] confirmare   fac
32 Confirma] Comprime   33 Esdras   pręcepta   chobar   isrl   mandata. Hoc (34) uobis   intellegetis   ūrae   35 *om*. et   37 accipite]
+iocunditate glae ūrae   uocauit   38 *om*. et (*pr*.)   conuiuio   39 tuni-
cas] coronas   40 dei] dn̄i   -euerunt   41 uenire filios tuos   imple
om. eorum   imp-   qui] q̄m (*Cod. C* qᵛem *habet; sed em supra ras*.)   42 Esdras   coll-   43 iuuenis   excelsa   pręminens   capita   coepi
44 -aui   *om*. ei   45 Et respondit et dixit michi   *om*. uitam   sumps-
om. fili   46 iuuenis   47 ille] ipse   mici] mⁱ et dixit

APPENDIX I. 87

ego uero laudare et magnificare cepi dnm. Et dixit mici angelus, uade 48
et nuntia pplo ipsius quanta mirabilia a dno deo uidisti.

Expliciunt Libri Esdre pphete.

Liber Esdre Profete Quartus.

XV. Ecce loquere in auribus populi mei sermones profetie, quos in- 1
misero in os tuum, dicit dominus. Et fac ut in carta scribantur quoniam 2
fideles et ueri sunt. Ne timeas a cogitationibus eorum aduersum te ne 3
turbent te incredulitates dicentium. Quoniam omnis incredulus in incredu- 4
litate sua morietur, et omnis qui credit fide sua saluus erit. Ecce, dicit 5
dominus, induco super orbem terrarum mala, gladium, famem, mortem et
interitum. Propter quod superposuit iniquitas omnem terram, et ad- 6
inpleta sunt opera nociba illorum. Propterea dicit dominus: Iam non 7
silebo in inpietatibus eorum que inreligiose agunt, neque sustinebo in his 8
que inique exercescent, ecce sanguis innocuus et iustus proclamat ad me et
animae iustorum proclamant perseuerantes. Vindicans uindicabo illos, 9
dicit dominus, et accipiam omnem sanguinem innocuum ex illis ad me.
Ecce populus meus quasi grex ad occisionem ducitur iam non patiar illum 10
habitare in terra Egypti aduenam. Sed educam illum in manu potenti 11
et bracio excelso et percutiam Egyptum plagis sicut prius et conrumpam
omnem terram eius. Lugeat Egyptus et fundamenta eius a plaga uer- 12
berum et castigationis quam inducet deus. Lugeant cultores terrae, 13
quoniam deficient semina eorum, et uastabuntur ligna illorum ab × × × × gine 14
et grandine et a sidus terribile. Ve seculo et qui habitant in eo, Quia 15
adpropinquabit gladius et contritio illorum, et exurget gens super gentem
ad pugnam, et romfea in manibus eorum. Erit enim inconstabilitio in 16
hominibus, aliis alii inualescentes non curabunt regem suum et principem
egestanorum suorum inpotentia sua. Concupiscet enim homo in ciui- 17
tatem ire et non poterit. Propter superuia enim eorum ciuitates turba- 18
buntur domos exterrentur, homines metuent. Non miserebitur homo 19
proximo suo ad irritum faciendum in domos eorum gladium ad diripiendam
substantiam illorum propter famem panis et tribulationem multam. Ecce 20
ego conuoco dicit dominus deus omnes reges terre ad mobendum qui sunt

47 coepi   48 michi   Explicit liber scds esdre scribe   om. Liber—
Quartus (cap. xv post cap. xiv sine interuallo).
    XV. 1 pphetiae   imm-   3 eorum]+que   te]+mouent   ne] nec
4 om. sua   5 Ecce ego induco dicit dns sup   6 adimp-   nociua   8 imp-
qui   nec   quae   exercent   innoxuus   pseuerant   11 deducam
brachio   corr-   om. omnem   13 om. et uast- lig- illorum   ab aurugine
sydere tibili   14 inhab-   15 appropinquauit   contricio eorum   rompheę
16 om. aliis   egestanorum] egentes tenorum (Cod. C in marg. habet ut maiestanorum)   ire in ciuit-   18 superbia   domus exterent   19 proximi sui ad
ritū   eorum]+immittam   om. propter—multam   20 inuoco   mou-

APPENDIX I.

ab oriente et austro, et ab euro et libie ad conuertendos in se et reddere
21 que dederunt illis. Sicut faciunt usque odie electis meis, sic faciam et
22 reddam in sinum ipsorum, hęc dicit dominus deus. Non parcet dextera
mea super peccantes, nec cessabit rumfea mea super effundentes sanguinem
23 innocuum super terram. Et exiet ignis ab ira illius et deforabit fun-
24 damenta terre et peccatores quasi stramen incendentur. Vę eis qui
25 peccant et non custodiunt mandata mea, dicit dominus deus. Non parcam
illis, discedite filii apostate, nolite contaminare sanctificationem meam.
26 Quoniam nobit dominus omnes qui delincunt in illum, propter hoc tradet
27 illos in mortem et in occisionem. Ecce enim uenerunt in orbem terrarum,
mala multa manebit in illis, non ęnim liberabit uos dominus propter quod
28 peccastis in illum. Ecce uisio orribilis et facies eius ad orientem
29 Exient nationes Arabum in curros multos, et ibi planctus ipsorum a die
itineris fertur super terram, sic enim timent et formidant omnes qui
30 audiunt illos. Carmonii insanientes. in iram exient de silba, et uenient
in uirtutem magnam, et constabunt in pugna cum illis et uastabunt
31 partem terre Assyriorum dentibus suis. Et post hec conualescet draco
natiuitatis memor sue, et si conuerterint se conspirantur in uirtute magna
32 ad persequendos illos. Isti turbabuntur et timebunt uim illorum, et
33 conuertens pedes suos in fugam, et faciem suam ad aquilonem. Et in
terra Assyriorum obsessor obsidebit illos et consumet unum ex ipsis, et
erit timor et tremor in exercitu illorum et inconstantia in reges ipsorum.
34 Ecce nubes ab orienti et ab occidenti et a septentrione usque ad meridi-
35 anum et facies illorum orrida ualde, plena ire et procelle. Et confident se
36 inuicem et effundent sydus copiosum super terram. Et erit sanguis a
gladio usque ad uentrem et equi femur hominis in cameli poblites: et erit
37 timor et tremor multus super terram. Et orrebunt omnes qui uidebunt
iram illam, et tremor adprehendet illos, et post hęc mobebuntur nimbi
38
39 copiosi, A meridiano et a septentrione, et portio alia ab occidente. Et
superinualescent uenti ab oriente, et repellent illum et nubem suscitabit
in iram, et sydus ad faciendas strages ab oriente uero natum et occidente
40 uiolabitur. Et exaltabuntur nubes magne et ualide plene ire et caliginis,
ut exterminent omnem terram et qui inhabitant illa, et effundent super

20 *om.* et (*sec.*) libano & conuertendū 21 hodie sinu eorum 22 rumphea
fundentes 23 *om.* Et deuorabit stramen] stamen (*Cod. C in marg. habet* ut
paleas) accend- 24 his 26 nouit -quunt eos 27 uenient
et manebitis 28 horr- ab oriente 29 Et exient & arabunt currus
                                  ut
m- & sibi latus eorum sic & iā timeant formident 30 Carmine in ira,
Et exient ut apri de silua in uirtute magna cū illis in pugnā 31 draco. &
suae memor erit. Si conuerterit -ranter 32 -tent *om.* pedes—et 34 oriente
et occidente septemtr- faciē orrida] porrigent plenę irę procellę
35 coll- se]+in fundent 36 et equi] equi et foemur in] et
poplites 37 horr- appr- mou- nimphe copiose 38 *om.* et
alia] illa 39 illum]+retro et occidente natum 40 ualide]+et caliginis habitant in illa fundent

APPENDIX I. 89

omne altum et excelsum sydus terribile. Ignem et grandinem, gladios 41 uolantes, et aquas multas, ita ut impleantur omnes campi et omnes riui a multitudine aquarum illarum. Et demolient ciuitates et muros, montes et 42 colles et ligna siluarum, erbas camporum, et tritticum ipsorum. Et 43 pertransient constanter usque in Babiloniam. et exterrent illam. Con- 44 uenient enim in unum et circumcingent illam, et effundent omnem iram et sydus super eam, donec funditus eradicent illam. et ascendet puluis et fumus eius usque ad cęlum, et omnes in circuitu lugebunt eam. Et ceteri 45 qui remanserint seruient illis, qui exterrent eam. Et tu Asia consors 46 in specie Babilonis et gloria personae eius. Vae tibi, misera, qui similis 47 facta es illius, ornando filias tuas ad qᵘestū ut placeas et sis gloriosa. penes amatores tuos qui te cupierunt semper. Imitata es fornicariam 48 odibilem in omnibus operibus eius et in aduentionibus eius secuta es illā placitura potentibus et principibus eius. et ut gloriosa fias et placeas in fornicationibus eius. propterea dicit d͞n͞s. Inmittam tibi mala, uiduitatem, 49 paupertatem famem gladium et pestilentiam ad deuastandas domos tuas. et gloria uultus tui. Sicut flos siccabitur, quᵘm exurget ardor qui missus 50 est super te. Et infirmeris. et pauper a flagellis et plaga. ita ut non 51 possis suscipere potentes amatores tuos. Numquid ergo sic zelassem te dicit 52 d͞n͞s: Nisi occidisses electos meos semper exultans in percussione manuum 53 et deridens in morte ipsorum ebria facta. Exornans speciem uultus tui. 54 Et merces in sinu tuo est. propterea secundū facta tua recipies in sinus 55 tuos. Sicut facis ęlectis meis, dicit dominus, sic faciet tibi deus et tradent 56 te in mala. Et filii tui fame interient et tu ipse gladio cades, et ciuitates 57 tue subuertentur, et o͞m͞s tui in campum gladio cadent. Et qui sunt in 58 montibus fame disperient. et carnes suas manducabunt et sanguinem suum bibent a fame panis et siti aquae. Infelix, primaria uenies. et 59 rursum accipies mala. Et in transitu allident ciuitatem odiosam. et 60 exterrent aliquam portionem terrae tue. exterminabunt rursum reuertentes a Babilonia: subuersa Et demolita eris illis pro stipula, et ipsi erunt 61 tibi ignis, Et deforabunt te et ciuitates tuas, terram tuam et montes tuos, 62 omnes siluas tuas et lignum tuum. igni comburent. Filios tuos captiuos 63 ducent, et censum tuum preda habebunt, et gloriam faciei tuae exterminabunt.

40 omnē montē altum & excelsū 41 *om.* gladios uolantes *om.* illarum 42 demolientur muros] ipsos herbā tritīcū 43 pertransiet constant̃ babiloniā exterrebit 44 fundent 45 exterent 46 *om.* tu babẏlonis 47 misere quia illis 48 *om.* in (*sec.*) placiturā *om. et ante* ut 49 imm- 50 quum] cum 51 Et] ut pauper] paupescas (*olim* paupes eas) potentes]+et 52 ergo] ego 53 exultasti 55 merces] +fornicarie 56 tradet 57 ipsa gladio cadent in campo 59 *om.* primaria 60 otiosam exterent tue]+et partem glae tuae babẏl- 61 pro stipula] in ęstibulo 62 deuor- tuum] fructiferum 63 censum] *Cod. C habet in marg.* genˢ. in predā

XVI. Ve uobis Babilon et Asia, ue uobis Egypte et Syria. Precingite uos saccis et plangite filios uestros et dolete eos quoniam adpropinquabit contritio uestra. Missus est uobis gladius et quis est qui auertat illum? Missus est uobis ignis et qui extinguet illum? Missa sunt uobis mala, et quis repellet ea? Numquid repellet aliquis leonem esurientem in silua aut extinguet ignem in stipula mox ceperit ardere? Numquid aliquis repellet sagittam a sagittario forti missam. Dominus deus mittit mala et quis repellet ea? Exiet ignis ex iracundia eius, et quis est qui extinguat eum? Coruscabit et quis non timebit eum? tonabit et quis non orrebit? Dominus cominatur et quis non funditus conteretur a facie ipsius? Terra tremit et fundamenta eius, mare fluctuat de profundo; et fluctus eius turbabuntur et pisces eius a facie domini et a gloria uirtutis eius. Quoniam fortis dextera eius que arcum tendet, et sagitte eius acute, que ab ipso mittuntur, non deficient cum ceperint mitti in fines terre. Ecce mittuntur mala et non reuertentur, donec ueniant super terram. Ignis succenditur et non extinguetur, donec consumat fundamenta terrae. Quemadmodum non redit sagitta missa a sagittario ualido sic non reuertentur mala quae missa fuerint in terram. Ve mici, ue mici, quis me liberabit in illis diebus? Initium dolorum et multi gemitus, initium famis et multi interient, initium bellorum et formidabunt potestates, initium malorum et trepidabunt omnes. In his quid facient cum uenerint mala? Ecce famis et plaga et tribulatio et angustia; missa sunt flagella in emendationem. Et in his omnibus non se conuertunt ab iniquitatibus suis neque flagellorum memores erunt semper. Ecce erit annonae uilitas super terram, sicut putent sibi esse directam pacem, et tunc germinabunt mala super terram, gladius famis et magna confusio. A fame enim plurimi qui inhabitant terram interient et gladius disperdet ceteros qui superaberint a fame. Et mortui tamquam stercora proicientur, et non erit qui consoletur eos, derelinquetur enim terra deserta et ciuitates eius deicientur. Non relinquetur agricola qui colat terram, et qui seminet eam. Ligna dabunt fructus suos, et quis uindemiabit illam. Vba matura fiet, et quis calcabit illam? erit enim in locis magna desertatio. Cupiet enim homo hominem uidere, uel uocem eius audire. Relinquentur enim de ciuitate decem, et duo ex agro qui absconderint se in densis

XVI. 1 tibi babylon tibi Egypte 2 saccis et]+ciliciis appropinquauit contricio 4 quis est qui extinguat illum 5 quis est qui repellat ea om. v. 6 6 stipula] Cod. C habet in marg. uel messe 7 repellit aliquis 9 Exiit 10 Choruscabit quis (pr.)]+est qui om. eum orrebit] urguebit
uirtutis
11 cōminabitur 12 tremuit disturb- & gla eius 13 tendit om. et 15 succendetur 17 michi bis 18 gemitus] gement malorum] dolorum 19 qui defecerint conuenerint 20 fames emendatione 21 non se] se non erunt] sunt 22 potest esse directa pace germinabuntur fames 23 pdet -auerint 25 derelinquetur om. agricola 26 om. suos illa? 27 Vua desertio

nemoribus et in fissuris petrarum. Quemadmodum relinquetur in olibeto 30 in singulis arboribus tres uel quattuor olibe. Aut sicut in uinea uinde- 31 miata racemi relincuntur ab his qui minus diligentur uineam scrutantur. Sic relinquentur in illis diebus, uel tres uel quattuor ab his qui domos 32 eorum scrutabunt a gladio. Et relinquetur terra deserta, et agri eius 33 in uepre erunt, simul et uiae et semitae spinas germinabunt eo quod oues non sint transiture per illas. Lugebunt uirgines non habentes 34 sponsos, lugebunt mulieres non habentes uiros lugebunt filie ipsarum non habentes adiutoria. Sponsi ipsarum in bello consumentur, et uiri 35 illarum fame interient. Audite igitur hec et intelligite serui domini, 36 Ecce sermo domini, sumite illum ne discedatis a domino, et nolite 37 increduli esse his que dicit dominus. Ecce protinus uenient mala, et non 38 tardabunt, Quemadmodum mulier praegnans infantem suum in utero 39 mensibus nobem habens, ubi ceperit ʰora partus eius adpropinquare, ante duas horas uel tres dolores circa uentrem patitur et prodeunte infante de uentre non tardabit uno puncto. Sic non tardabitur mala ad prodeundum 40 super terram et seculum parturit et dolores circumcingunt illum. Audite 41 uerbum domini, populus meus, parati estote ad bellum, abtate uos ad mala, sic estote quasi incole terre. Qui uendit quasi qui fugiat, et qui 42 emit quasi perditurus. Qui mercatur quasi qui fructum non capiat, et qui 43 hedificat quasi non habitaturus. Qui seminat, quasi qui non secet, qui 44 potat quasi non uindemiaturus. Qui nubtias faciunt, quasi filios non 45 habituri, et qui nubtias non faciunt, quasi uiduitatem seruaturi. Propter 46 quod qui laborant sine causa laborant. Fructus enim illorum exteri 47 manducabunt et substantiam eorum rapient, domoʼ ipsorum euertent et filios ipsorum captiuos ducent. ideo sciant qui nubunt quoniam in captiuitate et fame filios generabunt. Et qui mercantur, ad rapina 48 mercantes. in quantum enim ornant ciuitates, domos et possessiones suas et faciem suam, In tantum magis zelabo illos zelo in peccatis dicit 49 dominus. Quemadmodum zelat fornicaria mulierem idoneam et bonam 50 ualde, Sic zelabit iustitia iniquitatem cum exornat se et accusat illam in 51 facie cum uenerit qui defendat, querens omnem peccatum in terra. Ideo nolite illius similes esse, neque factis eius neque malis cogitationibus 52 eius. Quoniam adhuc pusillum et tolletur iniquitas a terra et iustitia 53 regnabit in nobis. Non dicat peccator se non peccasse, neque iniustus 54

29 *om.* in (*sec.*) 30 relinquunt̄ oliueto quatuor oliue 31 relinquentur *om.* minus diligent̄ scrutabunt̄ 32 *om.* uel (*pr.*) quatuor ipsorum scrutabunt̄ *om.* a 33 uepres erunt simul. Et per eas 39 nobem] octo coeperit *om.* hora appr- dolorē 40 tardabitur] morabuntur illud 41 popīs m̄s uerbum domini aptate 42 quasi qui perditurus est 43 ędif- 44 secet] metat 45 nuptias *bis* 47 aut̄ eorum eorum] illorum filios illorum *om.* ideo sciant nubent *om.* quoniam -tatem famem 48 ad rapinam mercabuntur facies suas 49 In tanto illos]+qui 51 zelat iusticia exornat se] exorta sit in faciem omē 52 eius cogit- 53 iusticia

1 2 *

APPENDIX I.

iniustitiam fecisse quoniam carbones ignis conburet super caput suum,
55 qui dicit non peccabi coram domino et gloria eius. Ecce dominus deus
nobit omnia facta hominum et corda eorum, adinuentiones et cogitationes
56 eorum malas. Qui dixit: fiat cęlum et factum est, fiat terra et facta est.
57 Et in sermone eius stelle facte sunt et numerum ipsarum nobit. Qui
58 scrutatur abyssos et tesauros eorum, qui mensus est mare et fundamenta
59 eius. Qui conclusit seculum inter aquas et aquas et suspendit terram super
60 aquam uerbo suo. Qui extendit cęlum ut cameram, et super aquas funda-
61 bit illut. Qui posuit in deserto fontes aquarum, et super uertices montium
62 lacus. ad emittenda flumina a cacumine, ut potaret terra. Qui finxit
hominem et cor illi inposuit in medio corpore eius, et dedit illi spiritum et
63 intellectum uite. Et a × spirationem dominus omnipotens scit qui omnia
64 fecit et scrutatur abscondita, et in absconditis certa. Hic nobit adinuentiones uestras et que cogitatis in cordibus uestris. uę omnibus qui
65 peccant ei qui uolunt peccata sua celare. Propter quod dominus scrutabit
66 omnia facta ipsorum et transducet uos omnes in illa. Et confundemini
cum processerint peccata uestra coram hominibus et iniquitas tanquam
67 accusator stabit in illa die Quid facietis et quomodo abscondetis peccata
68 uestra ante dominum et gloria eius. Ecce iudex dominus, timete illum et
desinite a peccatis uestris et oblibiscimini iniquitates uestras ut non
faciatis hec semper et dominus uos deducet et liberabit ab omni pressura.
69 Ecce enim succenditur super uos ardor, et turbabunt uos multi populi, et
diripient res uestras, et sument quosdam ex uobis, et cibabunt uos de
70 sacrificio. Et qui consenserint eis erunt illis in derisu, et in inproperio
71 et in conculcationem. Erit enim locis per uicinas ciuitates insurrectio
72 multa supra hos qui timent deum. Aporiati enim homines, a malis suis
erunt tanquam insani, nemini parcentes ad diripiendum et exportandum,
73 adhuc etiam horum qui metuunt deum. Deuastabunt res et de domibus
74 suis expellent illos. Et tunc parebit probatio electorum meorum. et
tolerantia ipsorum, quemadmodum aurum quod per ignem probatur.
75 Audite electi mei dicit dominus ecce adsunt dies tribulationis et de ipsis
76 liberabo uos Ne timeatis neque formidetis, quoniam dominus dux uester
77 est. Qui seruatis mandata et precepta mea dicit dominus, non pre-
78 ponderent uos peccata uestra, nec extollant iniquitates uestre. Vę qui
constringuntur a peccatis suis et cooperiuntur ab iniquitatibus suis quemadmodum ager conclusus a silua et spinis coperitur semita eius per quam
non transibit homo excluditur et fit in deforatione ignis.

 54 iniusticiam non feci quia sic comburit peccaui 55 nouit ipsorum
malas 57 *om.* in facte] fundatę nouit 58 abyssum et thesauros
eius 60 cameram] *Cod. C in marg. habet* uel ut coreum fundauit illū
61 ad emittenda] emittendo 62 imp- uitae (63) & inspiratione scit] hic
fecit oīa 64 nouit ei] et uoluerunt 65 scrutans scrutabitur 67 gīm
68 obliu- peccata uestra et 69 succendetur cibabunt] cęcabunt 70 derisum
in impr-] improperiū 71 enim]+in 72 qui metuunt] metuentes 73 *om.*
de 77 mandata]+mea 78 *om.* et—suis qui coopitur semitis quem
transiuit deuoratione

APPENDIX II.

4 ESDRAS VIII 20—36.

(1) *In the Mazarine MS.*

(The text of M is here printed, the capitals of the MS being for convenience neglected.)

20 In initio uerbi orationis meę priusquā adsumeretur. dixi ; qui habitā
21 in cęlo. cuı̊ altissimi cęli sunt & sup̄na in aera. Cuius thronus inęsti-
22 mabiles.[1] cui assistunt militię cū pauore. & dicto tuo in uentū & ignē
23 conuertuntur. cuius uerbū uerū & dictio p̄manens. Mandatum ualidis-
    simū. & preceptū timidū. cuius aspectus abýssos excitat. & cōminatio
24 tabescere fecit montes. & ueritas testificata ē. Exaudi uocem serui tui.
25 & intende ad sermonē̊ meos. Cū enī adhuc uiuo loquor, & dū adhuc
26 sapio rḙpondeo. Ne attendas ad pop͞li tui delicta. sed ad eos qui tibi
27 seruierunt in ueritate. Neq; respicias sup̄ eos qui iniq; faciunt in delictis.
28 sed sup̄ eos qui tua testamenta cū cruciatib;[2] seruauerunt. Neq; cogites
    de his qui contra te p̄uersae conuersati sunt. sed de his qui uoluntate sua
29 timorē tuū cognoscentē̊ in mente habueī̄. Neq; uolueris p̄dere eos. qui
    iumentoṛ mores habuerunt. sed respicias eos qui clarā legē tuā demon-
30 strauerunt. Neq; irascaris his qui bestiis adiudicati sunt peiores. sed
31 diligas eos qui sine in̄tmissione in tua claritate sperantē̊ fuerı̄t. Quia nos
    & qui ante nos fuerunt corruptum locū eligimus[3]. tu enī p̄pt nos qui
32 peccauimus misericors uocatus es. Nrī enī qui n̄ habemus facta bona si
33 desideraueris misereri. tū miserator uocaberis. Quia iusti quib; sunt opera
34 multa reposita apud te de suis op̄ib; habent recipere. Aut quid ē homo ut
35 ei irascaris. vel geñ corruptū ut indigneris eis. Enī ů nemo ē eoṛ qui nati
    sunt qui non iniquitatē fecerit. neq; eoṛ qui increuerunt qui n̄ peccauerit.
36 In hoc enim ostendetur bonit, ᴣ tua dn̄e. quando misertus fueris illoṛ qui n̄
    habent substantiā operum.

[1] es *altered to* is   [2] cr *on erasure*   [3] *first* i *altered to* e

(2) *In the Lyons MS.*

M. Samuel Berger has kindly placed at our disposal a transcript of the 'Confession of Esdras' from a Lyons MS (no. 356) of the beginning of the ninth century. As the *apparatus* on pp. 41 ff. was already in type, a

APPENDIX II.

collation with Professor Bensly's text is added here. It will be seen that this MS agrees somewhat closely with C and Colb. The passage begins on fol. 30 a after Nehemiah (*fin.* deus meus in bonum), thus: 'Explicit haesdra secundum ębreum. Incipit confessio hęsdre. Domine qui,' &c. It ends thus: 'operum bonorum. Explicit confessio hesdre feliciter amen In nomine domini incipit liber machabeorum.'

4 Esdr viii 20 habitas in aeternum   in aere   21 tronus   gloria eius inconpreensibilis   adstant   23 haraefacit   indignatione   *om.* faci 25 locor   26 set (*et sic semper*)   seruiunt in ueritate   27 impiae   28 tus in timore   29 super eos   31 talibus moribus   uocatus est   32 desidera beris   *om.* enim (*sec.*)   iustitie   33 opera multa reposita aput te domin percipiunt   34 quis   ei] sic   corruptibilem   35 iessi deliquid, In oc adnuntiabitur iustitia tua et bonitas (*om.* tua *sec.*)

INDEX OF LATIN WORDS.

ı: sterilis a fide v. 1: timere a xv. 3: a sidus terribile xv. 13
ιbalienare vi. 5, vii. 48
ιbsconditus locus xii. 37
ιbsconse xiv. 26
ιbsconsus xvi. 63 (bis)
ιbsolutio x. 43
absorbere viii. 4
abstinentia vii. 125
abundantia, abundare. uide sub hababuti (c. accus.) ix. 9
abyssus iii. 18, iv. 7, 8, v. 25, viii. 23, xvi. 58
accusator xvi. 66
acinus ix. 21, 22
actus (course) viii. 2: (effect) ix. 6
ad expugnare xiii. 28. cf. pro
adaperire xiii. 21
adducere iii. 17
adicere v. 32: adic. inquirendo viii. 55: ix. 41. cf. adponere
adimplere xv. 6
adinuentio vi. 5, xv. 48, xvi. 55, 64
adiutorium ii. 18, xvi. 34
admittere iniquitates i. 5
adnuntiare ii. 10, 48, viii. 36, xi. 16 (ann.)
adorare vii. 78
adponere adhuc loqui x. 19. cf. adicere
adprehendere v. 1, 34
adpropiare xiii. 37
adpropinquare v. 50, vi. 18, viii. 61 (appr.), xii. 21 (bis): adprop. senescere xiv. 10: xiv. 17, xv. 15, xvi. 2, 38, 39

adsimilare iv. 41, v. 42, vi. 56, vii. 61, 97, xiii. 38 (bis), xv. 47
adsumere viii. 20
aduenae terrae xvi. 41
aduenire ii. 34, iii. 12, vii. 118, 132, ix. 20, xiii. 37, xv. 30
aduentare iii. 6
aduersarius i. 11
adulari vii. 54
adzelari xvi. 49
aemulator vi. 58
aeramentum vii. 55, 56 (bis)
aeternitas temporis ii. 35
aeternitatis requies, ii. 34
agger ii. 9
ala xi. 1, 2, 32, 33, 45, xii. 2, 16, 19
alae pennarum xi. 1
alienare x. 30
alienigenae xvi. 47
allidere xv. 60
alligare xiii. 13
altissimus (the Almighty) occurs in every chapter from iii.—xiv. inclusive, 68 times in all: never in chapters i.—ii., xv.—xvi. cf. dominator, dominus
altitudines aerum vi. 4
altitudo caelorum iv. 21
amarus ix. 41
amaricari viii. 34
amodo vii. 75, 80, 86, 97, 99 (bis)
amplecti ii. 32
ancilla ix. 45
angustia ii. 27, xvi. 20
anniculus vi. 21
annonae uilitas xvi. 22

INDEX OF LATIN WORDS.

ante lucem (dawn) VII. 42
antiquitates I. 36
anxiari VI. 37
apostatae, filii XV. 25
apparescere XII. 3, 26
aquila XI. 1, 5, 7, 23, 37, 45, XII. 1, 3, 11, 24, 31, XIV. 17
arbor uitae VIII. 52. cf. lignum uitae II. 12
arca testamenti X. 22
archangelus IV. 36
ardor, XVI. 69
area IV. 30, 32, 35, 39, IX. 17
arefacere VIII. 23
arguere XII. 31, 32, 33, XIII. 37
audax, dies iudicii est VII. 104
audire uocis XIII. 4
auditus VI. 32, X. 56

baiolare III. 21
beatificatus XIII. 24
beatus VII. 45, X. 57
bellicosus XIII. 9, 28
blasphemare I. 22
blasphemia I. 23
bonitas VII. 138, VIII. 36, 52
botrus IX. 21, XII. 42
buxus XIV. 24

caelestia regna II. 37
calcaneus VI. 8, 10
calcare XVI. 27
calix XIV. 39
camelus XV. 36
camera XVI. 60
candelabri, lumen X. 22
candidati II. 40
canticum II. 42
capere: (contain) VI. 50, VII. 8: (comprehend) IV. 11, XII. 38: (be able) IV. 27, X. 56
captiuare, XVI. 47
captiuitas, XVI. 47
captiuus I. 3, XIII. 40 (bis), XV. 63
carbones ignis XVI. 54
caritas V. 40
carta XV. 2
castigare V. 30

castigatio XV. 12
casus III. 10
celeritas VIII. 18
celsus II. 43
census XV. 63
cera XIII. 4
certum XII. 7
chaus V. 8
cibare quosdam idolis occisam XVI. 69
cilicium XVI. 2
circuire XV. 44
in circuitu XV. 44
circumcisiones carnis I. 31
circumtenere XVI. 40
circumuentiones delictorum VII. 23
claritas II. 21, VII. 42 (bis), VIII. 21 n., claritas gloriae X. 50
clibanus VII. 36
coadulescere IV. 10
cogitamentum VII. 22, 92, 127, XIII. 37, XIV. 14
cogitare (c. infin. to purpose) IV. 2, X. 4, XI. 28, 31, XIII. 31
cogitare cogitationem IV. 13, 15, 19
cogitatio III. 1, V. 21, XIV. 14, XV. 3
cogitatus IV. 16, 17, IX. 39, XVI. 55
cognatio III. 7
coherere XII. 19
coinquinare VIII. 60, X. 22
colligere I. 30, V. 36, VI. 3
columba II. 15, V. 26
comburere, uide sub conburere
commendare II. 23, IV. 42, VII. 32
commendatum II. 37
commigrationem facere, V. 6
comminari XVI. 11
commorari VII. 72, 89, IX. 9
commotione commoueri VI. 14
complicatio VII. 93
comprehendere IV. 2
conburere XV. 62, XVI. 54 (comb.)
conceptus XVI. 58
concludere II. 40
conculcare V. 29, VIII. 57
conculcatio XVI. 70
concupiscentia VI. 44
concupiscere IV. 43, XV. 17
confirmare II. 15, 25, VI. 2, 3

INDEX OF LATIN WORDS.

confitentes VIII. 35
confortare v. 15, x. 30, XII. 6, 8
confractio VII. 108
confractus II. 21
confusio II. 6, VII. 87, XVI. 22
conlaudare II. 42
conlidere xv. 35
connumerare VII. 76
considerare v. 54, VII. 84, IX. 20, XI. 36, XIII. 3
consignare VI. 5
consolare XII. 8 (al. consulere)
consolari XIV. 13
consors xv. 46
conspirare xv. 31
constanter xv. 43
constitutio VII. 11, 44
constringere XVI. 78 (bis)
consulere XII. 8 n.
consumere XVI. 15, 35
consummare IV. 15
consummatio IX. 5 (bis), 6
contaminare x. 22, xv. 25
contemptio VII. 139
contentio XII. 18, 47
conterere xv. 57, XVI. 11
contradicere v. 29, VII. 22, VIII. 18, XI. 6, xv. 3
contrariae pennae XI. 3, 11
contristari VII. 61, x. 7, 8 (bis), 39, 50
contritio xv. 15, XVI. 2
contumelia x. 22, XI. 43
conuenire (agree) VIII. 5
conuentiones uentorum VI. 1
conuersari VII. 121, 122, 124, VIII. 28
conuersionem facere VII. 133
conuerti VIII. 22, XIV. 9
conuiuium domini II. 38
conuolare XIII. 3
copiosus II. 27, xv. 35, 37, XVI. 69
cor malignum III. 20, 21, 26, IV. 4
cor maris IV. 7, XIII. 25, 51
corripere VII. 49, VIII. 12, XIV. 13, 19
corrumpere XII. 33, XIII. 28, xv. 11
corruptio VIII. 53, x. 28
corruptela VI. 28, VII. 113
corruptibilis VII. 15, 88, 96, 111, VIII. 34
corona v. 42

B. E.

coruscare XVI. 10
coruscatio VII. 40
coruscus -us VI. 2
coturnix I. 15
crastinum, in XIV. 26, 38
creatio VIII. 8, IX. 17
creatura v. 44, 45, 55, 56, VI. 38, VII. 60, 62, 75, VIII. 8, 13, 45, 47, XI. 6, XIII. 26
cruciamentum VII. 66, 80, 84, 86, IX. 9, 12, XIII. 37
cruciatus VII. 99, VIII. 59
cultura, sensui VIII. 6
curare (heal) II. 21, VII. 104: (regard)
curare regem xv. 16
curiosus IX. 13
currus -i xv. 29

de : locus de fundamentis magnis x. 27 :
  (c. genit.) de quiescentium capitum
  XI. 29: (c. acc.) de domos suas XVI. 73
debilis II. 21
declinare III. 34
decores flores VI. 3
defatigatio v. 35
deicere XVI. 24
delinquere III. 25, 29, VIII. 35
demergere VII. 115
demolire x. 21, xv. 42, 61
deprecari IV. 22, VII. 102, IX. 25, 44, x. 37, XII. 48, XIII. 13
deprecatio XII. 7, XIII. 14
deputare, in nihilum VI. 57
derelinquere I. 25 (bis), 27, II. 2, 4, III. 11, 15, 31, v. 18, VI. 25, VII. 30, 139, VIII. 56, x. 5, 32 (bis), 34, XII. 41 (bis), 44, 48, XIII. 16 (bis), 17, 18, 22, 24, 26, 33, 41, 48, 54, xv. 26 (in aliquem), XVI. 24, 25
derisus XVI. 70
desertio III. 2, XVI. 27
deseruire VI. 46
desiderabilis VII. 57
desiderare IV. 4, v. 27, VIII. 32
destrictio IV. 28
detabescere VII. 87
deteriora horum XIV. 15. cf. maior
detinere XIV. 4

7

INDEX OF LATIN WORDS.

deuastare xv. 49, xvi. 72, 73
deuincere xi. 40
deuorare xi. 35, xv. 23, 62
deuoratio vi. 52, xvi. 78
deus omnipotens xvi. 63. cf. dominus omnipotens
diebus multis xiv. 4
dies iudicii vii. 113, xii. 34
diligentia (ordinance) iii. 7, 19, vii. 37
dimittere ix. 39, 41
directio vi. 32
directus xvi. 22
direptio ii. 6
dirigere v. 12
discedere iii. 22, iv. 29
discredere xvi. 37
discumbere ix. 27
disperdere viii. 59
dispergere ii. 7, v. 28, 36
disponere iii. 15, v. 49, vii. 17, viii. 11, xiii. 26, 55, xiv. 13
dispositio iv. 23, vi. 45, viii. 23
dissipare i. 11
distinctio xii. 8
disturbare xvi. 12
diuisionem facere vi. 41
dominare iii. 28, xii. 23
dominatior vii. 60
dominator domine iii. 4, iv. 38, v. 38, vi. 11, vii. 17, 58, [75], xii. 7, xiii. 51
dominus deus ii. 3, 48, xv. 21, xvi. 8, 77
dominus omnipotens i. 15, 22, 28, 33, ii. 9, 31. cf. deus omnipotens
donator vii. 138
draco xv. 29, 31
ducatus i. 39

ebdomas vi. 35: ebd. annorum vii. 43
educare ii. 3, 15, xvi. 68
educere i. 7, ii. 1, 16, 31, iii. 17, vi. 54, xiv. 4, xv. 11
electi mei xv. 21, 53, 56, xvi. 74, 75
emendatio xvi. 20
eminentior ii. 43: eminens xv. 40: ab eminenti xvi. 61
enim (=scilicet?) ii. 25, viii. 32
enutrire viii. 12
eructuari xiv. 40

erudire viii. 12, xiv. 34
esca i. 19, ix. 26, 34, xii. 51
euigilare v. 14, xii. 31
ex omnium arborum v. 23: terrarum v. 24. cf. de c. gen.
exaltari ii. 43, xv. 40
excedere iii. 29, iv. 2 (bis), xii. 48
excelsus (title of God) iv. 34
excessiones noctis xiv. 42 n.
excessus v. 1, x. 37
excessus mentis v. 33, x. 28, xii. 3, xiii. 30
excidere i. 20
excusare vii. 102
excutere i. 8, x. 24
exercitus angelorum viii. 21: cf. militiae
exilis xii. 2, 30
exitus paradisi iv. 7
exitus saeculi vi. 1
exornare xv. 54, xvi. 48, 51
expauescere vi. 15, 23, 24, x. 55, xii. 3, 5
expectare ii. 34
exquirere i. 32, xiii. 54
exsurrectio xvi. 71
exterere xv. 18, 40, 43, 45, 60, xvi. 35
exteritio xv. 39
exteritus iv. 11 (al. exterritus)
exterminare ix. 34, 35, xv. 60, 63
exterminium x. 10
exuberare ii. 32
exultare i. 37, xv. 53
exultatio vii. 91, x. 22

facere: procreationem i. 34: filios xvi. 45
facinus, i. 5
famula ix. 43
fastidire ix. 11
fatigari ii. 12
femur xv. 36
fenum ix. 27: fena pratorum xv. 42
fictile vii. 52, 55, 56, viii. 2
fides vi. 5, 28, vii. 34, ix. 7
figmentum iii. 5, viii. 24, 39
filius meus vii. 28, 29, x. 1, 48, xiii. 32, 37, 52, xiv. 9
firmamentum iv. 7, vi. 4, 20, 41
fissurae petrarum xvi. 29
flagellum xvi. 20, 21

INDEX OF LATIN WORDS.   99

flatus -i IV. 5 n., v. 37
fluctuari XVI. 12
fluctus ignis XIII. 10 (bis)
fluentes lac II. 19
formidare XVI. 18
fornax IV. 48
fornicaria XV. 48, 55, XVI. 50
fortis (*title of God*) VI. 32, IX. 45, x. 24, XI. 43, XII. 47
fortissimus (*title of God*) XIII. 23
fortiter stare pro II. 47
fouea v. 24
framea XIII. 9, 28
fraudare VII. 72
fructiferus xv. 62
fructificare III. 33, XI. 42
fructum VIII. 6
fruniscens VII. 96
fulti, laborum magnorum VII. 12
fundamentum VI. 2 (fundamenta paradisi), VI. 15 (fundamenta terrae intellegetur), x. 53, xv. 12, 23, XVI. 12, 15
fundare XVI. 57, 60
funditus XVI. 11

gehenna II. 29, VII. 36 (clibanus gehennae)
gelus III. 19
gemitus -i I. 19 : sed -tus -us fort. XVI. 18
generare II. 2, IV. 30, 31, XVI. 47
generatio II. 6, III. 19, 26
germinare x. 9 (tantorum super eam germinantium), XVI. 22, 33
gleba II. 9
gloria I. 38, II. 11, 36, III. 19, VII. 78, 87, 91, 95, 112, 122, VIII. 21 (al. claritas), 30 (al. gratia), 51, x. 23, xv. 46, 60, 63, XVI. 54
gloria uirtutis xv. 50, XVI. 12
gloriari xv. 47
glorificare VIII. 49, IX. 31, XIII. 57
gloriosus VII. 98
grando xv. 13, 41
grauare II. 18
gressus v. 5
grex xv. 10
gubernare XIII. 58
gustare v. 18, IX. 24 : g. mortem VI. 26

gustus VI. 44

habere : habet uenire IV. 45 : habebunt dicere VII. 73
habitaculum VII. 85, 101, 121 (habitacula sanitatis)
habitatio IV. 7, v. 38, x. 47, XI. 42
habundantia III. 2, VI. 56, VII. 59, VIII. 52
habundare III. 33, VII. 52, 58
haereditare VII. 17
haereditas VI. 59, VII. 9 (bis), 96 (her.), VIII. 16 (her.), 45
haesitare XVI. 76
hereditas. uide sub haer-
homicidium I. 26
honoribus, in (al. horroribus) VII. 87 : honor (legis) IX. 37
honorificare IX. 45
horribilis xv. 28
humiliare VIII. 49, IX. 41, x. 7, 22, XI. 42
humilitas VI. 19, x. 7, XII. 48

ibi IV. 15, VII. 38, IX. 26, XIII. 42, 46, 58, XIV. 37. cf. illic
idolum XVI. 69
illic I. 15. cf. ibi
impietas III. 12 (impietatem facere), IV. 30, 31 (fructus impietatis), 38 (pleni sumus impietatem) : impietates III. 29, IV. 12, XII. 25, 32, XIII. 37, xv. 8
incendere XVI. 21, xv. 23, XVI. 69
inchoare IX. 28, x. 41, 49
inclinare III. 18
incompositus v. 3
inconprehensibilis VIII. 21
inconstabilitio xv. 16
inconstantia IX. 3, xv. 33
incontinentia v. 10
incorruptio IV. 11
incredulitas VII. 114, xv. 3, 4
incredulus xv. 4
indeficiens IX. 19
indisciplinatus I. 8
inducere xv. 5, 12
inebriatus xv. 53
inextimabilis VIII. 21
infernus IV. 41, VIII. 53
infirmare xv. 51

infirmitas III. 22, IV. 27, VIII. 53
infructuosus IX. 29
infulcire XII. 32
ingrati loci VII. 124
inhabitare: in aliquo loco VI. 51, IX. 18,
   XI. 32, 34, XIV. 16, 20, XV. 14: c. accus.
   v. 1, VIII. 17, 20, XI. 40, XIII. 30, XV.
   40, XVI. 23: abs. IV. 21, 39, v. 6, XIII.
   41, 46
inimitabilis VI. 44
iniquitates I. 5, III. 34, XVI. 21, 51, 53,
   66, 68, 77, 78
iniustitia v. 2 (-cia), 10, VI. 19, VII. 111
iniustitiae VII. 35, 105, XII. 31, 32
inluminare XIII. 53
inmittere XV. 49, XVI. 3, 4, 5
inmortalitatis fructus VII. 13
innocuus XV. 22
innoxius XV. 8, 9
innumerabilis VI. 3, VII. 139, XIII. 11, 34
inproperare XIII. 37
inproperium X. 28, XVI. 70
inreligiose XV. 8
inridere II. 21
in inritum deducere IV. 23. cf. sub
   irritus
insipiens v. 39
inspiratio VII. 78, 80
instituere III. 7
instruere v. 32
insufflare III. 5, XI. 2
intellectus v. 9, 22, VIII. 12, x. 30, 31, 40,
   XIV. 25, 40, 42, 47, XVI. 62
intellegere (c. genit.) VIII. 19
intemperantia VII. 114
intendere v. 32
interdie v. 4
interitus XV. 5
intermissione, sine IX. 25, x. 4, 39
intermittere IX. 23
introitus VII. 4, 7, 12, 13, XIII. 43
introrsum uestrum XIV. 33
inualescere XV. 16
inualidus VII. 112, x. 22, XII. 5, XIV. 16
inuestigabilis VI. 44, IX. 19
inuestigare v. 34, VI. 5
inuius I. 13
iocundare VII. 28, XII. 34

iocundari II. 30, 37, VII. 60, 65, VIII. 39,
   IX. 45
iocunditas II. 36, VII. 36, 38, 47
irrita facere II. 1. cf. sub inritus
irritare I. 7
iterato III. 12, v. 13, VI. 36
iudicii, dies VII. 38, 102, 104
iumentum VI. 53
iussio VIII. 23
iustificare II. 20, IV. 18, x. 16, XII. 7
iustitiae VII. 35, 105

laboriosus VII. 12
laetitia I. 37, II. 3, 15
laniare I. 32
latibulum II. 31
legere spinis XVI. 78
legislator VII. 89
legitima I. 24, VII. 24, IX. 32, XIII. 42
leo XI. 37, XII. 1, 31, XVI. 6
leuia, tempora XII. 20
lex uitae XIV. 30
libanus XV. 20
lignum I. 23, II. 12 (lig. uitae), IV. 13,
   v. 5, XV. 13, 42, 62, XVI. 26
lilium II. 19, v. 24
liquescere XIII. 4
locusta IV. 24
longanimis VII. 134
longanimitas VII. 33, 74, 134
lucerna XII. 42: luc. intellectus XIV. 25
lumen aliquod luminis VI. 40: lumina
   euertere x. 2

maculare I. 26
magnificare II. 47
maior c. genit.: horum maiora v. 13, VI.
   31: omnium maior (maius) VII. 87, x.
   23: maius aliorum capitum XI. 4, 29.
   cf. deterior, melior, timoratior
malignitas radicis III. 22
malignus III. 20, 21, 22, v. 18, XI. 45
mamillae VIII. 10 (bis)
mancus II. 21
manducare I. 19, VII. 104, IX. 24, 26, x.
   4, XII. 51, XIV. 43, XV. 58
manna I. 19
mansuetus XI. 42

INDEX OF LATIN WORDS. 101

marcescere VII. 87
mastigare XV. 51
mater I. 28: of Sion II. 2, 5, 6, 15, 17, 30, v. 50, x. 7: *met.* sensum tuam uocasti matrem XIII. 55
medela VII. 123
medietas XI. 10
megestanus XV. 16
meliores eorum XII. 45. cf. maior
memorari I. 36, II. 8, 31, III. 33, VIII. 28
memoria XIV. 40
mensura IV. 37 (bis), 50, VI. 4
mensurare IV. 5, 37
mercari XVI. 4?
meridianus XV. 34, 38
meror (=maeror) x. 12
mesticia IV. 27
militiae angelorum VI. 3. (cf. VIII. 21)
ministrare VI. 42
minorari II. 13
mirabilia I. 14, II. 48, VI. 48, VII. 27, XIII. 14, 56, 57, XIV. 5
miraculo teneri II. 43
miserator VII. 133
modicus IV. 33, VIII. 5, XII. 5, 18
momentum III. 34
monumentum II. 16
mortificare VIII. 13
motio locorum IX. 3
motus (=terrae motus) uirtutes VI. 3
multiformis VI. 44
multiplicare III. 12 (bis), v. 2, 10, 27, XIV. 16: multiplicare super (to be greater than) IX. 16
multitudinis inmensus VI. 44: multitudo panoris XIII. 13
multus. multis temporibus XIII. 26: multa plurima XIII. 50
munificus VII. 135 (al. muneribus)
munire I. 13
murmurare I. 15, 16
mysterium x. 38

nationes III. 7, VI. 48, XV. 29 (nationes draconum)
natiuitas VI. 26, XV. 31
negociari XVI. 48 (bis)
neomenia I. 31

nihil nemini III. 31. cf. nunquam
nimbi copiosi XV. 37
nitores coruscuum VI. 2
nociuus XV. 6
nomina, per (=singuli) III. 36
non (=ne) v. 19, VI. 15, VIII. 45, XI. 45
nota XIV. 42
nouissima v. 42, XII. 25: temporum nouissima XII. 9: in nouissimo XI. 9, XIII. 20: in nouiss. tempore XIII. 46: in nouissimis VII. 84, 95, VIII. 50, 63, XII. 23, 28, XIV. 22: in nouiss. diebus x. 59, XIII. 18: in nouiss. temporibus VI. 34, VII. 73, 77, 87
nubs IV. 49, XV. 34
nunquam nemo VII. 105. cf. nihil
nuntiare I. 5 (bis)
nutrire II. 25
nutrix I. 28, II. 25

obaudire I. 8, 24, VIII. 5
oblatio I. 31, III. 24, x. 45, 46
obliuisci I. 6, 14, XVI. 68
obprobrium IV. 23
obtegere XVI. 78
occisio XV. 10, 26
oculis carnalibus I. 37
odibilis XV. 48
odoramentum VI. 44
olim IX. 15
oliuetum XVI. 30
operari XIV. 21: operantes terram XV. 13
optare II. 41
oratio VII. 46, VIII. 19, 24, x. 28
orbis meus IX. 20
otiosus XV. 60

pacificus XIII. 12, 39
in palam facere VI. 6, 26: ponere XIV. 45
palma II. 45, 46
paradisus III. 6, IV. 7 (exitus paradisi), VI. 2 (fundamenta p.), VII. 36 (p. iocunditatis), 123 (fructus paradisi), VIII. 52
parcere, neminem XVI. 72
paruulus I. 28, 37, x. 22
pauere ad x. 25
paupera XV. 51
pausare II. 24

7—3

INDEX OF LATIN WORDS.

penna xi. 1, 3, 5, 7, 11, 12, 20, 22
pennaculum xi. 3, 22, 23, 24, 45
percontinere xi. 32
percussio manuum xv. 53
percutere i. 10, xv. 11
perditio i. 16, vii. 48, 131, viii. 38, x. 10
peregrinari xiv. 28
peregrinatio viii. 39
periclitari xii. 18, xiii. 20
permanens iii. 22
perseuerans viii. 22
perseueranter xv. 8
perseuerare vii. 123
persona xv. 46, xvi. 49
pertransire iii. 33 (bis), iv. 23, 24, 26, 45, 46, v. 11, vi. 20, vii. 9, 33, 86, 113, xii. 40, xiii. 20
petra xvi. 29
piceis glebis ii. 9
plaga xv. 11, 12, 51, xvi. 20
planctus x. 12
plangere xvi. 2
plantare iii. 6
plantatio viii. 41, ix. 21, 22
plasma viii. 38
plasmare iii. 4, v. 26, vi. 46, vii. 92, 94, viii. 8, 11, 14, 44 (bis)
plasmatio viii. 7, 8
platea i. 13
plebs mea xv. 1, xvi. 41
pleni sumus impietatem iv. 38
plenitudo xv. 41
plorare ii. 27, v. 20, ix. 38
pluuia iv. 49 (bis), 50, vii. 41, 109, viii. 43 (bis)
pondera humana xiv. 14
ponderare iii. 34, iv. 5, 36, vii. 59
portare iv. 19, 27, v. 45, vii. 105: portare locum hominis viii. 6
portio xv. 30, 38, 60
possessio xvi. 49
possibilis iv. 44
potare xvi. 61
potentatus xi. 32, 40
potentes tui xv. 51
potestates xvi. 18
potionare xiv. 38
potus ix. 34

praecingere xvi. 2
praedicare ii. 32
praeesse v. 41
praeponderare uos xvi. 77
praesenti, in vii. 117
praeterire (transgress) iii. 7, vii. 46
pressura ii. 27
primarius xv. 59
primogenitus vi. 55, 58
principatus xi. 18, 19, 20, 21, 25
principium abyssi iv. 7
pro exigere vii. 135. cf. ad
probatio xvi. 74
procedere vi. 43, 44, xvi. 66
proclamare i. 17
procreationem facere i. 34. cf. filios facere xvi. 45
prodigium ix. 6
profanare x. 22
proicere i. 8, 21, 30, 33, ix. 9, xiv. 14, xvi. 24
prolongare xiv. 17
prophetia xv. 1
prouincia i. 11
proximare viii. 47
proximo, in ii. 34
prumptuarium iv. 35, 41, v. 9 (prompt.), 37, vi. 22, vii. 32, 95 (prompt.)
psalterium x. 22
pueri sui i. 10: pueri mei i. 32, ii. 1, 18
punctum iii. 34 (momentum puncti): uno puncto xv. 39
punitio vii. 93, 117
pupillus ii. 20
pusillum xvi. 52
putare (prune) xvi. 44

quadripedia vii. 65
quoadusque xii. 34, xiv. 25. cf. usque
quodquod (c. plural. uerbo) ix. 10, 11. al. quotquot

racemus xvi. 31
radicare viii. 41
recapitulare xii. 25
receptio, mercedis viii. 39
recludere xv. 39
redditionem recipere xv. 55

INDEX OF LATIN WORDS. 103

refrigerare xi. 46
releuare xi. 46
relucescere v. 4
renes v. 34
renuntiare iv. 4 (-nunc.), vi. 31, xiv. 13
repellere xvi. 5, 6, 7, 8
reprobare ii. 33
repromittere iv. 27, vii. 60, 66
repropitiari x. 24
reptilia vi. 53
repudiare i. 31
requietio vii. 36, x. 24
residuum (henceforth) xiv. 9
resignari de gloria x. 23
respuere ii. 33
restat multum ut (come far short) vi 47
resurrectio ii. 23
resuscitare ii. 16
reuelare x. 38, xiv. 3
reuerens vii. 98
reuersionem bonam facere vii. 82
reuiridare v. 36
reuiuiscere xiv. 35
riuus v. 25, xv. 41
rosa ii. 19
rubus xiv. 2, 3
rumphea xv. 15, 22, 57, xvi. 32: rumpheae uolantes xv. 41

saccus xvi. 2
sacrificare i. 6
saeculum ii. 34, 36, 39, 47, iii. 9, 18, 34, iv. 2, 11, 24, 26, 36, v. 44, 49, vi. 1, 9, 20, 25, 55, 59 (bis), vii. 11, 30, 31, 50, 70, 74, 132, 137, viii. 20 (sec.), 41, 50, ix. 2, 3, 5, 8, 13 (bis), 18 (bis), 20, 31, x. 45, xi. 40, 44, xiii. 20, xiv. 10, 11, 16, 20, 22, xv. 14, xvi. 40: s. futurum vii. 47, viii. 1: sequens vi. 9: s. hoc iv. 27, vii. 12, viii. 1: s. praesens vii. 112, viii. 2: s. maius vii. 13: s. meum xi. 39
sagittarius xvi. 7, 16
saliua vi. 56
saluatio viii. 39
saluator meus ii. 36
salutare meum vi. 25, ix. 8

sanctificare ii. 18, 41, v. 25, ix. 8
sanctificatio (sanctuary) x. 21, xii. 48, xv. 25
sanctio vii. 108
Sanctus, terminus meus xiii. 48
sanitas vii. 121
sapere: quod sapit (wisdom) viii. 4
satagere ii. 27
satietas i. 20
saturitas vii. 123, ix. 26
satus uenti iv. 5 (al. flatus)
scabellum (al. camillum) vi. 4
scientiae flumen xiv. 47
scintillae tempestatis xiii. 10
scirtiari vi. 21
scrutare xii. 4, xvi. 58
scrutari xvi. 31, 32
scrutinare xiii. 52, xvi. 63, 65 (scrutinando scrutinabit)
sculpere xiii. 6, 7, 36
secreta, temporum xiv. 5
secrete iii. 14
secundum uiam terrae x. 13
securitas vii. 121
segregare iii. 16
semen cordis viii. 6
seminare iv. 28, 29 (ter), 30, 32, v. 48, vi. 22 (bis), 42, viii. 41 (bis), ix. 31, 33, 34, xvi. 25, 44
semita v. 34, vii. 8 (bis), 48, xiv. 22, xvi. 33, 78 n. (al. semina)
sempiterno xvi. 68
sensus iv. 22 (s. intellegendi), v. 9, vi. 26, vii. 62, 63, 64, 71, 72, viii. 4, 6, x. 31, 36, xiii. 16, 55, xiv. 34
separatio temporum vi. 7
septem. s. diebus v. 13, vi. 35, vii. 30, 31, 101 (bis), xii. 51: s. dies ix. 23, 27, xii. 39, 40, xiii. 1: s. montes inmensi ii. 19: s. ordines vii. 91: s. uiae vii. 80
sermo v. 31, vi. 16, vii. 2, 71, 78, 90, 101, 116, viii. 19, 37, ix. 30, x. 5, 20 (sermonem facere), 32, xii. 31, xv. 1
sero (evening) vii. 40
seruatio viii. 9, 22
serui domini xvi. 36
sessio ii. 23

INDEX OF LATIN WORDS.

sibilatus xv. 29
sidus xv. 35, 39, 40, 44: s. copiosum xv. 35: s. terribile xv. 13, 40
signaculum Sion x. 23: s. ueritatis vii. 104
signare ii. 23
signatorum numerus ii. 38
significare iii. 31
silentium vi. 39, vii. 30 (antiquum s.), 32, 85, 95
similare viii. 44 (bis): similari aliquam rem xvi. 52
similitudo iv. 3, 47, viii. 2, x. 49
singulatim xi. 19
sonus -us vi. 13
spatiosus vii. 3, 13, 18 (bis), 96
species x. 25, xv. 46, 54
spernere (abs.) iii. 8, vii. 76, 79, ix. 12
spica iv. 32
spiramentum vii. 29, xvi. 63
spiritus sanctus xiv. 22
splendide viii. 29
sponsa vii. 26
sponsi xvi. 34, 35
sponsio v. 29, vii. 24, 46
spretiones xii. 32
statera iii. 34, iv. 36
statura ii. 43
status v. 52, 54
stillicidium vi. 56
stipula i. 33, xv. 61, xvi. 6
stramen xv. 23
subalares xi. 25, 31, xii. 19, 29
subducere vii. 26
subiecti erant ei omnia xi. 6
subremanere xv. 45
subsessor xv. 33
substantia. s. operum bonorum viii. 36: xvi. 47: substantiae xv. 19, xvi. 73
subuertere i. 10
succendere x. 22, xii. 44, xiii. 11, xvi. 15
successione, ex xiv. 42
suffrago xv. 36
sumere ii. 11, 45
superabundare. uide sub superhab.
superare (=superesse, survive), iv. 48, 49, 50, xi. 23, 28, 34, xii. 2, 27, 42, xiii. 49, xiv. 12, xvi. 23

superdicere vii. 23
supereleuare xvi. 77
superhabundare iv. 50
superinualescere xv. 39
superponere xv. 6
supersignare vi. 20
superualescere xv. 31
supplere vi. 19
susceptorium ix. 35
suscipere xv. 51
suscitare iii. 23
suspendere terram xvi. 59
sustinere (endure) i. 9, iii. 30, v. 44, 45, vii. 89, x. 54, xii. 39, xv. 8 (sustinere in)

tabernacula aeterna ii. 11
tabescere viii. 23
tantus (=tot) vi. 28, x. 9
tardare xvi. 39
tarditas v. 42
tegere, folia arborum uos i. 20
tempus. in tempore iii. 9, viii. 41, 43, x. 16, xi. 20, xiv. 32: in temporibus iv. 27: per tempus v. 46, 48, xi. 8, xiii. 57: secundum tempus v. 47: tantis temporibus vi. 28: tot temporibus xi. 40: toto tempore xi. 16: temporum finem iii. 14
terminus. t. sententiae vii. 78: t. dei x. 16: t. meus sanctus xiii. 48
terrenus orbis vi. 1
territorium xv. 33
testamentum ii. 5, 7, iii. 15, 32, v. 29, vii. 83, viii. 27, x. 22
testari i. 37, ii. 14 (bis), 36
testificari viii. 23
testimonium vii. 94
thalamus x. 1, 48
thesaurizare vi. 5
thesaurus vi. 40, vii. 77 (th. operum), viii. 54 (th. inmortalitatis), xvi. 58
thronus viii. 21
timere a xv. 3
timorata, uerba iii. 3
timoratior omnium xii. 13. cf. maior
tinctura ix. 17
tormentari vii. 67

INDEX OF LATIN WORDS. 105

traducere xvi. 65
traicere, uos mare i. 13. cf. treicere
transitus xv. 60
transmigrare regionem v. 8: transm. a
   xiv. 14
transmigratio v. 17
treicere xii. 29. cf. traicere
tribulare xi. 42
tribulatio ix. 45, xv. 19, xvi. 20, 68, 75
tribus iii. 7, iv. 23, ix. 21: decem tribus
   xiii. 40
triumphare i. 16
tumultus -i xii. 2
tunica ii. 39, 45 (mortalis tunica)
turbatio ix. 3 (bis), xii. 30
tutari ii. 21
tutela i. 15

uacare, circa mea xiii. 54
uano, in iv. 16
uapor iv. 24, vii. 61
uas tuum iv. 11: uas corruptibile vii.
   88: uas bellicosum xiii. 9, 28
uelocitas v. 42
uena iv. 7: uenae fontium vi. 24: uenae
   fluminis xiii. 44, 47: uena intellectus
   xiv. 47
uentilare iii. 3
uepres xvi. 33
uerberatio xv. 12
ueritatis uia v. 1
uiduitas xv. 49
uilitas xvi. 22
uindemia xii. 42
uindemiare xvi. 26, 31, 44

uindicans uindicabo xv. 9
uinea v. 23, xvi. 31
uiolare xv. 39
uiolatio xv. 49
uirtus v. 53, vi. 3, xv. 30, 31, 32, 50
   (gloria uirtutis)
uisio ii. 21 (uisio claritatis), x. 40, 59,
   xii. 10, xiii. 21, 25, xiv. 17, xv. 28
uisitare v. 56, vi. 18, ix. 2
uisus x. 55, xii. 8, 11
uiuificare v. 45 (bis), vii. 137, 138, viii.
   8 (bis), 13, ix. 21
ululare v. 20
umbra saeculi ii. 36, 39
unctus xii. 32
unicus tuus v. 28
unigenitus vi. 58
unum, in v. 44, 45 (ter), 46
uolatilia v. 6, 26, vi. 47
uox plenissima sonus vi. 13: uocis imago
   v. 37: uocem mittere xi. 7, emittere
   x. 26, xi. 15, 37
uredo xv. 13
usque. usque ad xii. 40, xv. 35: usque
   cum iv. 30: usque dum ii. 32, iv. 37,
   x. 4: usque in x. 2, xii. 6: usquequo
   i. 9, iv. 33, 35, vi. 59, xiii. 44, xiv. 9:
   c. accus. x. 2 (u. noctem), xv. 43
   (u. Babylonem): c. dat. usque diebus
   xl xiv. 36: usque hodie xv. 21:
   quoadusque xii. 34, xiv. 25
utique v. 47
utquid viii. 14, ix. 40

zelare ii. 28, xv. 52: zelari xvi. 50, 51

INDEX OF PROPER NAMES.

Aaron I. 3, 13
Abacuc I. 40
Abdias I. 39
Abissei I. 2
Abraham I. 39, III. 13, VI. 8 (bis), VII. 106
Achar VII. 107
Achias I. 2
Acitob I. 1
Adam III. 5, 10 (Adae dat.), 21 (primus A.), 26, IV. 30, VI. 54, 56, VII. 11, 25, 70, 116 (Adam dat.), 118
Aegyptii I. 18
Aegyptus I. 7, III. 17, IX. 29, XIV. 3, 4, 29, XV. 10, 11, 12, XVI. 1
Aggeus I. 40
Amerias I. 2
Amos I. 39
Arabes XV. 29
Ardat IX. 26
Arna I. 2
Artarxerses I. 3
Arzareth XIII. 45
Asia XV. 46, XVI. 1
Asihel XIV. 24
Assur II. 8
Assyrii XIII. 40, XV. 30, 33
Azareus I. 1
Aziei I. 2

Babilon III. 1, 2, 28, 31: Babylon (al. Babil.) XV. 43, 46, XVI. 1
Babylonia (al. Babil.) XV. 60
Behemoth (al. Enoch) VI. 49, 51
Borith I. 2

Carmonii XV. 30
Chananei I. 21
Choreb II. 33
Christus VII. 29 (filius meus C.)

Dabria XIV. 24
Danielus XII. 11
Dauid III. 23, VII. 108

Eleazar I. 2
Enoch VI. 49 n., 51 n.
Esau III. 15, 16, VI. 8 (bis), 9 (finis huius saeculi E.)
Esdras (uar. lect. of C or CM for Ezra), VI. 10 n., VII. 2 n., 25 n., VIII. 2 n., 20 n., XIV. 2 n. (bis), 38 n. cf. Ezra
Ethanus XIV. 24
Eufrates XIII. 43
Ezechias VII. 110
Ezra I. 1, II. 10, 33, 42: (with uar. lect. Esdras) VI. 10, VII. 2, 25, VIII. 2, 20, XIV. 2 (bis), 38. cf. Esdras

Ferezei I. 21
Finees I. 2 (bis)

Gomorra II. 8

Helchias I. 1
Heli I. 2
Helias VII. 109
Hieremias II. 18
Hieremihel archangelus IV. 36 (al. Vriel)
Hierusalem II. 10, X. 20, 47, 48
Hiesus (Joshua) VII. 107

INDEX OF PROPER NAMES.

Iacob I. 24, 39, III. 15, 16 (bis), 19, 32, v. 35, VI. 8 (bis), 9 (principium sequentis saeculi I.), VIII. 16, IX. 30, XII. 46
Iesus VII. 28 (filius meus I.)
Iohel I. 39
Ionas I. 39
Iosia XIII. 40
Isaac I. 39, III. 15 (bis)
Isaias II. 18
Israel II. 10, 33, III. 19, 32, IV. 23, v. 17, 33, 35, VII. 10, 107, VIII. 16, IX. 30, XII. 46, XIV. 28
Iuda I. 24

Leui I. 3
Leuiathan VI. 49, 52
Leuitae x. 22

Malachias I. 40
Marimoth I. 2
Medi I. 3
Micheas I. 39
Moyses I. 13, VII. 106, 129, XIV. 3

Naum I. 40
Noe III. 11

Osee I. 39
Ozias I. 2

Persae I. 3

Phaltiel dux populi v. 16 (al. Salathihel)
Pharao I. 10
Philistini I. 21

Sadoch I. 1
Salame I. 1
Salathihel qui et Ezras III. 1: v. 16 n.
Salmanassar XIII. 40
Salomon VII. 108, x. 46
Samuel VII. 108
Sarea XIV. 24
Sareus I. 1
Saul [VII. 108]
Selemia XIV. 24
Sennacherib VII. 110
Sidon I. 11
Sina III. 17, XIV. 4
Sion II. 40, 42, III. 2, 28, 31, v. 25, VI. 4 (scabellum S.), 19, x. 7, 20, 23 (signaculum S.), 44, XII. 44, 48, XIII. 35 (bis), XIV. 31
Sodoma II. 8
Sodomitae VII. 106
Sodomiticum, mare v. 7
Sophonias I. 40
Syria XVI. 1

Tyrus I. 11

Vriel IV. 1, 36 n., v. 20, x. 28

Zacharias I. 40

www.ingramcontent.com/pod-product-compliance
Lightning Source LLC
Chambersburg PA
CBHW062041220426
43662CB00010B/1605